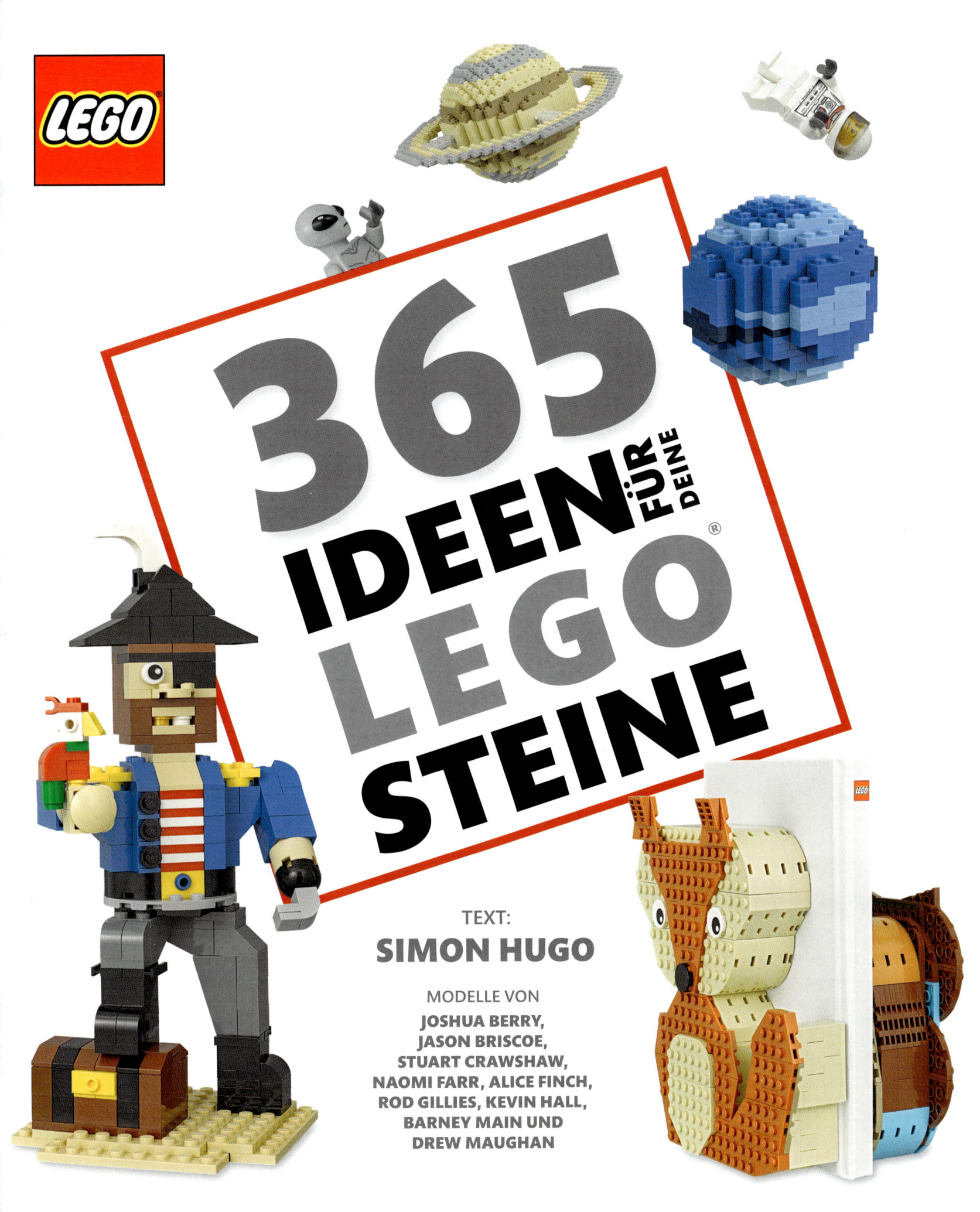

365
IDEEN FÜR DEINE
LEGO
STEINE

TEXT:
SIMON HUGO

MODELLE VON

**JOSHUA BERRY,
JASON BRISCOE,
STUART CRAWSHAW,
NAOMI FARR, ALICE FINCH,
ROD GILLIES, KEVIN HALL,
BARNEY MAIN UND
DREW MAUGHAN**

Wähle eine Idee aus

SPIELE FÜR MEHRERE SPIELER

SPIELE FÜR EINEN SPIELER

GRUPPENWETTSPIELE

EINZELWETTSPIELE

ENTDECKE MIT LEGO STEINEN

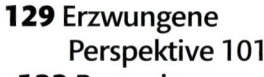
SELBST GEMACHT

SCHÖNE GESCHENKE

STEINKUNST

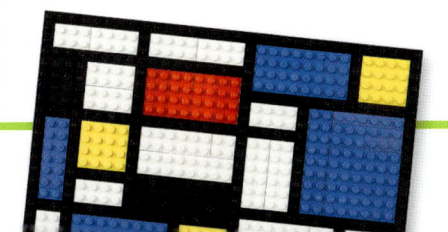

ZEIGE DEINE MODELLE

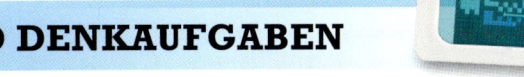

PUZZLES UND DENKAUFGABEN

GIB EINE SHOW!

BAUE IM MIKROMASSSTAB

ORDNUNG MUSS SEIN

SPIEL UND SPASS MIT DEINEN MINIFIGUREN

SPASS MIT FOTOS UND FILMEN

JETZT GEHT ES NUR UM DICH

IN BEWEGUNG

WARNHINWEIS
Ziele bei Modellen mit Schießfunktionen nicht auf die Augen!

Was könntest du bauen?

ICH HELFE DIR ZU ENTSCHEIDEN, WAS DU HEUTE BAUST!

Wenn du nicht weißt, wo du anfangen sollst, stellst du dir einige einfache Fragen. So findest du verblüffende Aktivitäten, mit denen du anfängst.

VIEL ZEIT

60

Dieses Zeitsymbol steht für Aktivitäten, die als Ganztags- oder Wochenend-projekt mehr als eine Stunde benötigen. Hier sind drei: **85** Baue ein Verschiebepuzzle (S. 72); **192** Drehe deinen eigenen LEGO® Film (S. 140); **200** Baue eine tolle Zeichen-maschine (S. 146–147).

WIE VIEL ZEIT HAST DU?

UNTER 15 MINUTEN

15

Dieses Zeitsymbol um die Aktivitäts-zahl steht für Aktivitäten, die weniger als 15 Minuten dauern. Beginne mit: **9** Erfinde Turmtypen (S. 22); **33** Mikroroboter (S. 38); **42** Minifiguren neu gestalten (S. 43).

UNTER EINER STUNDE

45

Dieses Zeitsymbol steht für Aktivitäten, die länger als 15 Minuten, aber weniger als eine Stunde dauern.

Versuche eine der folgenden Aktivitäten: **109** Zehn Unterschiede (S. 88); **155** Baue einen Riesenkäfer (S. 118); **358** Ein Piraten-Stiftebecher (S. 247).

WELCHE STEINE HAST DU?

NUR EIN PAAR

Baue etwas Kleines und Einfaches wie dieses: **116** Immer ein Stein weniger (S. 93); **167** Hole die Dinosaurier zurück (S. 125); **284** Baue eine Mikrosafari (S. 201).

MÖCHTEST DU ALLEIN BAUEN?

JA

Dann probiere es mit folgenden Modellen: **235** Entwirf dein Wappen (S. 170); **291** Gehe ins Kino (S. 205); **304** Baue ein Modell deines Hauses (S. 214).

VIELE GLEICHFARBIGE

Beginne mit fast einfarbigen Modellen wie diesen: **34** Ein nützlicher Riesenstein (S. 39); **256** Baue eine einfarbige Szene (S. 183); **355** Pinguin-Parade (S. 246).

NEIN

Spiele mit Freunden – etwa damit: **90** Starte eine Kreativitätskette (S. 75); **114** Wo versteckt sich der Pirat? (S. 92); **211** Spiele Schiffe versenken (S. 155).

VIELE GLEICHARTIGE

Beginne mit Modellen mit vielen gleichen Abschnitten und Teilen wie diesen: **87** Baue eine Schlängelschlange (S. 73); **162** Das vielseitige Element (S. 121); **254** Baue eine Linie aus LEGO Dominosteinen (S. 182).

WELCHES WETTSPIEL UM SCHNELLIGKEIT WILLST DU SPIELEN?

ICH MÖCHTE GEGEN DIE UHR SPIELEN
Gewinne mit einem der folgenden Spiele: **58** Stein auf Stein (S. 53); **201** Fünf von jeder Steinart (S. 147); **237** Das LEGO Labyrinth (S. 171).

ICH MÖCHTE MEINEN REKORD TOPPEN
Stelle bei diesen Spielen einen neuen Rekord auf: **24** Baue Steinkreisel (S. 32–33); **110** Dosen werfen (S. 89); **242** Der Zauberwürfel (S. 174).

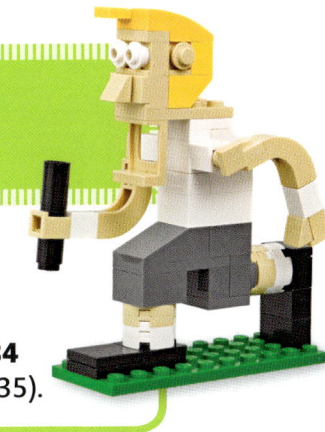

WOZU HAST DU LUST?

AKTIV SEIN
Hier kommst du ins Schwitzen: **66** Spiele eine Partie Minigolf (S. 58); **80** Veranstalte einen Eierlauf (S. 68); **184** Veranstalte einen LEGO Staffellauf (S. 135).

EINEN STREICH SPIELEN
Lege deine Freunde damit herein: **1** Iiih – eine Maus (S. 18); **224** Die falsche TV-Fern-bedienung (S. 163); **301** Der Bleistiftstreich (S. 212).

MEINE FREUNDE BEEINDRUCKEN
Verblüffe deine Freunde mit einem komplizierteren Projekt: **83** Baue ein 3-D-Schmetterlingsbild (S. 70–71); **119** Spiele Flipper (S. 95); **134** Baue ein Buddel-schiff (S. 104).

FÜR WEN WILLST DU BAUEN?

FÜR MICH
Hab Spaß mit einem dieser Soloprojekte: **10** Ein Stammbaum (S. 22–23); **146** Spiele eine Partie Solitär (S. 113); **273** Baue deinen eigenen Namen (S. 194–195).

DRAMATISCH SEIN
Gib eine tolle Vorstellung: **28** Trete als Sänger auf (S. 35); **91** Die große LEGO Zaubershow (S. 76–77); **263** Baue ein Skiffleboard (S. 188–189).

ORDNUNG HERSTELLEN
Ordne deine Sachen damit: **106** Sortiere deine LEGO Steine (S. 85); **199** Baue einen Wochenplaner (S. 144–145); **279** Baue einen Schmuck-baum (S. 198).

FÜR JEMAND ANDERES
Erfreue jemanden mit einem LEGO Geschenk: **5** LEGO Herz für Liebende (S. 20); **164** Verschenke eine 3-D-Grußkarte (S. 123); **169** Schenke einen schönen Blumenstrauß (S. 126).

ETWAS NEUES ENTDECKEN
Lerne etwas durch diese Aktivitäten: **55** Der menschliche Körper (S. 51); **56** Kurven aus geraden Steinen (S. 52); **183** Wie groß bist du in LEGO Steinen? (S. 135).

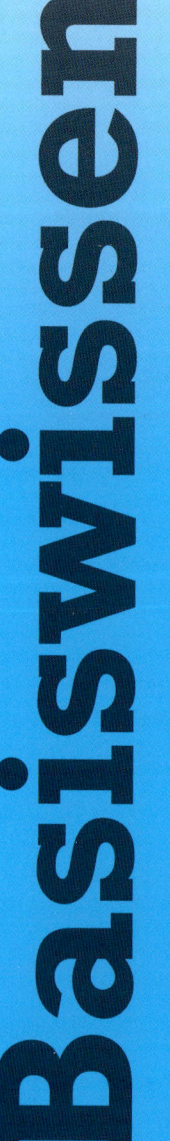

Basiswissen

 ZEIT FÜR TECHNISCHES KNOW-HOW!

Niemand muss lernen, wie man mit LEGO® Steinen baut! An ihrem simplen, aber tollen Design erkennst du, wie sie zusammenpassen. Aber die besten LEGO Modelle stammen von Leuten, die sich beim Bauen an einfache Regeln halten. Hier erfährst du ihre Baugeheimnisse!

Erzeuge Verbindungen

Jedes LEGO Element passt auf mindestens eine Weise an ein anderes. Wenn du mit etwas ungewöhnlicheren Teilen herumspielst, wirst du staunen, wie vielfältig du sie verbinden kannst! Nur weil du ein Element bisher auf eine bestimmte Weise verwendet hast, heißt das nicht, dass du heute damit nicht etwas ganz anderes machen kannst!

Croissants bilden an dieser Eule Federn (s. S. 87) und passen auch an Teile mit Klemmen.

LEGO Fachbegriffe

Beim Bauen genügt es oft, dem Mitspieler zu sagen: „Gib mir bitte dieses Teil!" Doch wenn du die Namen wichtiger LEGO Elemente kennst, kannst du dieses Buch besser benutzen. Hier sind die wichtigsten Begriffe.

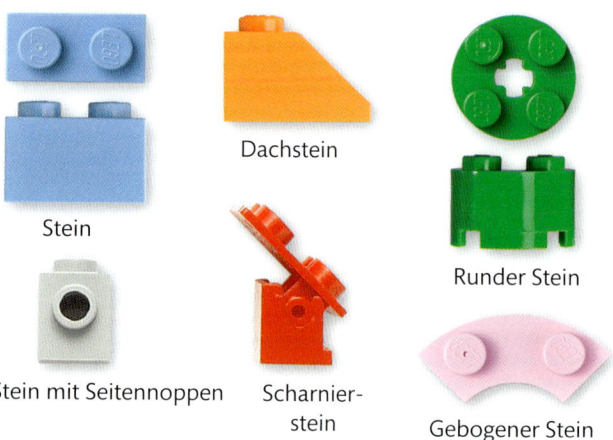

Stein

Dachstein

Stein mit Seitennoppen

Scharnierstein

Runder Stein

Gebogener Stein

KACHEL
Kacheln sind so dünn wie Platten, aber glatt und ohne Noppen. Sie eignen sich sehr gut für Modelle mit Gleitteilen und lassen Modelle realistischer wirken, da sie große Flächen mit freien Noppen bedecken.

Kachel

Bedruckte Kachel

STEIN
Steine sind die normalen, rechteckigen Teile, die die Basis der meisten Modelle bilden und die sich mit ihren runden Noppen an andere Teile stecken lassen. Einige Spezialsteine haben nicht die Standardblockform und heißen anders.

Lange Kachel

LEGO Steine und Platten gibt es in vielen verschiedenen Größen und sie werden manchmal nach der Zahl ihrer Noppen benannt. Ein 2x4-Stein z. B. hat zwei Noppen an den Schmalseiten und vier Noppen an den Längsseiten, eine 4x4-Platte ist quadratisch. Manche Spezialsteine haben Namen mit drei Zahlen, etwa ein 1x2x5-Stein. Die dritte Zahl gibt die Höhe des Elements in Standardsteinen an.

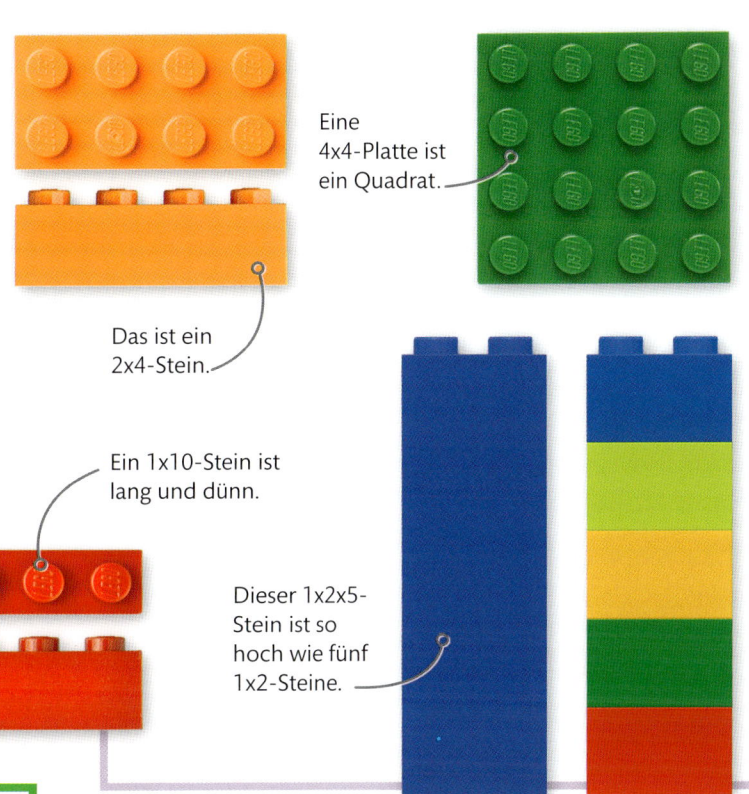

Eine 4x4-Platte ist ein Quadrat.

Das ist ein 2x4-Stein.

Ein 1x10-Stein ist lang und dünn.

Dieser 1x2x5-Stein ist so hoch wie fünf 1x2-Steine.

PLATTE

Platten sind wie Steine, nur dünner. Ein Stapel von drei Platten ist genauso hoch wie ein Stein. Eine spezielle Platte ist eine Steckerplatte, die oben nur eine Mittelnoppe hat. Werden andere Steine darauf gebaut, verschiebt sich das reguläre Noppenmuster um eine halbe Noppe.

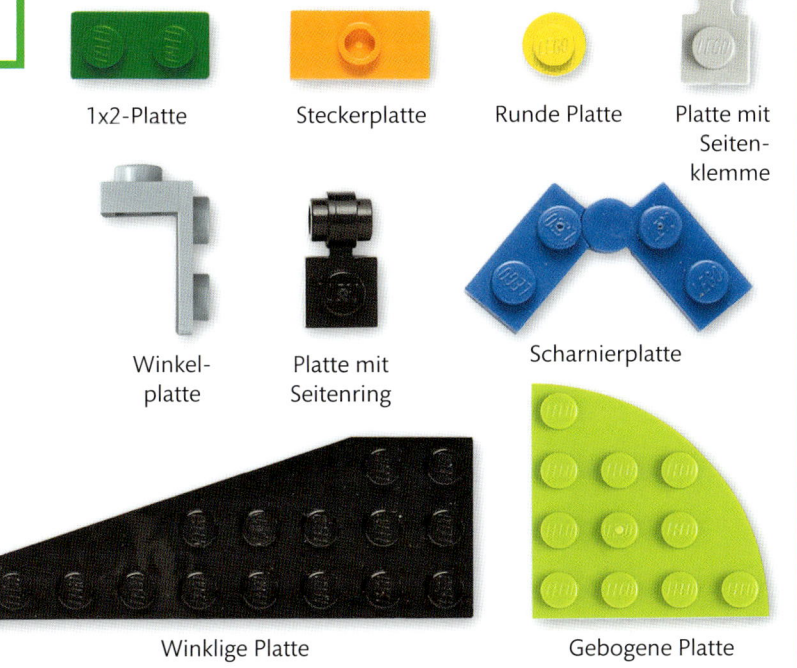

1x2-Platte

Steckerplatte

Runde Platte

Platte mit Seitenklemme

Winkelplatte

Platte mit Seitenring

Scharnierplatte

Winklige Platte

Gebogene Platte

Zusammenhalt

Ein stabiles LEGO Modell enthält viele sich überlappende Teile in verschiedenen Größen, die alles zusammenhalten. Lange Steine und Platten halten kleinere fest, kleinere Teile dagegen halten zusammen, wenn sie abgestuft sind (ihre Seiten bilden keine Linie). Ecksteine und -platten sind starke Verbindungen für aufeinandertreffende Wände, aber nur dann, wenn sie sich mit anderen Teilen überlappen.

Abgestufte Steine

2x2-Eckplatte

Baue stabil

Soll dein Modell stehen, benötigt es eine stabile Basis. Frei stehende Modelle haben meist eine große Standplatte, damit sie nicht umfallen, andere stehen auf mehreren Steinen, die Füße bilden. Achte darauf, dass beim Aufwärtsbauen die seitlichen Teile gleichmäßig verteilt sind, damit dein Modell nicht schwankt oder umkippt.

Baue eine stabile Basis, damit dein Modell nicht umkippt.

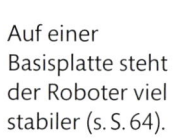

Auf einer Basisplatte steht der Roboter viel stabiler (s. S. 64).

Dank breiter Basis und gleich großer Seiten fällt der Schmuckbaum nicht um (s. S. 198).

Groß bauen – oder klein!

Viele LEGO Modelle entsprechen der Größe einer LEGO Minifigur, mit passenden Türen und Sitzen. Aber LEGO Modelle kannst du in jedem Maßstab bauen! Für Mikromodelle genügen wenige Steine und kleine, ungewöhnliche Elemente werden ganz neu eingesetzt. Das Bauen in Lebensgröße – oder größer – ist eine echte Herausforderung und kann Dinge ergeben, die du wirklich benutzen kannst!

Diese DNA-Helix (s. S. 217) ist millionenfach größer als die echte!

DIESER MINIFÄCHER IST IDEAL FÜR MICH!

Dieser lebensgroße Fächer verschafft dir Kühlung (s. S. 84).

Jetzt wird's technisch

Viele LEGO Sets enthalten Teile, die ursprünglich für LEGO® Technic Modelle gedacht waren. Zögere nicht, spezielle LEGO Technic Elemente und Verbindungsteile in deinen Modellen zu verwenden. Sie sorgen für Stabilität, Bewegung oder einfach cool wirkende Details!

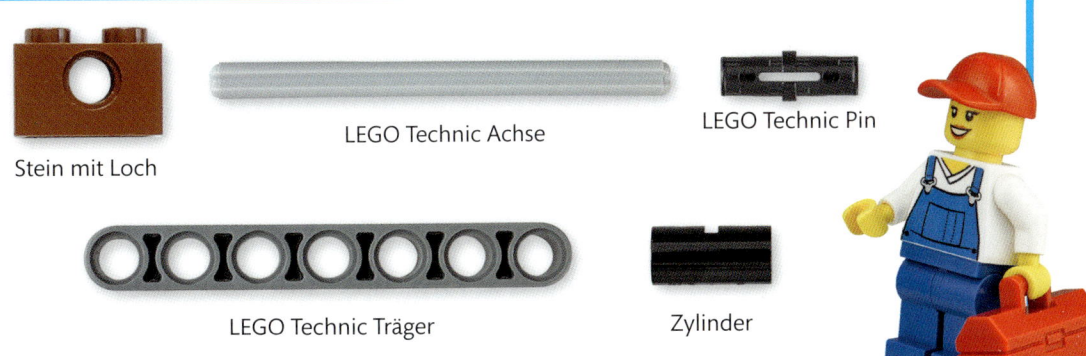

Stein mit Loch

LEGO Technic Achse

LEGO Technic Pin

LEGO Technic Träger

Zylinder

Großes Zahnrad

Baue seitwärts

Stein mit zwei Seitennoppen

Stein mit vier Seitennoppen

Dieses Waschbecken (s. S. 195) ist seitlich an Steine mit Seitennoppen angebaut.

Wenn du etwas bauen willst, überlege, ob es besser aussieht, wenn einige oder alle Teile seitlich sitzen – oder gar verkehrt herum! Winkelplatten und Steine mit Seitennoppen ermöglichen das Bauen in mehr als eine Richtung. Du kannst aber auch ein ganzes Modell bauen, indem du nur Steine verwendest, die auf der Seite liegen.

Baue eine große glatte Fläche, indem du Steine seitlich legst (s. S. 47).

Baue aufwärts, indem du Teile auf Steine mit Seitennoppen steckst.

Aus einem Teleskop wird ein Baumstamm in Mikrobauweise (s. S. 41).

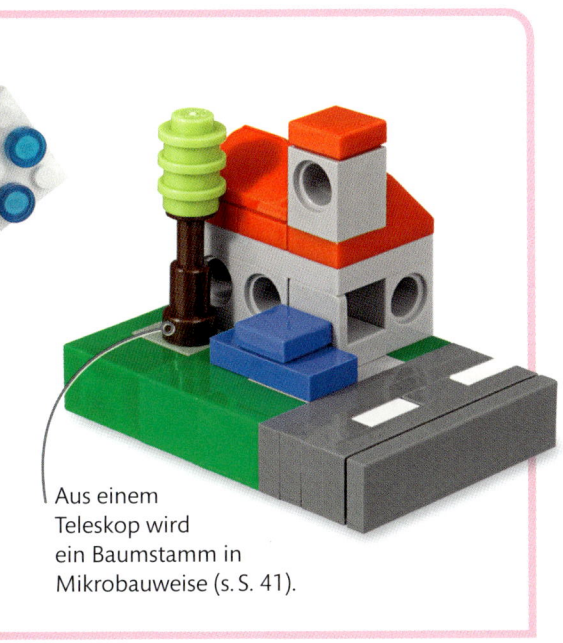

Werde kreativ!

Du kannst viel mehr als nur 365 Dinge mit LEGO® Steinen bauen – dieses Buch zeigt dir nur die Spitze des Eisbergs! Nutze die Ideen auf diesen Seiten als Ausgangspunkt für eigene Schöpfungen, auch wenn du nicht alle abgebildeten Teile hast. Niemand besitzt die gleiche Mischung von LEGO Steinen wie du – also baue etwas Einzigartiges!

Lass dich inspirieren

Bauideen findest du überall im Alltag: ungewöhnliche Steine in deiner LEGO Sammlung, coole Bauten in deinem Stadtteil oder Dinge, über die du etwas gelesen hast. Selbst die Mathehausaufgabe kann den Bau toller Gebilde anregen!

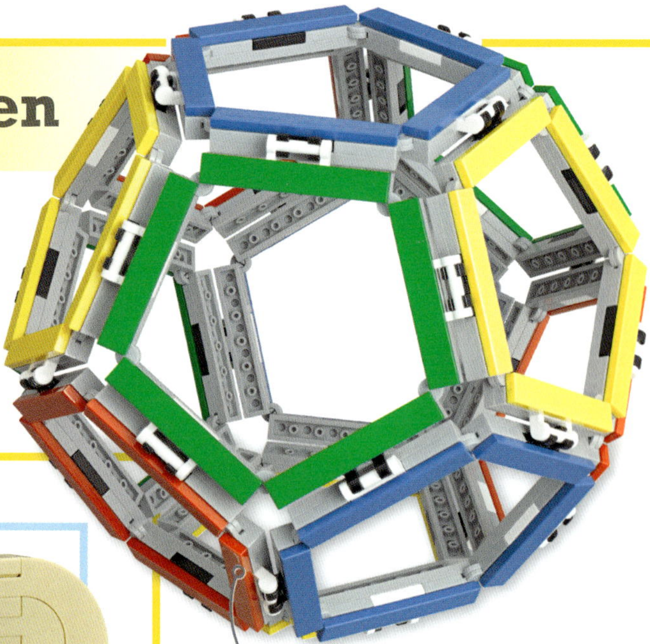

Finde heraus, wie du so tolle 3-D-Gebilde wie diesen 12-seitigen Dodekaeder baust (s. S. 233).

Plane voraus

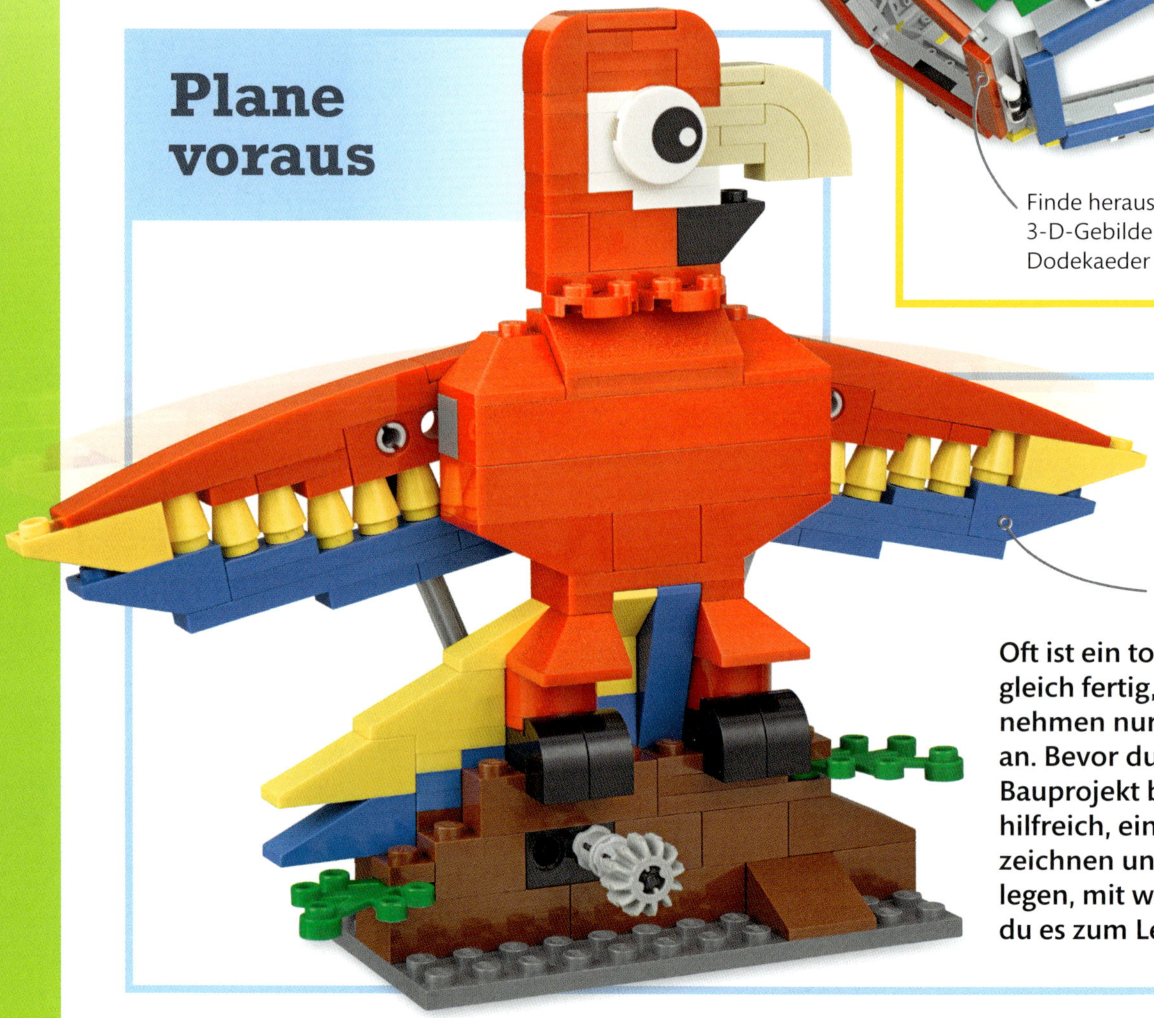

Der eindrucksvolle mechanische Papagei von S. 218 erfordert genaue Planung.

Oft ist ein tolles Modell gleich fertig, aber viele Ideen nehmen nur langsam Gestalt an. Bevor du ein großes Bauprojekt beginnst, ist es hilfreich, ein Bild davon zu zeichnen und dann zu überlegen, mit welchen Steinen du es zum Leben erweckst.

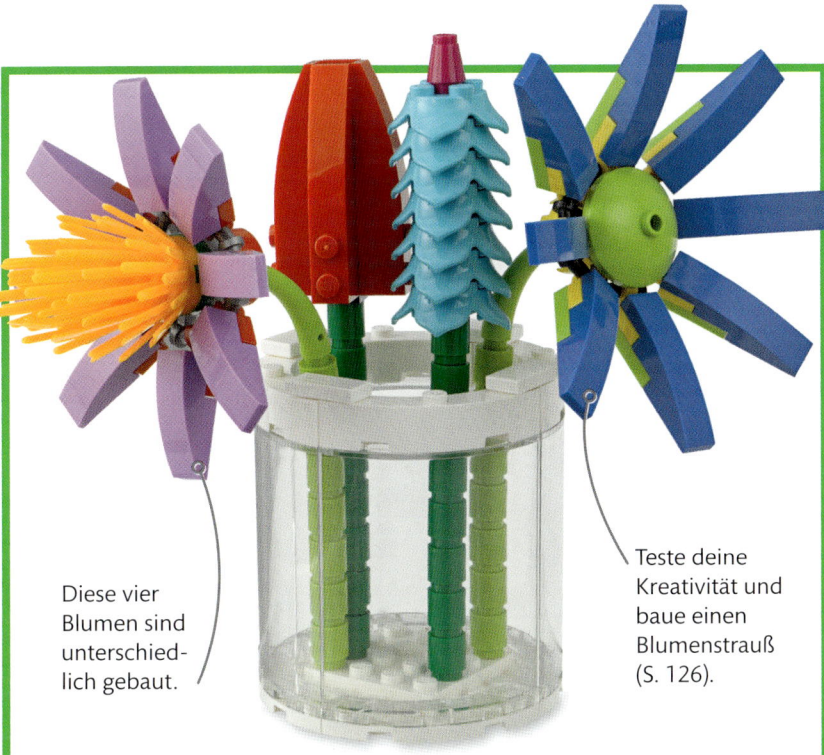

Diese vier Blumen sind unterschiedlich gebaut.

Teste deine Kreativität und baue einen Blumenstrauß (S. 126).

Du kannst alles mit wenigen LEGO Steinen und viel Fantasie bauen. Lass dich nicht aufhalten, wenn ein Element oder eine Farbe fehlt – suche nach einer cleveren Möglichkeit, mit dem, was du hast, zum Ziel zu kommen.

Suche nach Lösungen

Baue weiter

Ein fertiges Modell ist erst der Beginn deines LEGO Abenteuers! Was machst du damit? Wirst du es filmen oder fotografieren? Was könntest du anbauen? Wie könntest du es anders bauen? Was möchtest du danach bauen?

Überlege, wie du mit deinen Modellen spielen und wie du sie verwenden wirst.

Bleibe immer anpassungsfähig

Ärgere dich nicht, wenn dein Modell nicht so wird, wie du gedacht hast. Mache weiter – vielleicht wird daraus etwas ganz anderes oder sogar Besseres. Der Bauspaß besteht darin, herauszufinden, wohin dich deine Steine bringen!

ÄH ... ICH WEISS NICHT, WAS DAS IST!

Wenn dein Modell nicht funktioniert, baue es zu etwas anderem um!

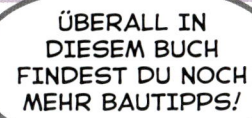

ÜBERALL IN DIESEM BUCH FINDEST DU NOCH MEHR BAUTIPPS!

1

Iiih – eine Maus!

Schiebe dieses vierrädrige Wesen an deinen Freunden oder Verwandten vorbei, um sie zu erschrecken. Suche in deiner Sammlung nach Teilen, die als Nase, Schwanz, Ohren und Augen verwendbar sind.

ICH HAB' ECHT ANGST!

Ohren aus Radarschüsseln

Nase aus LEGO® Technic Kugel

Räder stecken an langen LEGO Technic Pins.

AUF DEM TANZBODEN

Einen glatten Discotanzboden für geschmeidige Discotänzer kannst du aus vielfarbigen Kacheln bauen. Oder baue eine Bühne mit einer LEGO Version deiner Lieblingsband oder sogar eine Minikonzerthalle – baue einfach das, was du möchtest!

Glatte Kacheln bedecken den Lautsprecher oben und seitlich.

Seiten passen an Steine mit Seitennoppen.

Starte die Party mit einem Tanzboden, der auch als Ständer für deinen MP3-Player dient. So bekommst du nicht nur Lust aufs Tanzen, sondern siehst gleich, welcher Song läuft. Oder schau dir das Musikvideo dazu an.

Der Ständer muss hoch genug sein, um deinen Musikplayer aufzunehmen.

Baue einen Halter für deinen Musikplayer aus glatten Teilen.

Breite Basis verhindert, dass der Ständer umfällt.

2

Ein Musikständer

Das Bergsteigerspiel

3

Willst du ein Bergsteiger sein? Dann baue diesen LEGO Berg als lustiges Spiel für zwei Personen. Du benötigst für jeden Spieler drei Minifiguren und genügend Steine für eine Bergspitze mit gleich vielen Stufen auf jeder Seite.

KREISEL

Mit einem Kreisel ermittelst du die Zahl der Stufen für jede Runde. Dieser hat von eins bis vier nummerierte Abschnitte, die in der Mitte und am Rand von Platten gehalten werden. Mit einer LEGO Technic Achse kannst du ihn auf einer glatten Fläche kreiseln lassen.

Der Kreisel dreht sich auf einer Gleitplatte.

Platten verhindern, dass der Kreisel zwischen zwei Zahlen landet.

LEGO Technic Achse

Der Kreisel landet auf vier – eine Minifigur klettert vier Stufen höher!

SO WIRD GESPIELT

1 Die Spieler stellen ihre Minifiguren an der Basis des Berges auf.

2 Sie drehen abwechselnd den Kreisel und bewegen eine ihrer Minifiguren so viele Stufen nach oben, wie der Kreisel anzeigt.

3 Landet einer deiner Kletterer auf einer Stufe direkt gegenüber einer Minifigur auf der anderen Seite (außer auf der Spitze), muss diese Figur wieder ganz nach unten gestellt werden!

4 Sieger ist der Spieler, der seine drei Minifiguren als Erster auf die Spitze des Berges bringt.

Dein Berg kann beliebig hoch sein. Dieser hier hat sieben Stufen.

VON HIER SEHE ICH MEIN HAUS!

HÄTT' ICH BLOSS HANDSCHUHE!

Dachsteine mit verschiedenen Winkeln als realistische Felsen

Startebene

4 Baue eine Szene

Was stellen Minifiguren an, wenn sie glauben, dass niemand zuguckt? Schnapp dir deine Kamera und finde es heraus! Baue lauter lustige und interessante Szenen mit ein oder zwei Minifiguren und aus ein paar Haushaltsgegenständen – für eine Minifigur wirken sie alle riesig!

KOMISCHES WASSER...

Eine Box voller Watte ergibt ein Schaumbad für einen Minifiguren-Turmspringer.

Ein Tennisball wird zum Felsbrocken.

HILFE, EIN BALL!

Stelle deine Minifiguren so hin, als ob sie etwas tun.

BAUE DIE SZENE AUF

Übertreibe den Größenunterschied zwischen der Realität und den LEGO Elementen. Eine Minifigur bräuchte eine Bergsteigerausrüstung, um auf einen Stuhl zu gelangen, und könnte nur mit Freunden einen Bleistift aufheben! Bilde aus Dingen im Haushalt die Basis einer lustigen Szene.

Das Kletterseil lässt sich am Stuhl mit Klebemasse befestigen.

GLEICH HAB ICH'S GESCHAFFT!

Teile ein Herz mit deinem besten Freund (S. 177).

Zeige mit einem LEGO Herz, wie sehr du jemanden magst! Es gibt viele Möglichkeiten, es zu bauen. Baue es sorgfältig – sonst bricht dein LEGO Herz!

Rosa Kacheln sitzen auf zwei Lagen roter Platten.

Gebogener Stein als runde Ecke

Herz aus zwei sich überlappenden, abgerundeten roten Platten

Dachsteine bilden die Spitze des Herzens.

5 LEGO® Herz für Liebende

6 Baue eine Denkaufgabe

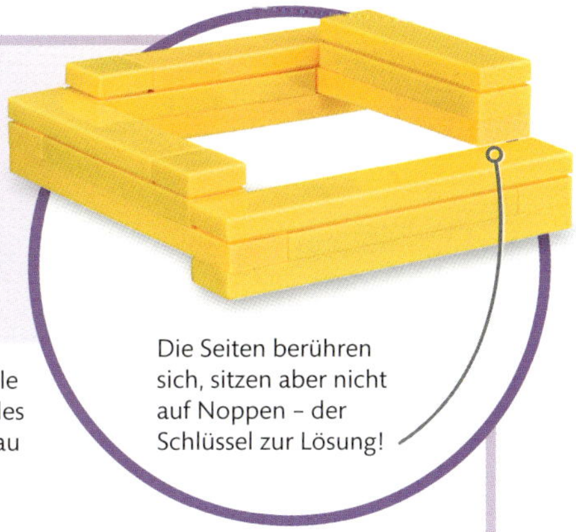

Jede Seite besteht aus zwei Platten und einer Lage Kacheln.

Beide Teile des Puzzles sind genau gleich geformt.

Die Seiten berühren sich, sitzen aber nicht auf Noppen – der Schlüssel zur Lösung!

Jedes Viereck hat eine Ecke, die nicht auf Noppen sitzt.

Bedecke die Noppen mit Kacheln.

Scheinbar lassen sich diese Vierecke nur trennen, wenn man Steine abbricht. Doch es gibt eine clevere Lösung, sie auseinanderzuschieben, ohne sie aufzubrechen. Fordere deine Freunde heraus – wer von ihnen findet am schnellsten die Lösung?

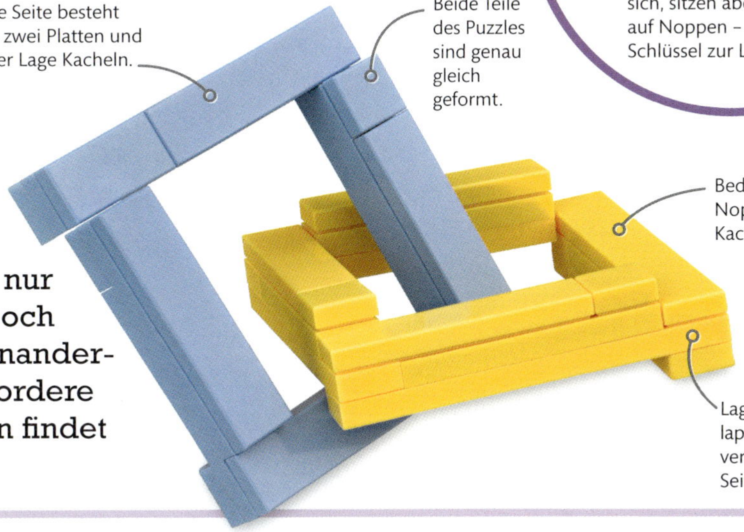

Lagen sich überlappender Platten verbinden die Seiten.

Sparschwein für Wünsche

7

Spare mit einem LEGO Sparschwein. Es muss nicht schweinsförmig sein, benötigt aber ein hohles Inneres, einen Schlitz fürs Geld und eine Möglichkeit, es wieder herauszuholen!

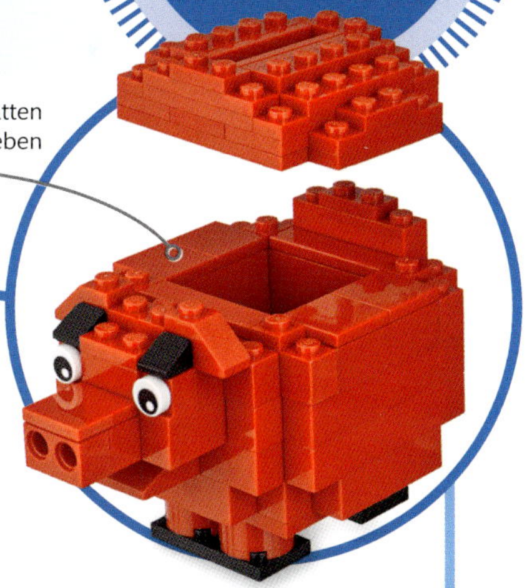

Der Schlitz muss groß genug sein, damit Münzen durchpassen.

Eine Lage glatter Platten erleichtert das Abheben des Deckels.

Schnauze aus einem Stein mit zwei Löchern und einer Kachel obendrauf

ÖFFNE DICH!
Baue den Deckel deines Sparschweins separat, damit er leicht abzuheben ist und du an deine Ersparnisse kommst. Oder baue in den Bauch einen Stöpsel ein!

Dachstein bildet offenes Maul.

8 Zeige, wie du dich fühlst

> ICH MACHE GERN GRIMASSEN!

Drücke deine Stimmung mit LEGO Steinen aus! Baue ein Gesicht mit Augen und Nase – weitere Details ändern sich so oft wie deine Stimmung. Wie verschieden kann dein LEGO Gesicht aussehen?

Augenbrauen sind sehr ausdrucksvoll.

Rettungsring als offener Mund

Platten sitzen auf unterer Basisplatte.

Radarschüsseln als Augen

Rosa Teile als Wangen

Erfinde Turmtypen

9

Wie viel Charakter kannst du kleinen Steintürmen verleihen? Die Details dieser Gruppen von Turmtypen verraten, wen sie darstellen sollen! Baue eigene Teams von Turmtypen – wer von deinen Freunden errät in der kürzesten Zeit, wer gemeint ist?

Wenige Farben zeigen Goldlöckchens Haar, Kleid und Schuhe.

Die Bären haben drei Größen.

Goldlöckchen und die drei Bären

Die drei Schweinchen und der große böse Wolf

Gelbe Platte steht für maskiertes Ninjagesicht.

NINJAGO Ninja und Meister Wu

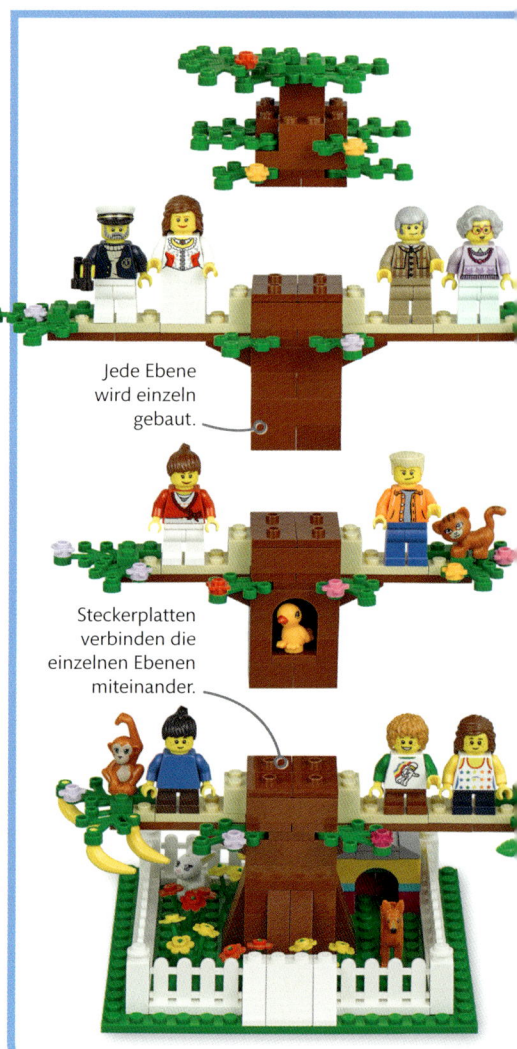

Jede Ebene wird einzeln gebaut.

Steckerplatten verbinden die einzelnen Ebenen miteinander.

Ein Stammbaum

10

Genau wie beim echten Baum wird der Stamm unten breiter. Dachsteine auf allen Seiten stützen ihn ab.

VERZWEIGUNGEN

Fülle deinen Baum mit Minifiguren, die am meisten deinen Angehörigen ähneln oder ihre Persönlichkeit, Hobbys oder Arbeit widerspiegeln. Willst du deinen Baum noch höher bauen, bitte deine Eltern oder Großeltern, dir mehr von deinen Verwandten zu erzählen. Ist deine Familie sehr klein, baust du einen Baum mit all deinen Freunden.

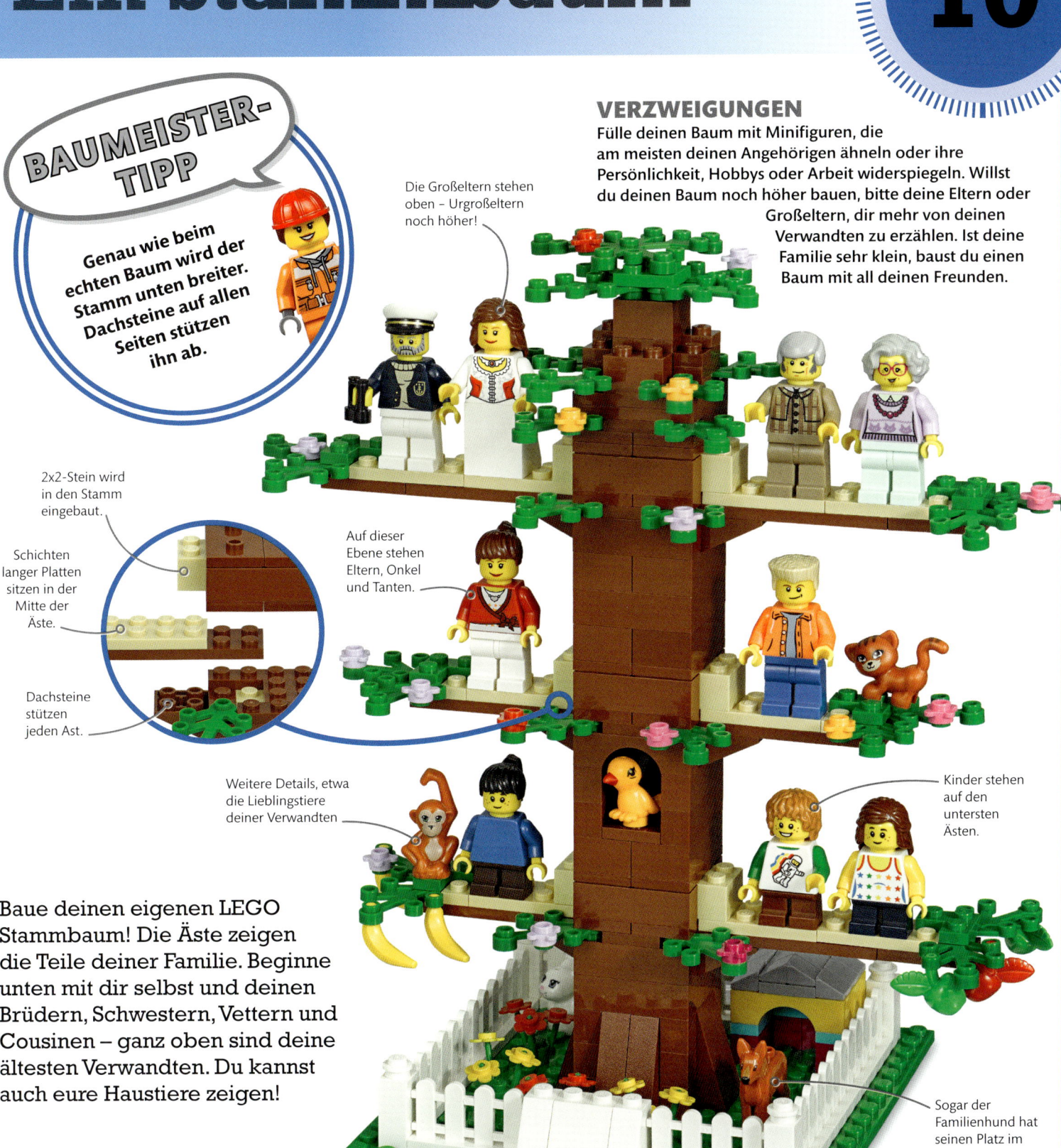

Die Großeltern stehen oben – Urgroßeltern noch höher!

2x2-Stein wird in den Stamm eingebaut.

Schichten langer Platten sitzen in der Mitte der Äste.

Dachsteine stützen jeden Ast.

Auf dieser Ebene stehen Eltern, Onkel und Tanten.

Weitere Details, etwa die Lieblingstiere deiner Verwandten

Kinder stehen auf den untersten Ästen.

Sogar der Familienhund hat seinen Platz im Garten!

Baue deinen eigenen LEGO Stammbaum! Die Äste zeigen die Teile deiner Familie. Beginne unten mit dir selbst und deinen Brüdern, Schwestern, Vettern und Cousinen – ganz oben sind deine ältesten Verwandten. Du kannst auch eure Haustiere zeigen!

11 Eine Geschenkbox

Baue eine so schöne Geschenkbox, dass du sie gar nicht verschenken willst. Dann kannst du sie als jahreszeitliche Dekoration verwenden – oder als geheimen Ort, an dem du und deine beste Freundin Nachrichten hinterlegen könnt!

Setze Eckplatten als Bänderschleifen auf.

Im Bänderkreuz sitzt ein runder Stein.

Die seitlichen roten Bänder halten den Deckel.

GUT VERPACKT

Die Bänder machen die Box zu etwas Besonderem. An den Seiten bestehen sie aus glatten Kacheln, die auf Steinen mit Seitennoppen sitzen. Die Schleifen oben sind aus vier gebogenen Steinen und zwei einzelnen Steinen als spitzen Enden.

SO WIRD GESPIELT

1 Stelle eine Stoppuhr auf zwei Minuten. Die Spieler rollen abwechselnd beide Schafe auf einer weichen Fläche und bekommen Punkte, je nachdem wie sie landen.

2 Ein Schaf auf der Seite erzielt einen Punkt, auf dem Rücken zwei Punkte, mit dem Gesicht nach unten drei Punkte und vier Punkte, wenn es auf den Füßen steht.

3 Sieger ist der Spieler, der die meisten Punkte in zwei Minuten erhält.

Das Schaf sollte so klein sein, dass es in deine Hand passt.

Bei diesem lustigen Spiel gibt es keine Langeweile. Beliebig viele Spieler nehmen teil – ihr braucht nur zwei LEGO Schafe und eine weiche Fläche wie einen Teppich.

Dank dem Dachstein bleibt das Schaf auf dem Gesicht liegen.

Spiele Schafe rollen

12

13 Reise nach Miniland

Die Arme bewegen sich an Klickscharnieren.

Kopf sitzt auf Steckerplatte (Platte mit einer Noppe).

Dies ist ein Dachstein.

Kinn aus Steckerplatte

Hand aus Platte mit Klemme

EINE KLEINE WELT
Durch zahlreiche Details und Varianten an deinen Miniland-figuren kannst du Erwachsene sowie Kinder in allen Aktions-posen bauen. Baue zuerst den Oberkörper und verwende einen 2x3-Stein als Ausgangsbasis.

Miniland ist der realistische Teil von LEGOLAND® Parks, wo naturgetreue LEGO Menschen in detaillierten Modellen echter Orte leben. Erlebe zu Hause ein Stück Miniland und baue eine Figur im Miniland-Maßstab – größer als eine Minifigur, aber kleiner als du!

DAS WAR WOHL DER FALSCHE STEIN!

Am besten nur Steine von einer Größe nehmen!

Fordere deine Freunde heraus, möglichst viele LEGO Steine in 30 Sekunden aufeinanderzustapeln. Ihr dürft den nächsten Stein nur mit der freien Hand aufnehmen! Sieger ist, wer den höchsten Turm baut. Fällt dein Turm vor Ablauf der Zeit zusammen, musst du von vorn beginnen!

SEI NICHT SO AFFIG!

Jeder Spieler sollte am Anfang gleich viele Steine haben.

Eine stabilere Basis bilden zwei Steine.

14 Baue den höchsten Turm

15 Füttere den Frosch

Einzelstein als Fliege

Wannenelement – oder baue einen Behälter aus Steinen.

Gebogene Kacheln für den runden Kopf des Froschs

Baue das Maul so groß, dass viele Fliegen hineinfliegen!

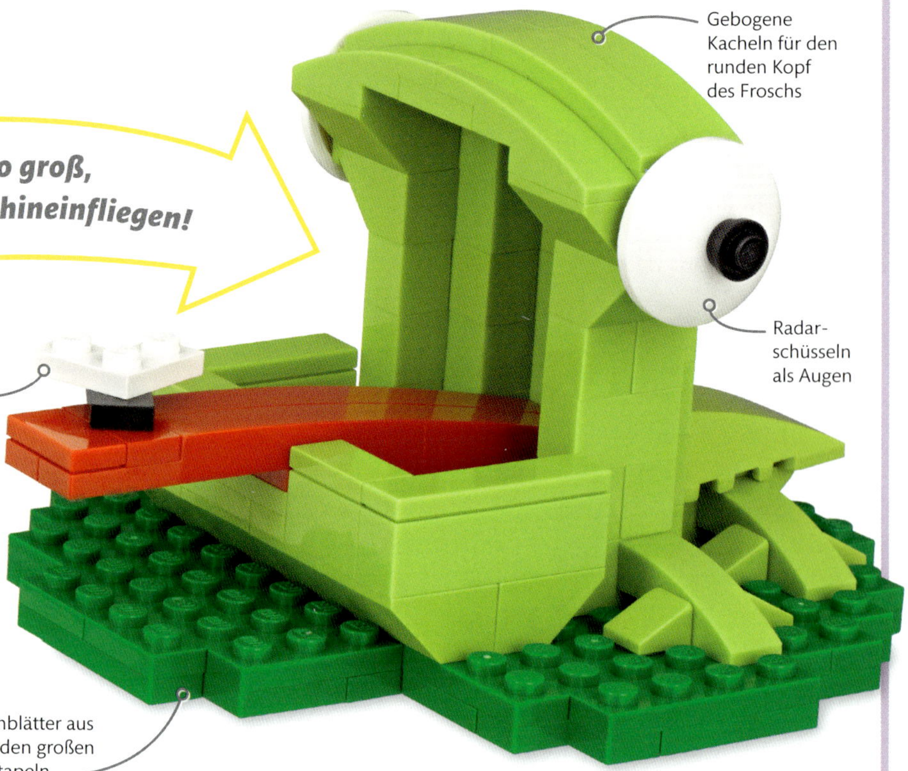

Fliegenflügel aus weißer Eckplatte

Radarschüsseln als Augen

Drücke darauf, um eine Fliege zu starten.

Seerosenblätter aus verschieden großen Plattenstapeln

Katapult dreht sich um LEGO Technic Pins.

BAUMEISTER-TIPP

BEWEGLICH
Wenn du dein Fliegenkatapult auf ein eigenes Seerosenblatt baust, kannst du aus verschiedenen Abständen schießen. Nimm deine kleinsten Steine als Fliegen oder baue sie aus anderen kleinen Teilen.

Ist der Drehpunkt des Katapults näher an dem Ende, auf das du drückst, so wird der Schwung am anderen Ende größer.

Dieser Frosch isst gern Fliegen – vor allem wenn sie in sein Riesenmaul geschleudert werden! Baue einen Frosch samt Fütterkatapult – wie viele Fliegen kannst du in einer Minute ins Froschmaul schießen?

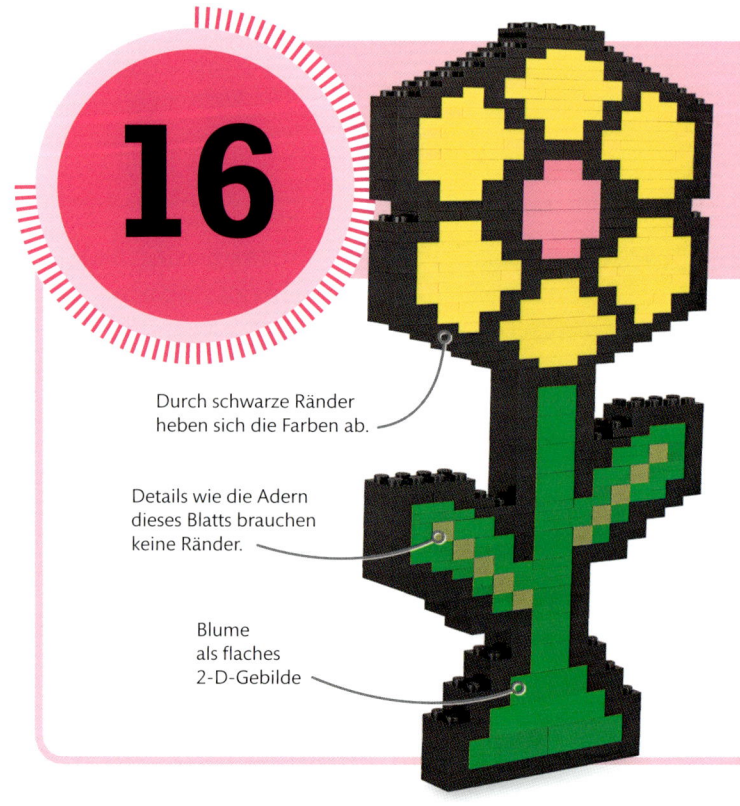

16

Durch schwarze Ränder heben sich die Farben ab.

Details wie die Adern dieses Blatts brauchen keine Ränder.

Blume als flaches 2-D-Gebilde

17 Verziere deine Tür

BAUE EIN SCHILD

Schau dir die Größe des Türgriffs genau an, bevor du anfängst, und mache den Haken groß und stark genug, damit er nicht abbricht. Schreibe eine lustige Nachricht auf dünne Pappe und schiebe sie in den LEGO Rahmen.

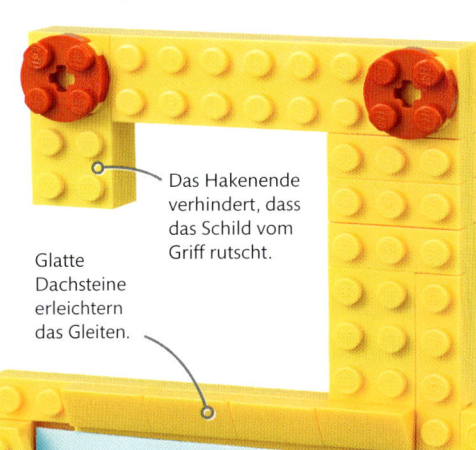

Abgehobene Platten bilden einen Rahmen, in den das Pappschild passt.

Schreibe auf die Rückseite eine andere Nachricht.

Auf glatten Kacheln gleitet die Pappe hinein und hinaus.

Alle werden wissen, wie sehr du LEGO Steine liebst, wenn du ein LEGO Schild an den Griff deiner Tür hängst. Du kannst verschiedene Nachrichten hineinschieben, etwa wenn du ungestört bauen willst!

Das Hakenende verhindert, dass das Schild vom Griff rutscht.

Glatte Dachsteine erleichtern das Gleiten.

Komm herein, wenn du LEGO Steine liebst!

Das Pixel-blumenspiel

Baue mit lauter Klötzchen! Mit dicken schwarzen Umrissen und ohne gebogene Steine sehen diese Blumen wie altmodische Computergrafiken aus. Welches deiner Klötzchengebilde sieht noch wie eine Blume aus?

18 Entwirf dein Traumhaus

LEGO Häuser können sonst wie aussehen. Stelle dir das ungewöhnlichste Haus vor und baue es mit deinen LEGO Steinen. Lass dich von Dingen um dein Haus herum anregen. Oder baue ein Heim für deine liebste Minifigur.

Füge normale Details wie einen Kamin, Fenster und Türen hinzu, damit man dein Objekt auch als Haus erkennt.

In diesem Raum können Minifiguren sitzen und essen.

Dank Kacheln auf den Wänden ist das Dach leicht abzuheben.

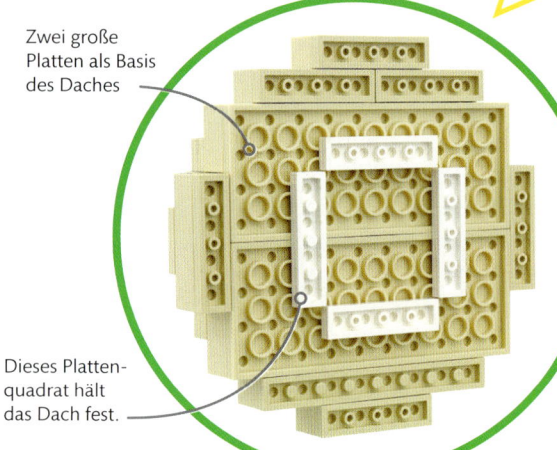

Zwei große Platten als Basis des Daches

Dieses Plattenquadrat hält das Dach fest.

MAN SAGT JA, DU BIST, WAS DU ISST!

Kleine runde Platten als tolle Salatblätter

Rote Dachsteine als Tomatenscheiben

BURGERHAUS

Dieses Haus hat viele Schichten, aber nur ein Zimmer! Die verschiedenen Farben und Formen wirken wie ein Burger, Käsescheiben und Garnierungen in einem Sesamsamenbrötchen. Das Kuppeldach ist abnehmbar – darunter ist das Esszimmer!

Radarschüsseln
als Weckläutwerk

Dachsteine bilden
die runde Tür.

Tür öffnet
sich dank
Scharnier-
platten.

Raum für
ein Bett

Uhrzeiger aus Schraubenschlüssel
und Halterelement

ICH GEHE IMMER FRÜH SCHLAFEN!

WECKERHAUS

Wenn die Tür aufgeht, entpuppt
sich dieser Wecker als Haus mit
einem Schlafzimmer und einem
kleineren Wecker darin!
Es gibt auch Hinweise, dass
dies ein Haus ist: Fenster und
Mauerwerkdetails an den
Seiten und überhängende
rote Dachsteine obendrauf.

BAUMEISTER-TIPP

Wähle als Haus ein
Ding, das einen großen
Innenraum aufweist.
Wie wäre es etwa mit
einem Schuh oder
Bügeleisen?

Baue alles, außer...

19

Teste die Kreativität deiner Freunde!
Gib allen Spielern die gleiche Auswahl
an Steinen, aus denen sie in zwei Minuten
bauen sollen, was sie möchten. Unter einer
Bedingung: Ihre Modelle dürfen einem von
dir gewählten Objekt nicht ähneln, etwa
einer Ente. Es ist erstaunlich schwer, sich
etwas anderes zum Bauen auszudenken!

Ein schnabel-
ähnlicher Dachstein
erschwert es, etwas
zu bauen, das nicht
einer Ente ähnelt!

Errichte einen Totempfahl

20

Staple Lebewesen und Gesichter zu einem tollen Totempfahl auf! Traditionelle Totempfähle sind aus Holz geschnitzt und haben Tiersymbole für Menschen, Ereignisse und Geschichten. Jeder Teil deines Pfahls soll etwas für dich Wichtiges symbolisieren.

Auf jedem Abschnitt sitzt eine Steckerplatte.

Mehr Bauideen liefern Bilder echter Totempfähle in Büchern oder im Internet.

Die Verbindung mit einer Noppe erleichtert die Neuanordnung der Teile.

Mixe Fantasiewesen mit echten Lebewesen.

Baue viel größere Buchstaben auf S. 60–61.

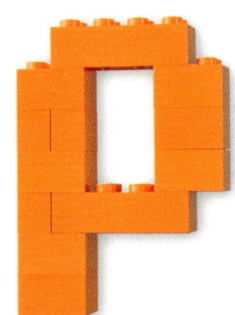

Jeder Buchstabe ist sieben Steine hoch.

21

Baue ein buntes LEGO Alphabet

Die Clownshose verliert!

22

Ermittle mit diesem Zufallsspiel, wer eine Aufgabe ausführen muss, die du nicht machen willst! Jeder wählt eine der Minifiguren und dann werden die Frontteile abgeklappt. Derjenige, der die Minifigur mit Clownshose hat, muss die Aufgabe ausführen. Wer die Minifiguren aufstellt, darf nicht teilnehmen!

Spielvariante: Wer die Clownshose hat, gewinnt einen Preis!

Der Taucher trägt die Clownshose!

Abklappen – da sind die Beine!

SCHAU MICH NICHT AN, ICH BIN'S NICHT!

Die Klappteile sitzen auf Scharniersteinen.

Das Schwänzchen sitzt an transparentem rundem Stein.

Bilde Buchstaben durch Stapeln und Überlappen von Steinen.

Sage es mit Worten, die aus bunten LEGO Buchstaben zusammengebaut sind! Baue Botschaften als Dekoration oder bilde lustige Anagramme aus allen Buchstaben deines Namens. Sollen die Buchstaben frei dastehen, verbindest du sie oder baust sie in eine Steinwand für ein flaches, senkrechtes Schild.

Großbuchstaben sind leicht aufzustellen, da sie keine nach unten hängenden Teile haben.

23 Mache aus wenig viel

Für dieses Tentakelmonster brauchst du nicht viele Steine – die fehlenden Teile ergänzt deine Fantasie! Was kannst du noch bauen? Wie wäre es mit Augen, die über eine Mauer blicken, oder einem Elefantenrüssel zwischen Bäumen?

ALLE VON BORD!

Tentakelteile stecken in Steinen mit Löchern.

Kopf sitzt auf Stein mit Seitennoppe.

Stein mit Seitennoppe hält das Boot.

Wand aus seitlich gebauten blauen Steinen als Basis

Ruderboot aus einem Stück

Baue Steinkreisel

Verbinde vier gleiche Seiten zu einem ausgewogenen Kreisel.

Breite, flache Teile rotieren am besten.

Alle drei Kreisel drehen sich auf einer Gleitplatte mit gebogener Unterseite.

Eine Platte hält diesen Kreisel unten zusammen.

Radarschüsseln ergeben einfache Kreisel.

LEGO Technic Achse als Griff in rundem Stein mit Loch

Die Flammenteile verschwimmen beim Drehen zu einem bunten Ring.

Zwei gleich große Platten bilden die vier Seiten dieses kreuzförmigen Kreisels.

24

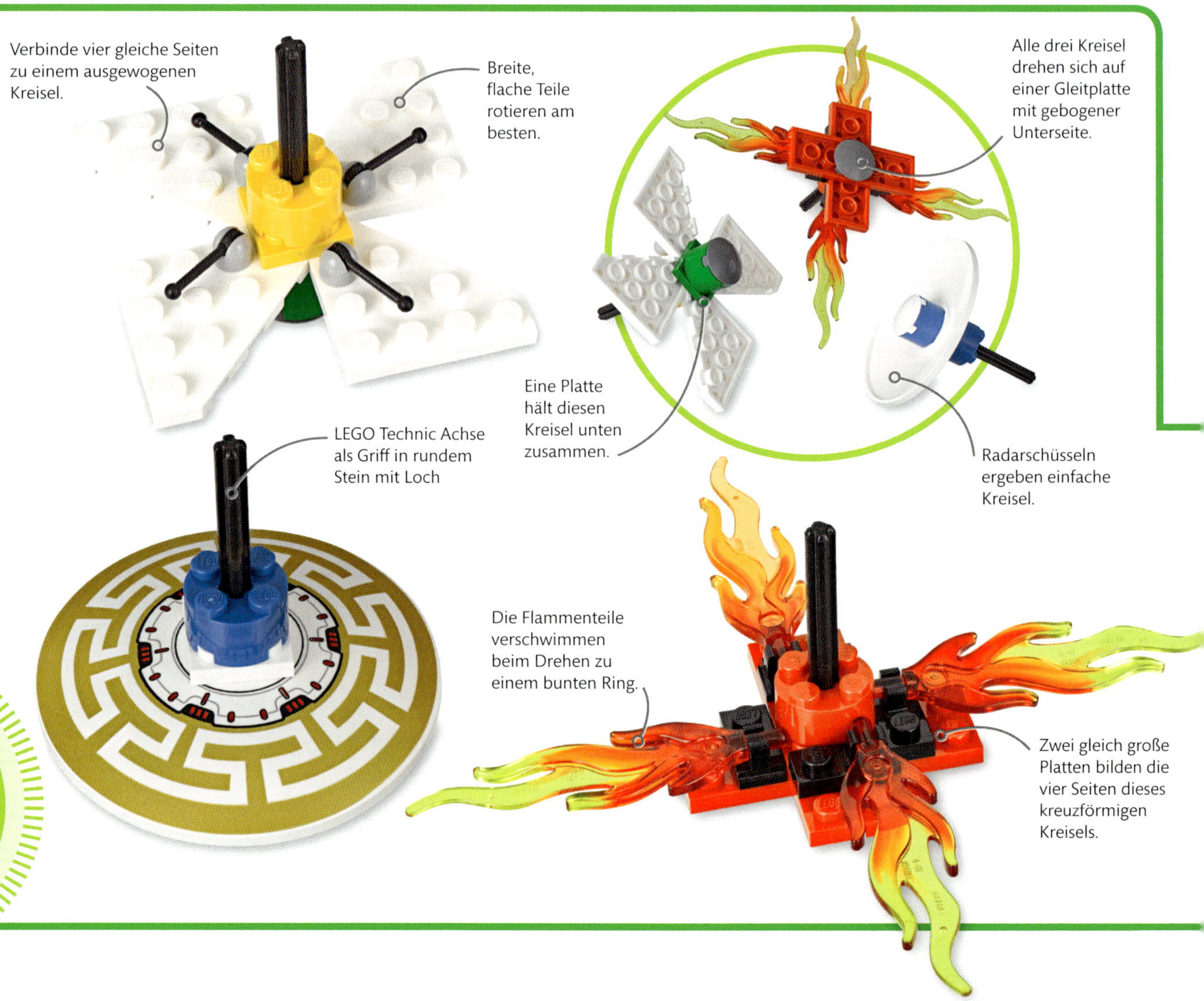

25 Baue einen Monstertruck

Dieser Monstertruck kommt überall hin! Baue die größten Räder deiner LEGO Sammlung an ein stabiles Fahrgestell mit Karosserie. Dann teste ihn bei einem Offroad-Rennen über Bücher oder Steinhaufen!

Großer Kühler aus vier Rostelementen

Achte auf den Abstand zwischen Kotflügeln und Reifen!

DER SPEZIALSTEIN

LEGO Technic Platten mit einem Ring darunter (oder Lagerplatten) verbinden Räder mit Fahrzeugen. In die Ringe passen Achsen.

Kleine runde Steine als Monstertruck-Stoßdämpfer

Bücher bilden Rampen und Sprungschanzen.

Baue einfache LEGO Kreisel aus nur einer Handvoll Elementen. Weitere Details baust du von der Mitte aus auf allen Seiten an, damit die Kreisel sich gleichmäßig drehen. Stoppe die Zeit – welcher Kreisel dreht sich am längsten? Versuche dann, deine Bestzeit zu übertreffen.

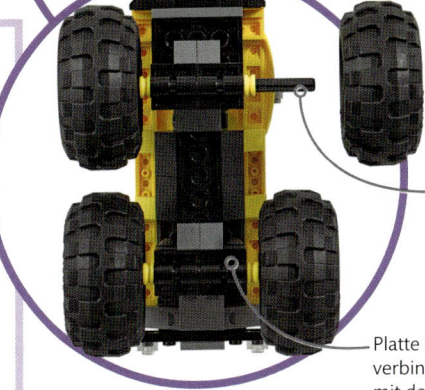

Rad steckt auf LEGO Technic Achse.

Platte mit Ring darunter verbindet Rad und Achse mit dem Fahrgestell.

GUTER RAT FÜRS RAD

Die Karosserie kann so einfach oder detailliert sein, wie du möchtest. Wenn deine größten LEGO Räder immer noch zu klein sind, dann baust du das Fahrzeug darauf eben noch kleiner!

Optische Täuschung

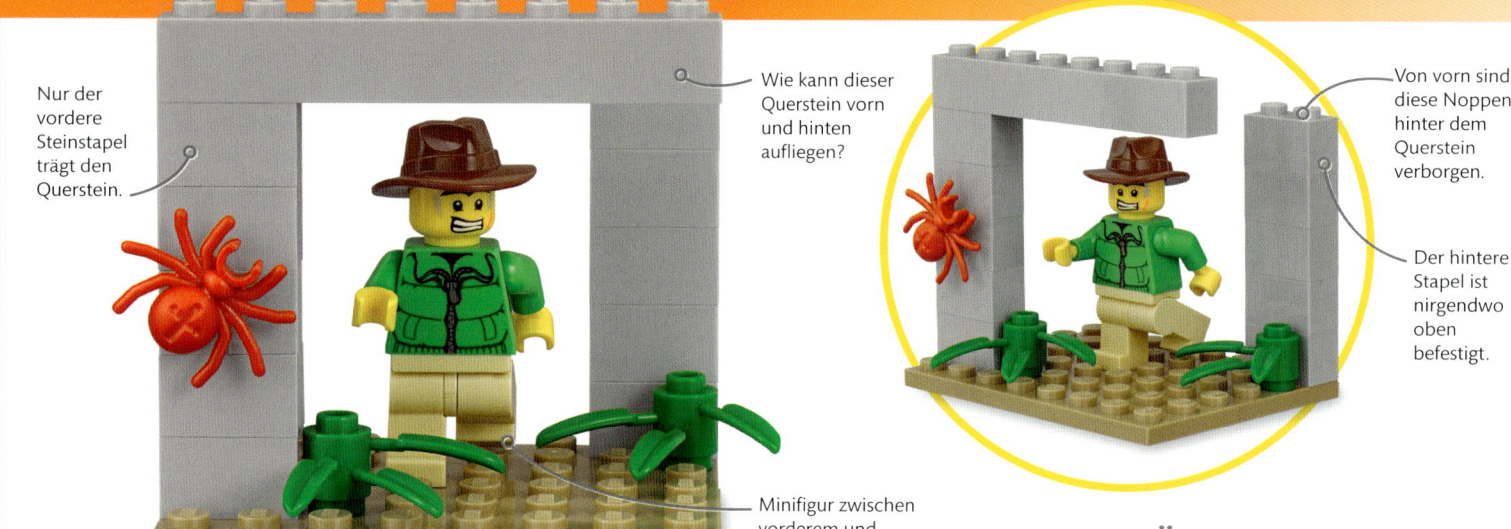

Nur der vordere Steinstapel trägt den Querstein.

Wie kann dieser Querstein vorn und hinten aufliegen?

Minifigur zwischen vorderem und hinterem Stapel

Von vorn sind diese Noppen hinter dem Querstein verborgen.

Der hintere Stapel ist nirgendwo oben befestigt.

TORTÄUSCHUNG

Auf den ersten Blick sieht es aus, als wolle der Abenteurer durchs Tor gehen. Doch der rechte Torpfosten befindet sich schon hinter ihm! Drehst du das Modell zur Seite, siehst du, dass es kein richtiges Tor ist, sondern aus zwei getrennten Gebilden besteht.

26 Baue ein Tüdelüt

Was ist ein Tüdelüt? Alles, was du möchtest! Bei diesem Spiel denkst du dir ein neues Wort aus und bittest die Spieler, in drei Minuten zu bauen, was sie sich darunter vorstellen. Jede Lösung ist richtig, also könnt ihr mit allen Steinen spielen.

Drehst du dieses Gebilde herum, siehst du, dass es gar kein Dreieck ist!

Dieses Tüdelüt sieht wie ein Tier aus.

Könnte ein Tüdelüt ein unbekanntes Alien sein?

Ist ein Tüdelüt eine verrückte Maschine?

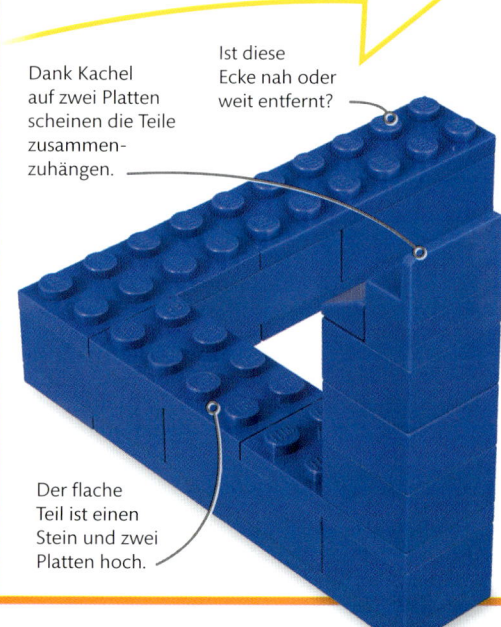

Dank Kachel auf zwei Platten scheinen die Teile zusammenzuhängen.

Ist diese Ecke nah oder weit entfernt?

Der flache Teil ist einen Stein und zwei Platten hoch.

27

Verblüffe deine Freunde mit trickreichen LEGO Gebilden. Diese beiden Modelle sind optische Täuschungen – das Gehirn glaubt, etwas zu sehen, was es nicht gibt. Alles wird klar, wenn du das Modell aus einem anderen Blickwinkel betrachtest. Baue diese optischen Täuschungen nach oder denke dir zum Spaß eigene aus!

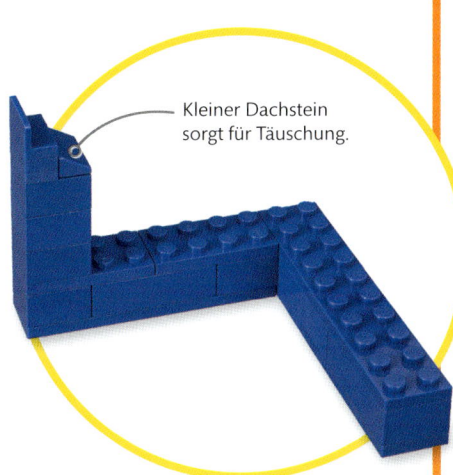

Kleiner Dachstein sorgt für Täuschung.

KNIFFLIGES DREIECK

Wenn die Figur links für dich normal aussieht, dann fahre einmal mit dem Finger um das Bild und überlege, wie das Ganze zusammenpasst. Wo ist vorn und hinten, wo oben und unten? Aus einem anderen Blickwinkel betrachtet, zeigt sich, dass die Figur gar kein Dreieck ist.

Trete als Popstar auf mit einem lebensgroßen Mikrofonmodell. Dann kannst du zwar nicht besser singen, siehst aber wie ein Profi aus! Nun musst du nur noch loslegen.

Alle Steine sind hier verkehrt herum gebaut.

DER SPEZIALSTEIN

Vier gebogene 2x2-Steine – auch Makkaronisteine genannt – können einen Ring bilden, wie an diesem Mikrofongriff.

Gebogene 2x2-Steine bilden den Mittelteil.

Goldene runde Platte

Runder Stein verbindet „Stecker" mit Griff.

Langes Antennen-element

VON OBEN NACH UNTEN

Dieses Mikrofon baust du am besten verkehrt herum, also von dem Ende aus, in das du singst. Seine runde Form bekommt es mittels Dachsteinen und gebogenen Steinen. Starte unten mit vier Dachsteinen – ist das Modell fertig, sitzen sie oben!

LA, LA, LA, LA, LA, LAAAAA!

28

Trete als Sänger auf

29 Das Spiegelbildspiel

Unterschiede kann es im Körper oder in den Flügeln geben.

Nimm Teile, von denen du viele hast, damit du Kopien bauen kannst.

Erkennst du, welcher von den Schmetterlingsflügeln rechts das Spiegelbild des linken ist? Baue eigene Spiegelbildmodelle und teste, wer von deinen Freunden am schnellsten das Spiegelbild findet!

Je mehr Details, desto schwerer das Spiel!

In deinem eigenen Skaterpark kannst du endlos Stunts und Tricks üben. Wenn du ihn gebaut hast, werden diese Minifiguren elegant darin springen, sliden und grinden. Da deine Finger dank der langen Griffe nicht im Weg sind, kannst du ihre Stunts sogar filmen!

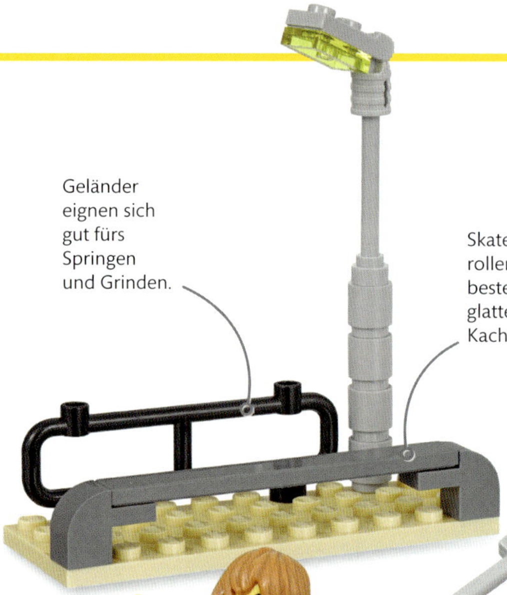

Geländer eignen sich gut fürs Springen und Grinden.

Skateboards rollen am besten auf glatten Kacheln.

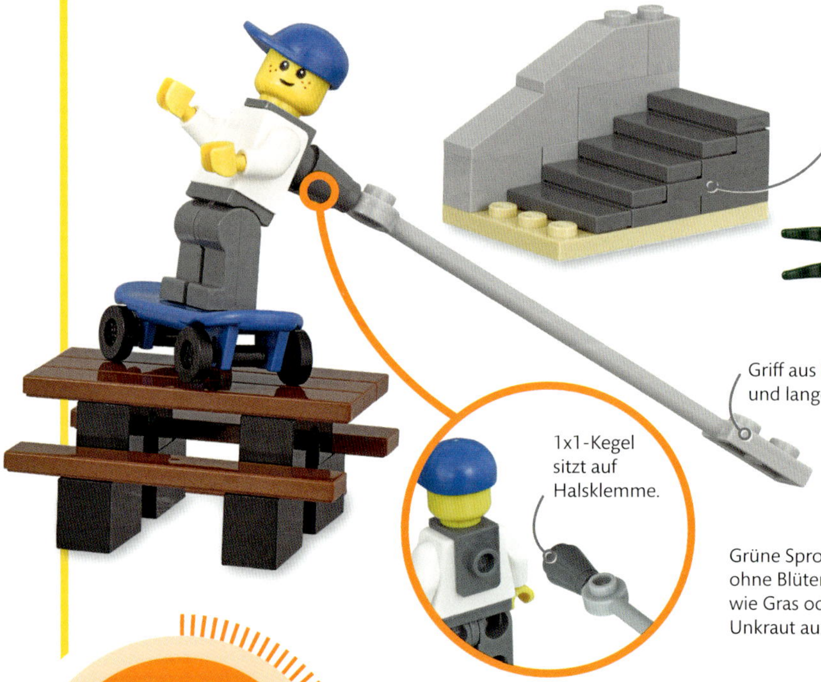

Stufen und verschiedene Gefälle fordern Skater heraus.

Griff aus Platte und langer Stange

1x1-Kegel sitzt auf Halsklemme.

Grüne Sprossen ohne Blüten sehen wie Gras oder Unkraut aus.

Griff sitzt unterm Skateboard.

Rampe aus einem Mix von steilen und flachen Dachsteinen

30 Baue einen Minifiguren-Skaterpark

Ordnung muss sein! Diese Büro-materialbox sieht superelegant aus und bietet großzügig Platz für alle Dinge. Sie hat viele nützliche Abteile und manche lassen sich an Scharnieren schwenken. So hast du immer Raum für deine Lieblingsstifte. Du könntest sogar ein Geheimfach einbauen!

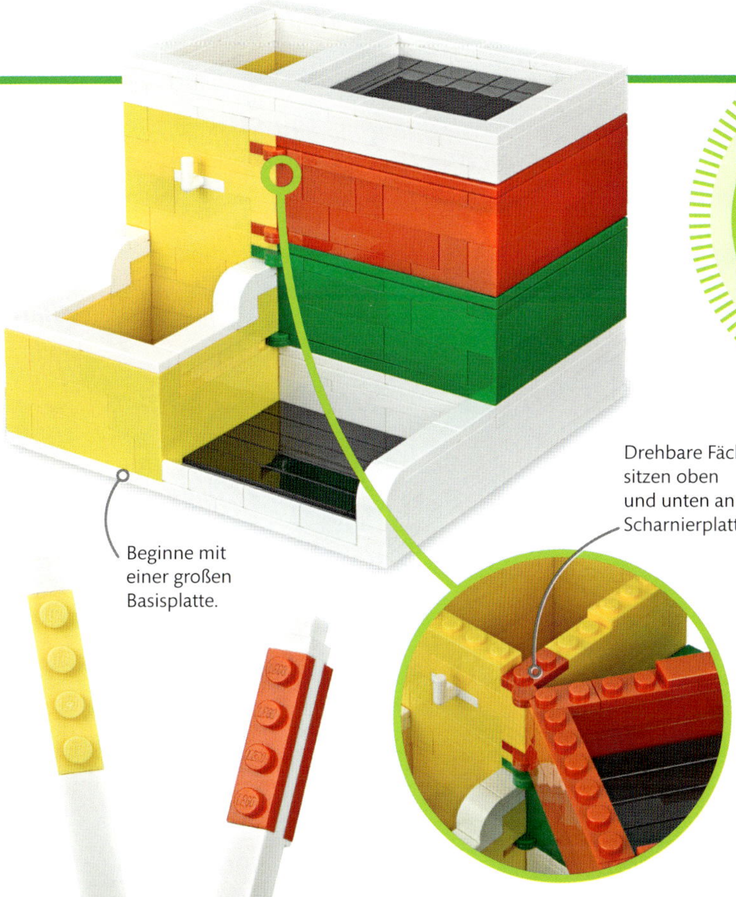

DENKE VON INNEN HERAUS

Überlege zuerst, was alles in deine Box passen soll. Sie muss hoch genug sein, damit Stifte darin stehen, und in die kleineren Abteile müssen Dinge wie Radier-gummis, Vielzweckklemmen und USB-Sticks passen.

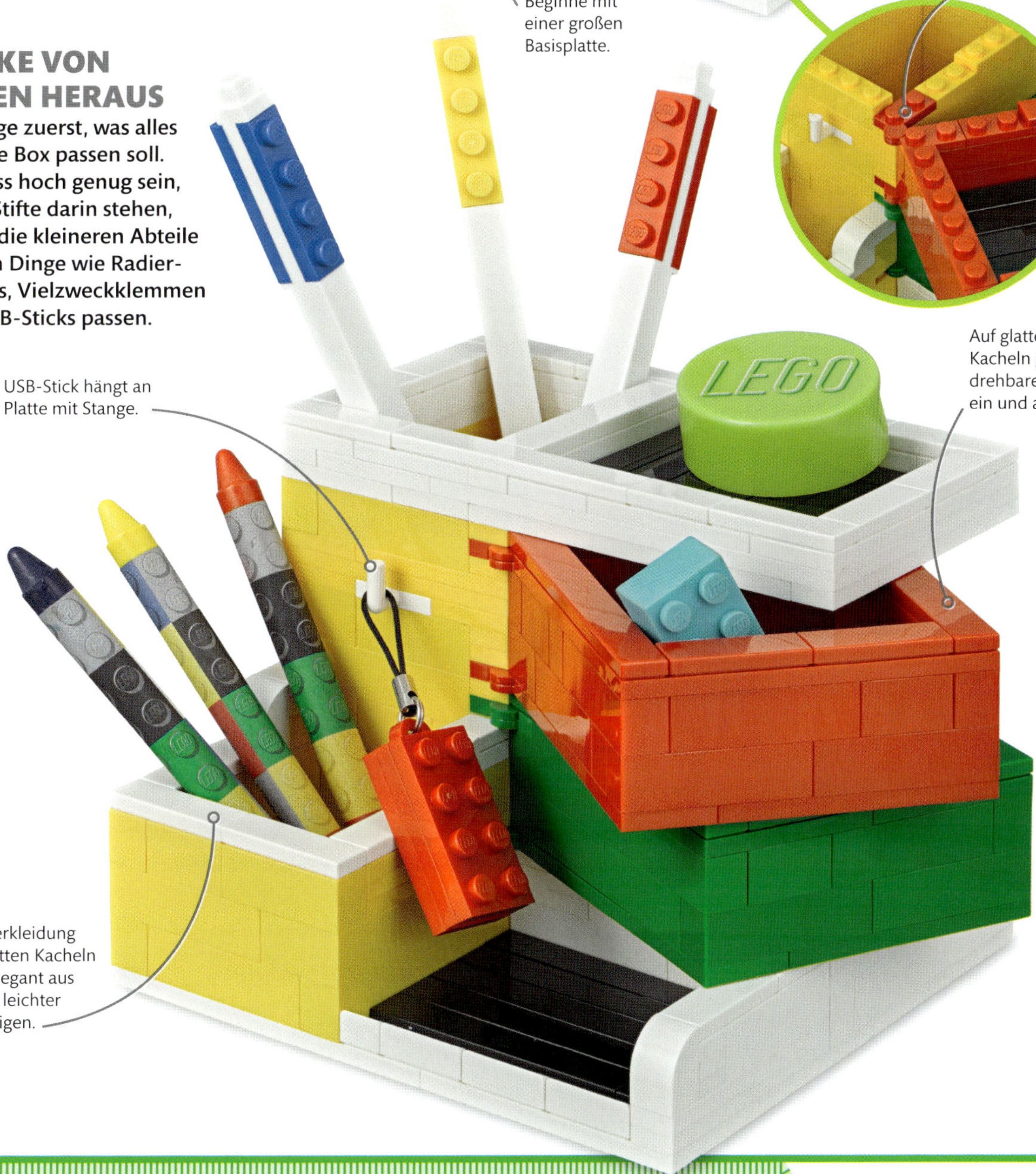

Beginne mit einer großen Basisplatte.

Drehbare Fächer sitzen oben und unten an Scharnierplatten.

USB-Stick hängt an Platte mit Stange.

Auf glatten Kacheln gleiten drehbare Fächer ein und aus.

Eine Verkleidung mit glatten Kacheln sieht elegant aus und ist leichter zu reinigen.

31 Büromaterialbox

Steche in See mit einem Piraten-Stiftebecher (S. 247).

32 Ausrüstung für Superspione

Aufgepasst, Geheimagenten! Diese Ausrüstung braucht ihr unbedingt für euren Undercovereinsatz: einen Stift mit Geheimfach und einen weiteren Stift mit verborgenem Wurfpfeil. Die tragbaren Bewegungsmelder müsst ihr unbemerkt scharf machen. Viel Glück!

Kacheln als Spiegel, die Laserstrahlen um die Ecke lenken

Graue Radarschüssel als Laserstrahlenempfänger

Rote Radarschüssel als Laserstrahlensender

Tragbare Bewegungssensoren

Spitzes Ende ist mit Winkelplatte befestigt.

Kachel für Taschenklemme

Stift mit Geheimfach

Drücke, um den Pfeil abzufeuern!

Wurfpfeilstift

NUR FÜR SPIONE!

COOLES KIT
Passiert jemand ahnungslos die unsichtbaren Laserstrahlen der Bewegungssensoren, wirst du sofort alarmiert! Was gehört noch zu deiner Spionageausrüstung? Ein Lauschgerät? Eine Minikamera? Ein Radartracker?

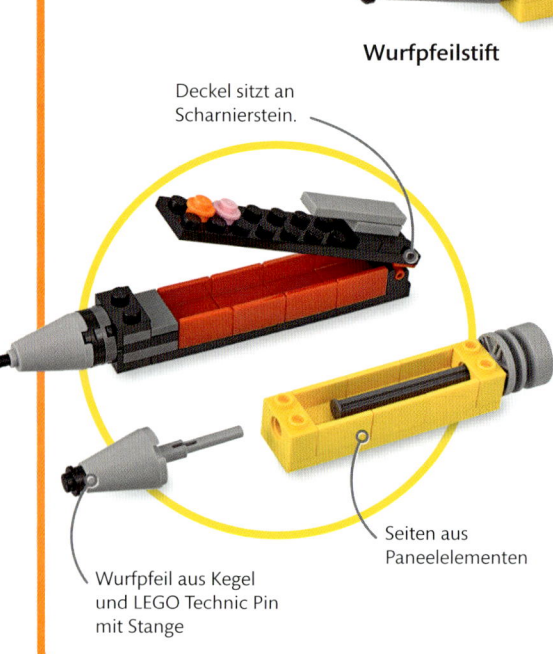

Deckel sitzt an Scharnierstein.

Wurfpfeil aus Kegel und LEGO Technic Pin mit Stange

Seiten aus Paneelelementen

Mikroroboter 33

Für einen tollen Roboter brauchst du nicht viele Steine! Dieser besteht nur aus zwölf Elementen. Schaffst du es mit weniger? Und wie viele Miniroboter baust du in zehn Minuten?

Augen aus Feldstecherelement

Roboterkörper aus kleinem Stein mit Seitennoppen

Hände aus Platten mit Klemmen

Ein nützlicher Riesenstein

Wofür brauchst du einen riesigen LEGO Stein? Als Bleistifthalter? Als Ständer für Fotos oder Postkarten? Oder als großes Sparschwein? Diese Geldbox hat die gleiche Form wie ein 2x4-Standardstein, aber ein über 200-mal größeres Volumen. Gib dein Kleingeld hinein, damit auch deine Ersparnisse wachsen!

Dank einem herausnehmbaren Schlitz gelangst du an deine Ersparnisse.

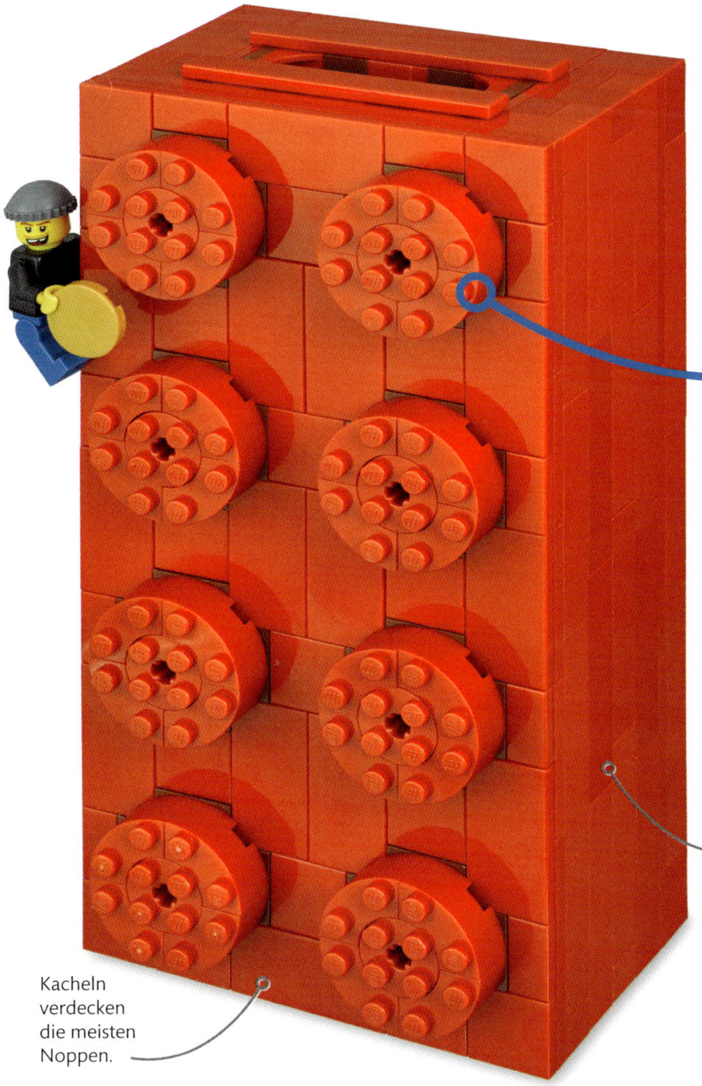

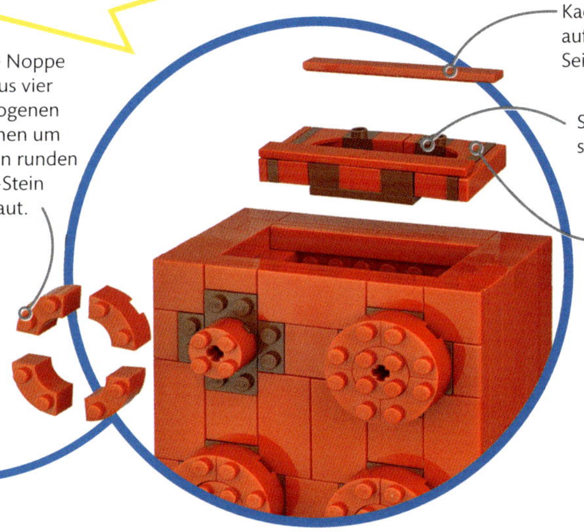

Jede Noppe ist aus vier gebogenen Steinen um einen runden 2x2-Stein gebaut.

Kacheln sitzen auf Steinen mit Seitennoppen.

Schlitzteil wird separat gebaut.

Dachsteine bilden Schlitzform.

VERGRÖSSERN

Einen solchen Riesenstein kannst du bauen, weil die gebogenen Steine die richtige Größe für die Noppen haben. Wenn du nicht genügend Teile für einen 2x4-Stein hast, baust du einen 2x2-Stein im gleichen Maßstab. Dann ist jede Seite 6-mal so lang und hoch wie beim Originalstein (und das Volumen 216-mal größer).

Staple Steine für die Boxform.

Kacheln verdecken die meisten Noppen.

BAUMEISTER-TIPP

Auch wenn du deine Geldbox seitlich aufstellen willst, baust du echte Riesennoppen daran!

Wie du ein Sparschwein baust, steht auf Seite 21.

35 Baue einen Halter für Essstäbchen

Ein langes Rohr hält die Essstäbchen.

Zwei „Hände" halten die Stäbchen über dem Kopf dieses Monsters.

Eigene Halter für Essstäbchen sind ein besonderer Schmuck für den Esstisch. Sie sind auch nützlich – und sie können genauso aussehen, wie du möchtest. Warum baust du nicht gleich Halter für alle Personen, die am Tisch sitzen?

Burgtor aus braunen Steinen hinter einem Bogen

Gespreizte Füße sorgen für Stabilität.

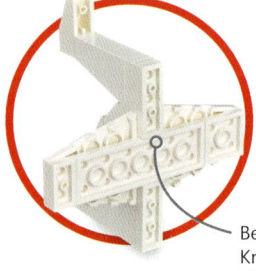

Ein Stäbchen liegt auf jeder dieser „V"-Formen.

Die rein weiße Figur wirkt wie ein Papierkranich.

Beginne den Kranich mit Platten in Kreuzform.

ENTWIRF DEINE HALTER
Essstäbchen sind meist etwa eine LEGO Noppe breit, sodass ein Raum von zwei Noppen groß genug sein sollte, um ein Paar zu halten. Oder lege einzelne Stäbchen in schmalere Schlitze, wie beim Papierkranich oben.

Bringe vorn einen Aufkleber mit deinem Namen an.

Steine mit Noppen oben und seitlich unter langer grauer Platte

Schwarze Platten wirken wie wichtige Daten.

Minifigur steht für den Inhaber.

Der geheime Farbcode lässt sich beliebig oft ändern.

Sorge bei deinem Geheimclub für mehr Sicherheit mit LEGO Mitgliedsausweisen. Wer vorn nicht die richtige Farbkombination besitzt, darf nicht hinein!

Sicherer Ausweis

36

37 Das Tangramspiel

Was kannst du mit sieben Formen machen? Ein Tangram, ein altchinesisches Puzzle in Form eines Quadrats, lässt sich hundertfach neu anordnen! Die Regeln sind simpel: Verwende alle sieben Teile und diese dürfen sich nicht überlappen.

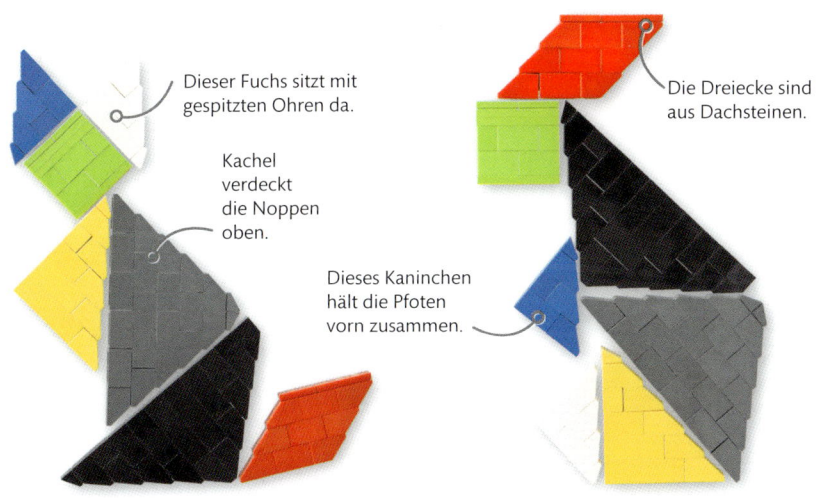

Dieser Fuchs sitzt mit gespitzten Ohren da.

Kachel verdeckt die Noppen oben.

Dieses Kaninchen hält die Pfoten vorn zusammen.

Die Dreiecke sind aus Dachsteinen.

Baue ein Haus im Mikromaßstab

38

Steine mit Löchern als runde Fenster

An Steinen mit Seitennoppen sitzen Bäume und Gebäude.

Seitwärts gebaute Basis

Kleine weiße Platten als Straßenmarkierungen

Ein Auto aus zwei Elementen

Mit wenigen Steinen kannst du im Mikromaßstab bauen. Eine Handvoll Teile genügt schon für Haus, Garten und Straße – warum baust du nicht gleich eine ganze Mikrostadt?

Zäune aus Platten mit Seitenschienen

Mehr über das Seitwärtsbauen erfährst du auf Seite 47.

39

Tolle Fotos von deinen LEGO Modellen

Sorge dafür, dass dein Modell von sanftem Licht umgeben ist.

Weißes Bettlaken über einem Stuhl als sauberer, weißer Hintergrund

Zeige deine Kreativität mit Profifotos deiner Modelle. Befestige eine Kamera auf einem Stativ und arbeite bei guter Beleuchtung. Fokussiere das Objektiv auf dein Modell und nicht auf den Hintergrund, damit du scharfe Bilder bekommst. Verwende kein Blitzlicht und beleuchte dein Modell auch nicht direkt, sonst entstehen Glanzlichter auf den Steinen.

Ein Kalender

40

Der Haken mit Kugel steckt in einer Platte mit Klemme.

Eine gebogene Platte mit Loch und eine gebogene Kachel halten die Zahlen.

Baue einen LEGO Kalender – der hält bis in alle Ewigkeit! Nach 12 Monaten musst du nur das Jahr auswechseln und dann kannst du ihn erneut verwenden!

Baue eine tiefe, stabile Basis.

ZAHLEN HINZUFÜGEN

Jede Zahl wird separat auf einer Platte gebaut. Für alle Kombinationen von Tag und Monat benötigst du jede Zahl zweimal sowie eine weitere Zwei und zwei weitere Einsen – du kannst aber auch genauso gut die Zahlen umbauen.

Die Acht enthält die meisten Teile – alle anderen Zahlen kannst du aus ihr bauen.

Was ist anders?

41

Baue ein lustiges Veränderungsspiel mit einer LEGO Szene. Alle sehen sie sich genau an und dann verändert jemand heimlich etwas. Wer den Unterschied zuerst entdeckt, darf die nächste Veränderung vornehmen.

Etwas ist anders an diesem Gaukler.

Wer merkt es, wenn du diese Figur bewegt hast?

MUSEUMSSZENE
Diese Szene ist ideal für das Veränderungsspiel. Hier gibt es so viel, dass du leicht etwas hinzufügen, bewegen oder wegnehmen kannst, ohne dass man es sofort bemerkt. Stoppe die Zeit, um zu sehen, wie lange deine Freunde brauchen, bis sie eine Veränderung entdecken.

Minifiguren neu gestalten

42

Welche Abenteuer würde ein Clown mit Skateboard oder ein Fußball spielender Azteke erleben? So findest du das heraus: Vertausche Köpfe, Torsi und Zubehör deiner Minifiguren, um neue coole Charaktere zu erfinden. Am besten fügst du die Teile zusammen, ohne hinzusehen!

ICH HÄTTE GERN LÄNGERE BEINE!

Lebendiger Bär

Braue sitzt vor beweglichen Augen.

Lücke, in die das bewegliche Auge gleitet

Erwecke deine LEGO Modelle zum Leben! Dank eines LEGO Technic Mechanismus drehen sich die Augen dieses Bären hin und her – als ob er dich beobachtet! Wie wäre es nun mit einer schnüffelnden Nase oder einem sich bewegenden Maul?

Augen gleiten nach links und rechts.

Augenelemente sitzen vorn.

LEGO Technic Zahnstange passt auf Noppen hinter dem Augenabschnitt.

Wandpaneelelemente halten Augenabschnitt.

LEGO Technic Zahnrad läuft auf Zahnstange.

Kleine Zahnräder sitzen auf kurzer LEGO Technic Achse.

Große Zahnräder sitzen auf langer LEGO Technic Achse.

Dieses Zahnrad bewegt die Augen.

Mechanismus von hinten

DER SPEZIALSTEIN

Eine LEGO Technic Zahnstange ist ein flaches Getriebeelement, das mit einem Zahnrad eine Seitwärtsbewegung erzeugt.

ÄUGENDER BÄR

Die Augen des Bären sind mit einem kleinen Aufbau verbunden, hinter dem eine LEGO Technic Zahnstange sitzt. Der Augenaufbau passt in eine Lücke über der Nase mit einem eine Noppe breiten Raum, in den die Augen gleiten. Ein Zahnradmechanismus bewegt auf der Zahnstange die Augen hin und her, wenn du ihn drehst.

43

Spiele
ein Memo-Spiel

Alle Muster sind ganz flach und lassen sich umdrehen.

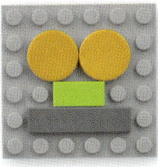
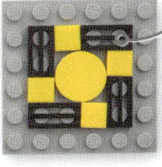

Die Paare müssen genau identisch sein.

Der Noppenrand verhindert, dass das umgedrehte Muster zu erkennen ist.

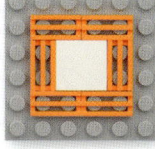

Jede Basis muss die gleiche Größe und Farbe haben.

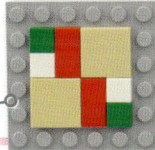

Baue mindestens zehn Paare und spiele dieses knifflige Memo-Spiel mit beliebig vielen Spielern! Lege alle Paare mit dem Muster nach unten auf den Tisch und mische sie. Drehe dann abwechselnd zwei Teile um. Findest du zwei gleiche, behältst du sie. Findest du zwei ungleiche, drehst du sie wieder um. Es gewinnt der Spieler, der am Ende die meisten Paare richtig umgedreht hat.

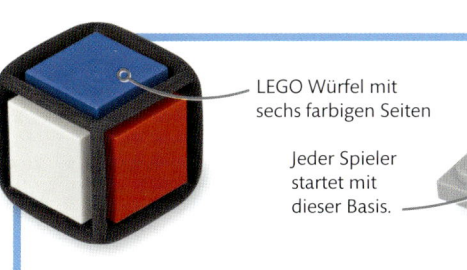

LEGO Würfel mit sechs farbigen Seiten

Jeder Spieler startet mit dieser Basis.

SO WIRD GESPIELT

1 Jeder Spieler beginnt mit einer Basis, auf der alle Teile zusammengebaut werden, die den Käfer bilden (siehe links).

2 Die Spieler würfeln abwechselnd und dürfen ein Teil anbauen, dessen Farbe der Würfel anzeigt.

3 Jeder Spieler muss das zentrale Körperteil vor anderen Teilen aufsetzen und daher zuerst die Farbe dieses Teils würfeln. Auch der Kopf muss vor den Augen oder Fühlern angebaut werden.

4 Sieger ist, wer als Erster alle Teile angebaut hat und „Käfer!" ruft.

Körper

Einer von zwei Fühlern

Eines von zwei Augen

Kopf

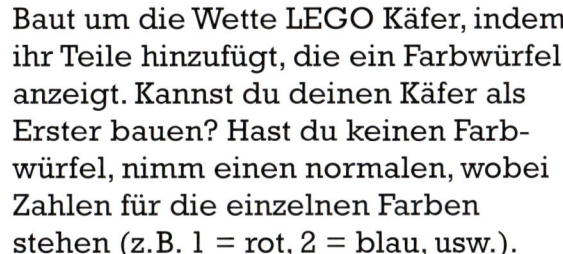

Baut um die Wette LEGO Käfer, indem ihr Teile hinzufügt, die ein Farbwürfel anzeigt. Kannst du deinen Käfer als Erster bauen? Hast du keinen Farbwürfel, nimm einen normalen, wobei Zahlen für die einzelnen Farben stehen (z.B. 1 = rot, 2 = blau, usw.).

Eines von vier Beinen

Schwanz

Ein Käfer besteht aus elf Teilen.

Das Käfer-
bauen-Spiel

46 Baue eine Wetterstation

Transparente blaue Stangen wirken wie Regen.

Mix aus weißen und transparenten Platten ähnelt Schnee.

Kleine Teile bilden eine Minilandschaft mit Bäumen und Hügeln.

Transparente Elemente lassen die Sonne schweben.

Höhere, dünnere Kegel fallen leichter um als kurze, breite.

Kegel aus Truthahnbeinen, Flaschen und Kokosnüssen, so groß wie Minifigurenköpfe

Mikrofigurenskelette haben die ideale Größe für Kegel.

Kegel stehen in gleichen Abständen auf glatten Kacheln.

ICH HAUE ALLE UM!

Kanone schießt runde 1x1-Steine.

Auf der Drehscheibe bewegt sich die Kanone hin und her.

Stelle viele runde 1x1-Steine als Munition auf.

Ein Abwerfspiel mit Kanonenkugeln statt Bowlingkugeln bietet angehenden Piraten die ideale Zielpraxis! Baue Zinnen um deine Kanone, füge zwei Teams aus Piraten und Soldaten hinzu und stelle einen Satz Kegel auf – Feuer frei!

47 Baue eine Piraten-Bowlingbahn

Alle Wetterelemente sitzen auf grüner Landschaft.

Dank deiner Wetterstation wissen alle, ob sie zu Sonnenbrille oder Schneeschuhen greifen sollen, bevor sie ausgehen! Sieh dir den Wetterbericht an und baue das passende Teil in dein Modell ein. Diese sich ständig ändernde Landschaft informiert über das aktuelle Wetter.

SO WIRD GESPIELT

1. Stelle die Kegel 15 cm von deiner Kanone entfernt auf.

2. Jeder Spieler darf in 60 Sekunden mit fünf Kanonenkugeln möglichst viele Kegel umwerfen. Notiere die Anzahl der umgefallen Kegel, bevor du sie für den nächsten Spieler wieder aufstellst.

3. Wiederhole Schritt 2 noch jeweils 4-mal und notiere die Ergebnisse.

4. Der Spieler, der insgesamt die meisten Kegel umwirft, gewinnt das Spiel.

Füge Details hinzu wie Türmchen oder einen Geschützturm.

48 Glatt seitwärts gebaut

SEITWÄRTS BAUEN

Oberflächen wie Eis oder Wasser sind ideal für die Seitwärtsbauweise. Dachsteine mit verschiedenen Winkeln bilden glatte, doch unregelmäßige Wellen und gefrorene Landschaften. Du kannst auch etwas seitwärts Gebautes an einem aufrechten Modell mittels Steinen mit Seitennoppen oder Klemmen befestigen.

Auf Steinen mit Seitennoppen können aufrechte Details sitzen.

Glatte Kacheln verdecken die Noppen am Rand der Klippe.

Walflosse aus zwei aufrechten Dachsteinen an einem Stein mit Seitennoppen

Blumen sitzen auf Steinen mit Seitennoppen.

Manchmal geht man ein Modell am besten von der Seite aus an! Legst du Steine so um, dass ihre Noppen an der Seite sind, kannst du lange Oberflächen bauen, ohne viele glatte Kacheln zu benötigen. Was wirst du alles mit der Seitwärtsbauweise bauen?

Baue eine Mikroraumstation

49

Beim Bauen im Mikromaßstab kannst du sehr weit kommen – sogar bis ins Weltall! Die Rakete und der Mondbuggy sind jeweils aus nur neun Teilen gebaut und würden leicht in deine Hand passen.

Zaunelement als Abschussturm

Flossen aus Dachsteinen sitzen an einem Stein mit vier Seitennoppen.

Startrampe ist mit glatten Kacheln bedeckt.

Kleine runde Platten sind tolle Räder.

50 Dekorative Stifte

Erschaffe mit einem Bleistifthalter ein Kunstwerk – ohne zu zeichnen! Baue lustige Figuren oben auf deine Filz- und Bleistifte. Wenn du sie nicht benutzt, sehen sie echt dekorativ aus!

Zebrastreifen aus Plattenschichten

Kopfbasis ist eine 2x2-Platte, die auf der oberen Körpernoppe sitzt.

Fasselement passt gut auf viele Stifte.

Clownshaar aus grauen Dachsteinen

Clownskopf wird verkehrt herum auf dieser runden Platte aufgebaut.

Gelbe Kegel bilden eine große Fliege.

PASSENDE STIFTE UND STEINE

Die meisten Stifte sind etwa so dick wie ein 1x1-Stein. Das Zebra und der Tintenfisch haben unten quadratische Schlitze, in die das Stiftende passt, am Clown sitzt ein umgedrehtes Fasselement. Bevor du zu bauen beginnst, vergleichst du die Dicke deiner Stifte mit verschiedenen LEGO Elementen.

51 Baue ein Taktikbrett

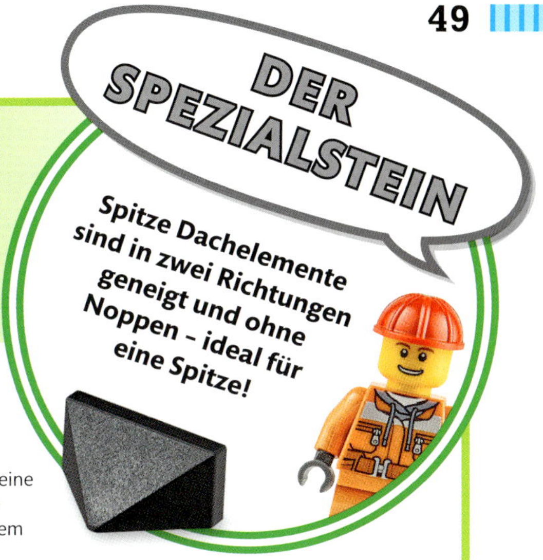
DER SPEZIALSTEIN
Spitze Dachelemente sind in zwei Richtungen geneigt und ohne Noppen – ideal für eine Spitze!

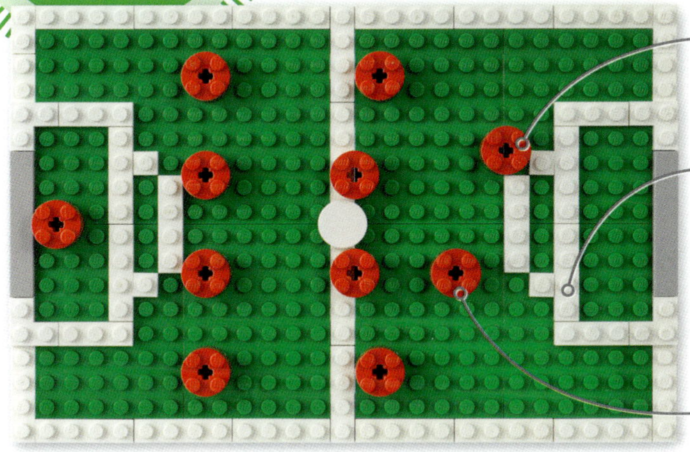
Runde Steine als Spieler auf diesem Fußballfeld
Dünne weiße Platten bilden die Linien.
Nimm Minifiguren statt runder Steine.

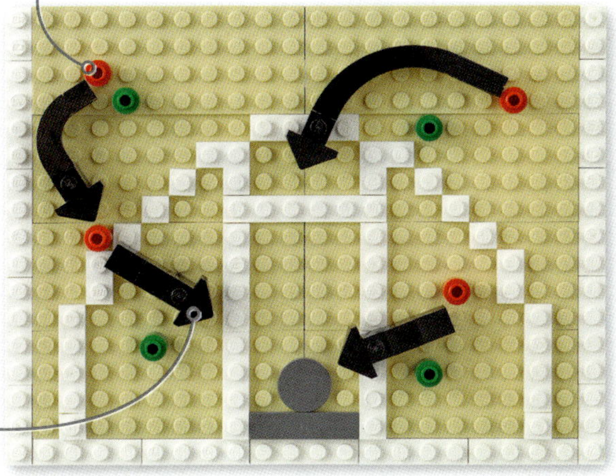
Kleine runde Steine als gegnerische Spieler auf diesem Basketballfeld
Pfeile aus spitzen Dachelementen

Verschaffe deinem Team einen sportlichen Vorteil mit einem Taktikbrett aus LEGO Steinen. Verschiedenfarbige Steine zeigen die Spielerpositionen an – so kann dein Team Spielzüge planen oder seine Siege nachspielen!

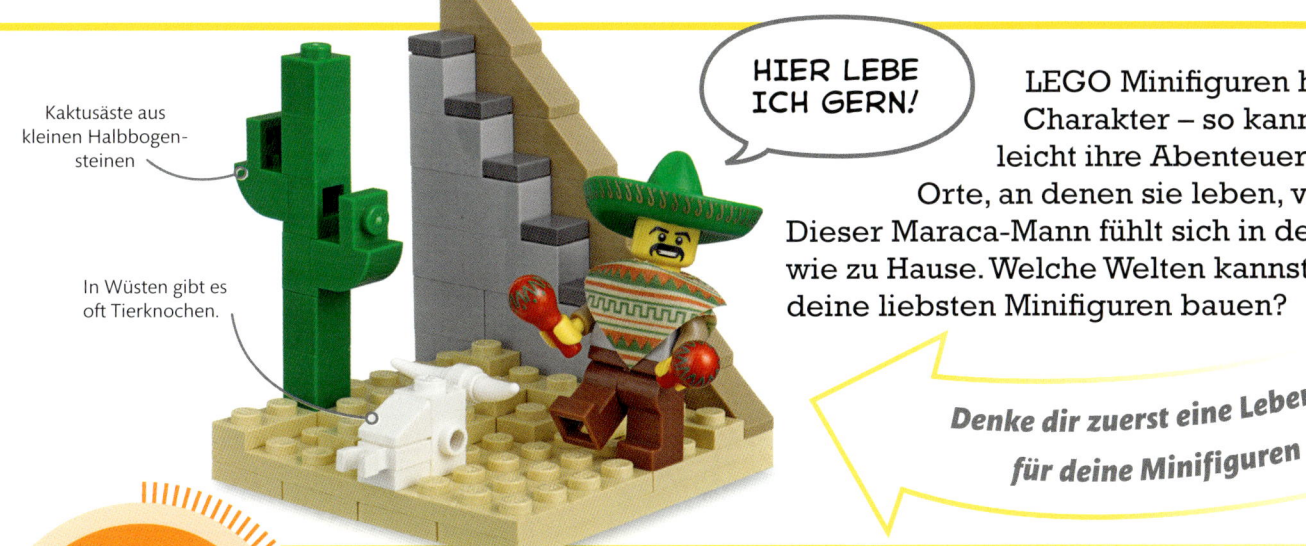

Kaktusäste aus kleinen Halbbogensteinen
In Wüsten gibt es oft Tierknochen.
HIER LEBE ICH GERN!

LEGO Minifiguren haben viel Charakter – so kannst du dir leicht ihre Abenteuer und die Orte, an denen sie leben, vorstellen. Dieser Maraca-Mann fühlt sich in der Wüste wie zu Hause. Welche Welten kannst du für deine liebsten Minifiguren bauen?

Denke dir zuerst eine Lebensgeschichte für deine Minifiguren aus.

52 Baue Welten für Minifiguren

53 Schürfe nach Gold

Einen kleinen Stein in einem Meer großer zu suchen, kann wie Goldschürfen sein – es dauert, aber lohnt sich! Baue ein Filtersystem als lustige Möglichkeit, das zu beschleunigen, und trenne kleinere LEGO Elemente von größeren mit sanftem Schütteln.

Oberster Rost aus LEGO Technic Elementen

Noppen in den Ecken halten die Lagen zusammen.

SCHÜTTELFILTER

Sanftes Schütteln von Steinen auf einem Rost lässt die kleinen durch die Löcher fallen, während die großen obendrauf bleiben. Kombinierte Roste mit verschieden großen Löchern – die größten oben, die kleinsten unten – filtern Steine nach Größe in einzelne Lagen.

Nur eine Noppe breite Elemente passen durch den kleinsten Rost.

Baue eigene Fotorequisiten

54

Baue lustige Fotorequisiten und nimm dann dich und deine Freunde mit ein paar Selfies auf! Die Accessoires können so großartig oder unheimlich sein, wie du willst. Hältst du kleine Modelle näher zur Kamera vor dein Gesicht, wirken sie, als ob sie genau dazupassen!

Durch den Bogen ist der Mund zu sehen.

Bart aus Dachsteinen

Halte jedes Modell ganz am Rand, das ergibt die besten Effekte.

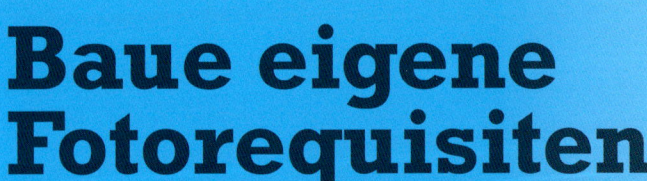

Kleine Teile wie diese Blume als Verzierung

COOLE HÜTE UND BÄRTE!

55 Der menschliche Körper

Der Körper des Menschen ist viel komplizierter als das größte LEGO Modell! Forscher und Ärzte erfahren durch anatomische Modelle wie diesem, wie Menschen unter der Haut funktionieren. Baue dein eigenes und finde im Internet heraus, wozu die einzelnen Teile dienen.

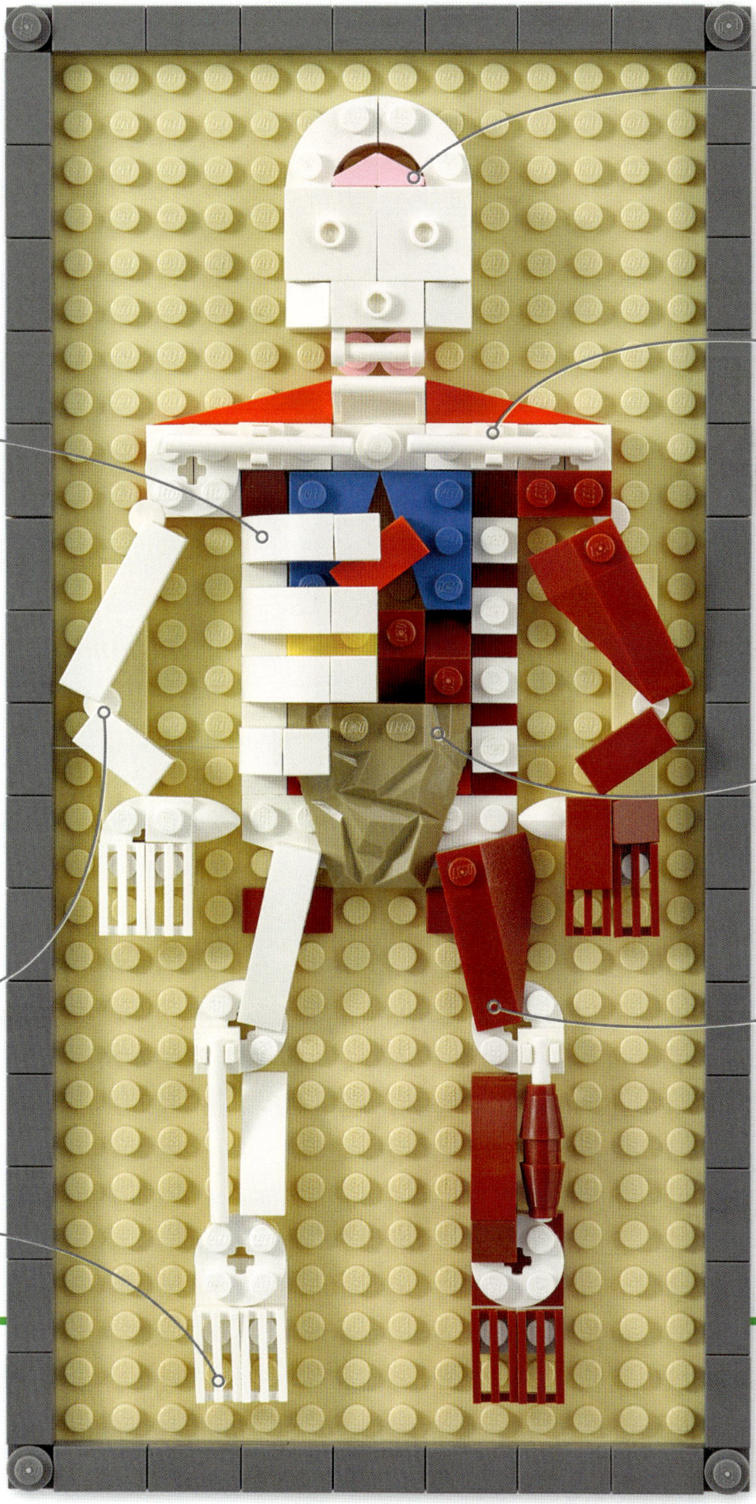

BAUMEISTER-TIPP

Glatte Kacheln heben Arm- und Beinteile über die Basisnoppen. So lassen sie sich diagonal abwinkeln.

INNENLEBEN

Dieses Modell zeigt auf einer Seite Knochen und Organe sowie Muskeln und Organe auf der anderen. Sieht zwar grausig aus, vermittelt aber viel über die menschliche Anatomie! Welche anatomischen Modelle könntest du noch bauen? Ein Pferd, einen Hund – oder gar einen Dinosaurier!

Begegne einem gruseligen Skelett auf Seite 213.

Rosa Dachsteine als Gehirn im Schädel

Knochen aus Stangenelement, das an eine Platte geklemmt ist

Rippen aus Halbbogensteinen und glatten Kacheln

Strukturelement als Därme

Ellbogen- und Schultergelenke aus Scharnierplatten und Kacheln obendrauf

Dunkelrote Elemente als Sehnen und Muskeln

Finger und Zehen aus Rostelementen

56 Kurven aus geraden Steinen

Wenn du eine LEGO Kurve bauen willst, musst du nicht im Kreis herumgehen! Zylinder, Schlangenlinien und sogar Spiralen sind mit ein paar einfachen Tipps und Tricks möglich. Schau dir diese Beispiele hier an und baue dann eigene runde Gebilde.

Kreise sind vollkommen symmetrisch. Also verwende die gleichen Teile auf der Gegenseite jedes Rings.

WERDE HERR DER RINGE

Sobald du die Kunst beherrschst, einen flachen LEGO Kreis zu bilden, kannst du alle anderen runden Dinge bauen! Schichten verschieden großer Kreise übereinander erzeugen Kegelformen und Kuppeln – und zwei Kuppeln ergeben aneinandergefügt eine Kugel!

Kuppeldach aus immer kleineren Kreisen

Verwende diese Ringe als Schablone für deine runden Gebilde.

Je größer der Ring, desto länger der gerade Rand oben, unten und an den Seiten.

In jeder Wandreihe sind abwechselnd rechteckige und kleine runde Steine.

Auf diese Weise gebaute Wände können sich von einer Richtung in die andere krümmen.

In der niedrigeren Wand sind statt Steinen rechteckige und kleine runde Platten.

BAUMEISTER-TIPP

Legst du runde Objekte wie einen Untersetzer auf eine Basis, können sie als Schablone für den Bau eines Kreises dienen.

Der Leuchtturm hat runde Etagen in drei Größen aus den gleichen Formen wie die Ringe oben.

WELLENEFFEKT

Die runden Elemente in diesen Wänden machen sie so biegsam, dass sie sich wie eine Schlange hin und her winden können. In einer Farbe wirken die verschieden geformten Teile einheitlich. Nimmst du eine Farbe für die runden und eine andere für die rechteckigen Teile, sieht das Ganze sehr interessant aus.

Wie du Kugeln baust, erfährst du auf Seite 62–63.

Spiele Vier in einer Reihe

57

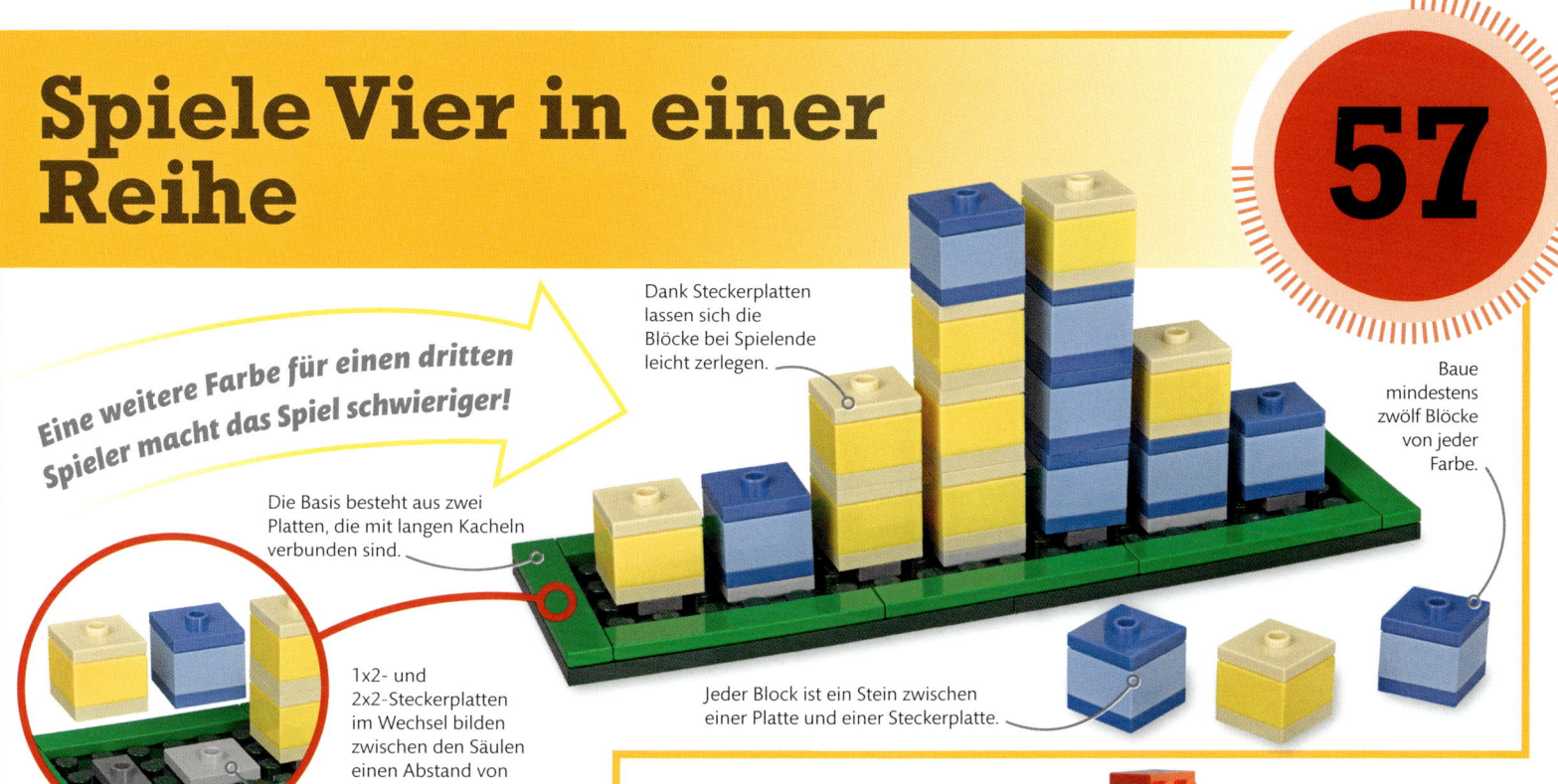

Eine weitere Farbe für einen dritten Spieler macht das Spiel schwieriger!

Dank Steckerplatten lassen sich die Blöcke bei Spielende leicht zerlegen.

Baue mindestens zwölf Blöcke von jeder Farbe.

Die Basis besteht aus zwei Platten, die mit langen Kacheln verbunden sind.

1x2- und 2x2-Steckerplatten im Wechsel bilden zwischen den Säulen einen Abstand von einer halben Noppe.

Jeder Block ist ein Stein zwischen einer Platte und einer Steckerplatte.

Dieses tolle Spiel für zwei kann ewig dauern, wenn die Spieler gut sind – und genügend Steine haben. Beide Spieler versuchen, eine Reihe aus vier Blöcken zu bilden. Klingt einfach, doch dein Gegner wird versuchen, dich zu blockieren!

SO WIRD GESPIELT

1 Zu Beginn befinden sich auf der Basis keine Blöcke. Beide Spieler wählen eine Farbe und setzen nun abwechselnd Blöcke dieser Farbe auf die Basis.

2 Blöcke lassen sich auf jede der sieben Säulen setzen, egal wie viele Blöcke schon in der Säule sind.

3 Ziel des Spiels: Bilde eine durchgehende Reihe von vier Blöcken in deiner Farbe – und hindere den Gegner daran, das Gleiche zu tun. Die Reihen dürfen horizontal, vertikal oder diagonal sein.

4 Sieger ist, wer zuerst eine Viererreihe bildet. Gehen die Blöcke aus, bevor ein Sieger feststeht, baut ihr alle Blöcke ab und das Spiel beginnt von vorn.

Hier ein besonderer Steinstapel-Wettbewerb – so werden Steine sonst nicht gestapelt! Steine seitlich aufeinanderzustellen ergibt einen sehr instabilen, wackligen Turm. Nicht gut fürs Bauen, aber ein lustiges Spiel! Wie viel kannst du in 30 Sekunden stapeln?

58

Stein auf Stein

Breitere Steine sind leichter seitlich zu stapeln als schmalere.

WIR SCHAFFEN DAS!

59 Vögel beobachten

Baue einen 3-D-Vogelbeobachtungsstand! Viele Vogelbeobachter machen Notizen und oft Zeichnungen von Vögeln, die sie gesehen haben. Baue aus LEGO Steinen die Vögel, die du im Freien oder im Zoo siehst. Da sie nicht stillhalten, während du sie baust, machst du eigene Notizen und Skizzen von ihnen und baust sie später nach.

Zahnplatten als Füße oder Schnäbel

Baue eine Stange oder einen Baum für deine Vögel.

Steine mit Seitennoppen halten die Flügel.

Großer Schnabel aus Bogenelement

Zahnplatten als Federspitzen an Flügeln und Schwänzen

Suche in deiner Sammlung nach Elementen, die sich für Flügel, Schnäbel und Füße eignen.

Beine aus Stapeln runder Platten

Kannst du diese LEGO Denkaufgabe lösen? Statt aus Zahlen besteht dieses Sudoku aus Farben. Baue es genau nach und überlege, wie du die Leerstellen füllen kannst!

 **SO WIRD GESPIELT**

1 Ziel des Spiels ist es, das Raster mit sechs Farben so zu füllen, dass sich in den Rechtecken, Reihen und Spalten keine Farbe wiederholt.

2 Vollständig gefüllte Rechtecke, Reihen und Spalten sollten einen Stein von jeder Farbe enthalten.

3 Die schon gesetzten Steine dürfen nicht bewegt werden. Nimm fürs Einsetzen eckige Steine, um den Überblick zu behalten.

Hierher kommt ein gelber Stein. Warum?

Wenn oben ein gelber Stein hinzukommt, wohin kommt dann der gelbe Stein in diesem Rechteck?

Stoppe, wie schnell du das Sudoku löst.

60 Löse ein LEGO® Sudoku

Die Lösung steht auf Seite 253. ▶

Die Augen sitzen an einem Stein mit vier Seitennoppen.

Ein Vogel ohne Beine scheint auf dem Wasser zu sitzen.

BAUE EINE VOGELSCHAR

Die wichtigsten Elemente beim Bauen von Vögeln sind gebogen und schräg, und an Steinen mit Seitennoppen lassen sich Flügel befestigen. Baue kleine Modelle – so hast du genügend Steine für alle Vögel, die du siehst. Und bald hast du eine ganze Vogelschar!

61 Ein Posthalter

Der Daumen ist das kürzeste, der Mittelfinger das längste Teil.

Stehende Winkel-platten sitzen seitlich außen an den Händen.

Liegende Winkel-platten befestigen die Hände an der Basis.

Lange Kacheln an den Enden halten die Hände zusammen.

Lange Fingerplatten überlappen den unteren Teil der Hand.

Baue eine Mini-Seilrutsche

62

LEGO Rollgriff

Lasse deine Minifiguren an einer Seilrutsche aus Schnur oder Garn dahinsausen. Nimm einen LEGO Rollgriff oder baue einen Gleitgriff.

Das Hahnelement sitzt auf dem Seil.

Griffelement dient als Stopper.

Minifigur hält sich an LEGO Technic Pin mit Stange fest.

So hast du deine Karten und Briefe im Griff! Wenn du viel Post bekommst, hilft dir dieser hand-liche handförmige Posthalter, sie zu ordnen.

63 Baue einen Glückstopf

Fenster aus transparenten Wandelementen

Runde Platten an den Seiten verhindern ein zu weites Ziehen der Lade.

Baue einen LEGO Glückstopf, der wie ein klassischer Bonbonautomat aussieht! Schiebe die Lade hinein, um ein LEGO Teil zu holen, und ziehe sie heraus, um zu sehen, was darin ist. Was könntest du noch in deinen Glückstopf tun?

Lade gleitet auf glatten Kacheln.

Dachsteine leiten Teile in die Lade.

Teile bilden ein Mix aus kleinen runden Steinen, Kugeln und Platten.

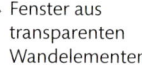

GLEITET DIE LADE?

Die Teile in deinem Glückstopf sollen etwa gleich groß sein und die Schublade soll gerade so groß sein, dass ein Teil hineinpasst. Ist die Lade zu groß, können weitere Teile hineinfallen und herausragen, sodass sie nicht mehr aufgeht.

Baue zuerst ein Bild – die Dachsteine auf jeder zweiten Noppe zeigen nach links.

Baue in die Lücken ein zweites Bild – die Dachsteine zeigen nach rechts.

Die Basisplatte ist zehn Noppen breit, jedes Bild aber nur fünf Dachsteine.

Drehst du dieses LEGO Modell nach links, erscheint ein Herz. Drehst du es nach rechts, wird daraus eine Blume! Wie funktioniert dieser Zaubertrick?

Baue ein magisches Mosaik

64

65 Erzähle eine Geschichte

DIESE KARTE FÜHRT MICH ZUR PRINZESSIN!

Rohrkolben aus runden Steinen auf Antenne

Rüste deinen Helden für ein Abenteuer aus.

Alle drei Szenen passen auf gleich große Basisplatten.

1. Teil

Die Prinzessin ist in diesem Turm gefangen!

KOMM' NICHT RAUF, ICH KOMME RUNTER!

KLEINE SZENEN, GROSSE ABENTEUER

Baue kleine Szenen und lass dabei überflüssige Details weg – so weiß man immer gleich, was passiert! Konzentriere dich auf ein oder zwei Figuren, die sich an verschiedene Orte begeben, und vergiss das Happy End nicht!

Zeige deinen Freunden Fotos von deinen Szenen!

Steindetails aus verschiedenfarbigen Kacheln

2. Teil

Der Kopf genügt, um in dieser Szene einen Drachen zu verkörpern.

Wer wusste, dass ein Drache den Turm bewacht?

EIN DRACHE? SCHNELL WEG HIER!

Minifigurengesichter mit verschiedenen Mienen in den einzelnen Szenen

Diese Schnur ist an beiden Enden an Noppen befestigt.

Kannst du eine Geschichte ohne Worte erzählen? Teste deine Geschicklichkeit, indem du sechs kleine Szenen einer ganzen Geschichte baust. Beginne am Anfang oder baue die letzten drei Szenen dieses Abenteuers hier. Unser Held hat die Prinzessin aus dem Turm gerettet, doch kann sie ihn vor dem Feuer speienden Drachen retten?

3. Teil

Gruselige Knochen und Schädel sorgen für Spannung.

Einen spannenden Comic baust du auf S. 230.

66 Spiele eine Partie Minigolf

AUF DEM PLATZ

Baue möglichst viele Hindernisse und verteile sie im Zimmer. Schnippe mit den Fingern eine LEGO Kugel um den Golfplatz oder blase sie mit einem Trinkhalm vorwärts. Stoppe die Zeit, die du benötigst, und versuche dann, deinen Rekord zu brechen!

Die Rotorblätter stecken an Platten mit Klemmscharnieren.

Platte mit Pin steckt in einem Stein mit Loch vorn an der Windmühle und ermöglicht, dass sich die Flügel drehen.

Kannst du einen Ball über oder durch Hindernisse lenken? Teste deine Geschicklichkeit beim Minigolf! Loche ein durch eine Reihe von Minimodellen wie diese Windmühle und die Rennstrecke. Fürs große Finale baust du eine steile Rampe und ein kniffliges Ziel.

Niedrige Wände halten Kugel auf der Strecke.

Dachsteine als Seiten der Windmühle

Autodachelemente als Rampen an beiden Enden

Geländer aus Kabel an Skelettarmelementen

Durchgang aus langem Bogenstein

Scharniersteine halten Rampe am letzten Loch – einer Kaffeetasse!

Spiele Tischkrocket auf S. 228.

67 Baue ein bewegtes Monsterbild

Kannst du rote und blaue Teile sehen, entsteht ein seltsames Bild.

Der Knochen sitzt auf einer schwarzen Platte mit Klemme.

Erwecke den Dinosaurier zum Leben, indem du ihn durch eine 3-D-Brille betrachtest! Der Blick durch zwei verschiedenfarbige Filter lässt die Riesenkiefer auf- und zugehen! Welche bewegte Bilder kannst du noch bauen?

 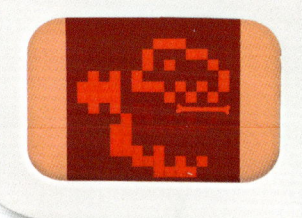

SCHAU LINKS, DANN RECHTS

Da Rot und Blau nur durch jeweils eine Seite einer 3-D-Brille mit rotem und blauem Filter sichtbar sind, wirkt das Bild bewegt, wenn du abwechselnd mit dem linken oder rechten Auge hindurchsiehst. Hast du keine 3-D-Brille, baust du eigene Farbfilter aus transparenten farbigen LEGO Platten oder durchsichtigem Bonbonpapier.

Zeige deine Farben

Wie viele verschiedenfarbige Teile hast du in deiner LEGO Sammlung? Vermutlich mehr, als du glaubst! Baue doch eine Palette mit allen Farben, die du findest. Fordere deine Freunde auf, dies auch zu tun, und dann vergleicht ihr, wer die meisten Farben hat und welche am seltensten sind.

Silbernes Griffelement steckt an Platte mit Klemme.

Lasse Lücken für Farben, die du noch zu bekommen hoffst.

Jede Farbe hat eine 1x2-Lücke in dieser Palette.

68

69

Baue dein Lieblingstier

Was wäre dein Lieblingstier? Ein Kaninchen mit langen Ohren? Eine coole Katze? Oder ein treuer Hund? Was immer dein Herz ersehnt – mit LEGO Steinen kannst du es bauen! Hast du bereits dein Lieblingstier, dann baust du ein LEGO Modell davon.

Kleine weiße Platte als Stummelschwanz

Schräge Ecksteine als große Hinterbeine

Barthaare aus Platten mit Seitenklemmen

Katzenohren aus kleinen Dachsteinen

HAUSTIERSET
Dein LEGO Haustier muss nicht stubenrein sein, aber baue ihm doch einen Fressnapf und einen Schlafplatz. Das Beste an LEGO Tieren ist, dass sie jede Größe haben können – du könntest also auch ein Pony oder einen Elefanten bauen!

Nase aus umgekehrter kleiner runder Platte

Hängeohren aus Winkelplatten

Baue ein attraktives Aquarium auf S. 176.

GROSS UND BUNT
Dieses große „A" zeigt ein Gartenthema, da lauter Blumen und Blätter darauf wachsen. Anders als die anderen beiden Buchstaben wird es seitwärts gebaut – die Noppen zeigen nach vorn. Das hat den Vorteil, dass der ganze Buchstabe vorn leicht verziert werden kann.

Ein 3-D-Buchstabe entsteht durch Verzierungen an den Seiten.

Große Blume aus acht Winkelplatten

Steine an der Basis machen sie breit und stabil.

Eine Spinne lauert im Unterholz.

Die Mitte ist eine Platte, die mit Scharnierplatten an den Seiten sitzt.

Rosa Blüte aus kleinen runden Platten

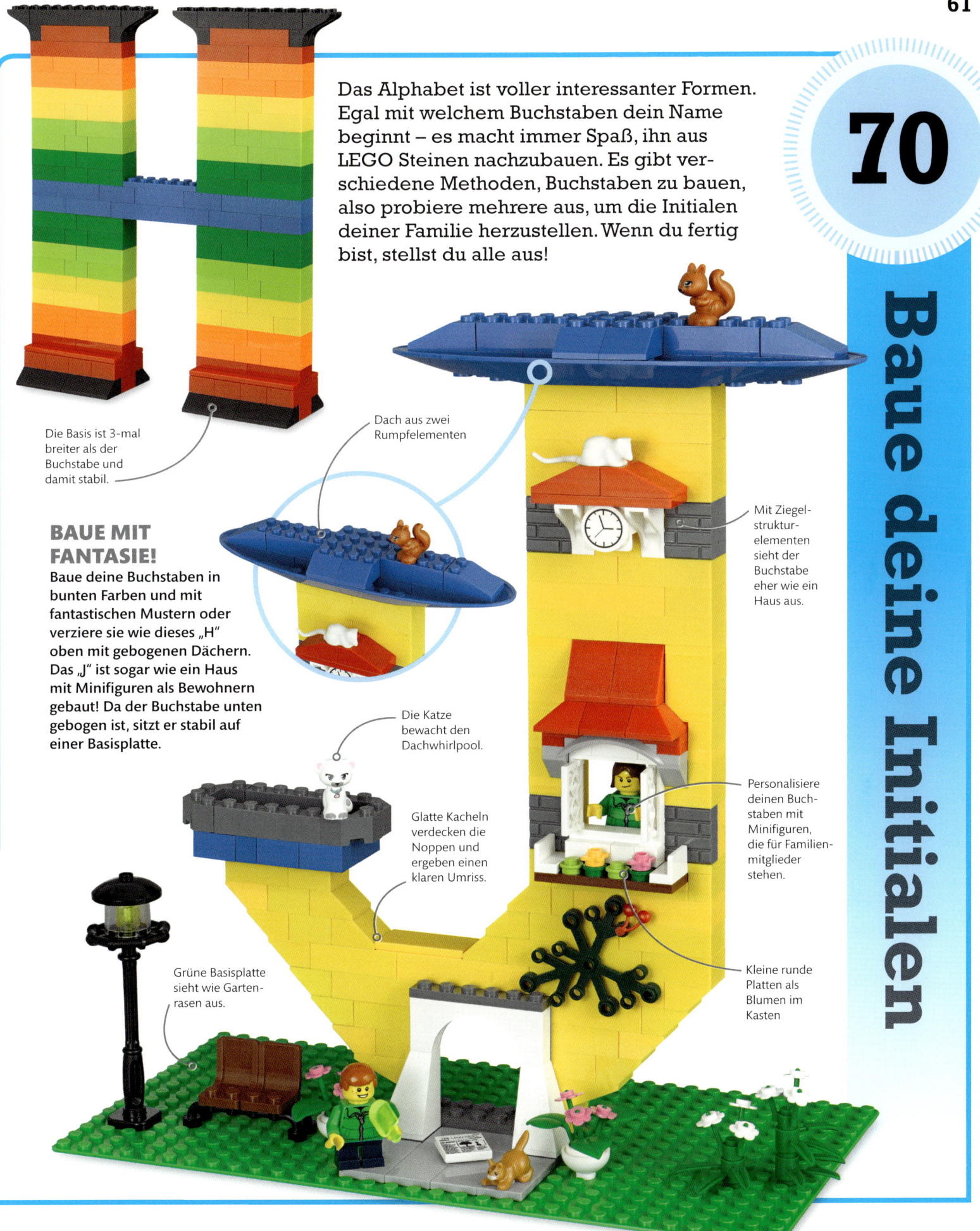

Das Alphabet ist voller interessanter Formen. Egal mit welchem Buchstaben dein Name beginnt – es macht immer Spaß, ihn aus LEGO Steinen nachzubauen. Es gibt verschiedene Methoden, Buchstaben zu bauen, also probiere mehrere aus, um die Initialen deiner Familie herzustellen. Wenn du fertig bist, stellst du alle aus!

Die Basis ist 3-mal breiter als der Buchstabe und damit stabil.

Dach aus zwei Rumpfelementen

BAUE MIT FANTASIE!

Baue deine Buchstaben in bunten Farben und mit fantastischen Mustern oder verziere sie wie dieses „H" oben mit gebogenen Dächern. Das „J" ist sogar wie ein Haus mit Minifiguren als Bewohnern gebaut! Da der Buchstabe unten gebogen ist, sitzt er stabil auf einer Basisplatte.

Mit Ziegelstrukturelementen sieht der Buchstabe eher wie ein Haus aus.

Die Katze bewacht den Dachwhirlpool.

Glatte Kacheln verdecken die Noppen und ergeben einen klaren Umriss.

Personalisiere deinen Buchstaben mit Minifiguren, die für Familienmitglieder stehen.

Grüne Basisplatte sieht wie Gartenrasen aus.

Kleine runde Platten als Blumen im Kasten

Baue einen Kletterspecht

71

Lass diesen Specht oben an der Stange los und er wird bis nach unten auf sie einpicken! Er fällt nicht, da er gerade genug wiegt, um die federnde Stange zu einer flachen Kurve zu verbiegen und an ihr vor und zurück zu schwingen – wie ein echter Specht!

Fuß aus LEGO Technic Achsverbinder mit Kreuzloch, durch das der Vogel an der Stange sitzt

HACKORDNUNG

Größe und Gewicht des Spechts müssen stimmen, damit das Picken funktioniert, also experimentiere, wenn es nicht gleich klappt. Baue den Vogel auf dem Bild hier möglichst genau nach mit den Teilen, die du hast, und in der Farbe, die dir gefällt.

Befestige den Fuß an zwei Stellen, damit der Vogel nicht zur Seite kippt.

Lange LEGO Technic Achse

72

Saturn umgeben Ringe aus Eis und Gestein.

1x2-Platten umgeben eine 2x2-Platte an der Basis dieser Kugel.

Runder Stein verbindet die Achse mit der Basisplatte.

Starte ins Weltall mit deinem Modell des Sonnensystems. Die Planeten haben verschiedene Farben und Größen und wenn du alle baust, sieht das himmlisch aus! Kugelformen sind schwer zu bauen, aber auch flache Planeten auf einer schwarzen Basisplatte wirken toll.

73 Baue ein Mikrofilmset

Auto aus zwei kleinen Steinen

Spiele mit Maßstäben und setze ein kleines Monster in eine noch kleinere Umgebung, damit es riesig wirkt! Mache eine Nahaufnahme und verwandle sie in ein Filmposter – oder gar in einen Minifilm!

Baue aus Elementen mit Erhöhungen und Löchern realistische Mini-Gebäude.

Sorge mittels Computersoftware für Effekte in deinem Poster.

Erkunde das Sonnensystem

Neptun ist eine kalte, blaue Welt.

WELTEN BAUEN

Eine Kugel zu bauen ist wie der Bau eines Stapels aus flachen runden Formen. Die Lagen werden von unten bis zur Mitte größer und dann wieder kleiner bis nach oben. Damit ein Planet realistisch wirkt, verwendest du gleichfarbige Platten für Wolkenbänder auf der Oberfläche.

Mars ist ein kleiner rotbrauner Planet.

WO GEHT'S NACH HAUSE?

74 Briefkasten in Originalgröße

Ein LEGO Briefkasten ist ein echter Hingucker! Darin kannst du Karten sammeln, die du zu deinem Geburtstag bekommst, und Familienmitglieder können einander Botschaften senden – und du bist der Postbote! Du kannst darin auch Mitteilungen mit einem Freund austauschen oder verwende ihn als Vorschlagsbox für LEGO Bauideen!

Baue mit Halbbogensteinen ein Vordach.

Große Halbbogensteine bilden den Schlitz.

GEBURTS-TAGS-KARTEN FÜR BEN

Roboter als Gedächtnisstütze

Baue aus ungewöhnlichen Elementen Roboterteile.

Wäre es nicht toll, einen Roboter zu haben, der sich für dich erinnert? Dieser Minibote hat zwar keine eigene Gedächtnisbank, hält aber all deine wichtigen Notizen fest und gibt die Daten an alle weiter, die ihn sehen!

Arme mit drei Abschnitten, durch LEGO Technic Elemente verbunden

Schwarze LEGO Technic Pins als steife Armverbindungen

Hände aus Wasserhahn-elementen an LEGO Technic Halbpins

VERGISS NICHT, ROBOTERÖL ZU KAUFEN!

Schreibe deine Nachrichten auf Zettel, die der Roboter halten kann.

75

76

Verfolge den Weg der Teams ins Finale mit einer Ergebnistafel für alle Sportligen oder Turniere! Verschiedenfarbige Minifiguren stehen für jedes Team und die Sieger rücken im Lauf des Wettbewerbs auf der Tafel weiter.

Baue eine flache Box wie diese, die vor einer Wand steht.

Schreibe deinen Namen oder eine Nachricht auf Pappe und schiebe sie vorn in die Box.

WIE DU AN DEINE BRIEFE GELANGST

Neben einem Schlitz für die Post ist das wichtigste Merkmal eines Briefkastens eine Möglichkeit, sie wieder herauszuholen! Baue vorn oder hinten eine Tür ein. Sie kann an zwei LEGO Technic Pins nach unten klappen (wie bei diesem Briefkasten) oder seitlich an Scharniersteinen aufgehen.

Schlitz mit Abdeckung an Scharnieren

Baue deine Hausnummer aus Kacheln oder Platten.

DA BRAUCHE ICH EINE LEITER!

Fronttür zur Entnahme der Post

Baue eine Ergebnistafel für deinen Lieblingssport

Die Blauen waren eines von acht Teams im Viertelfinale.

Die Blauen siegten und stehen gegen die Roten im Halbfinale.

Das Gesicht des blauen Spielers wird im Lauf des Wettbewerbs heiterer!

WIR SIND DIE CHAMPIONS!

Die Blauen schlugen das orange-farbene Team im Finale und gewannen den Pokal.

77 Geister-bowling

Geisterbowling ist fast wie Bowling, nur unheimlicher! Ein Gespenst lauert am Ende dieser dunklen Bahn und die Kegel sind eine schreckliche Bande. Rolle den Ball, ohne zu zittern, und versuche einen Strike – wenn du Mut hast!

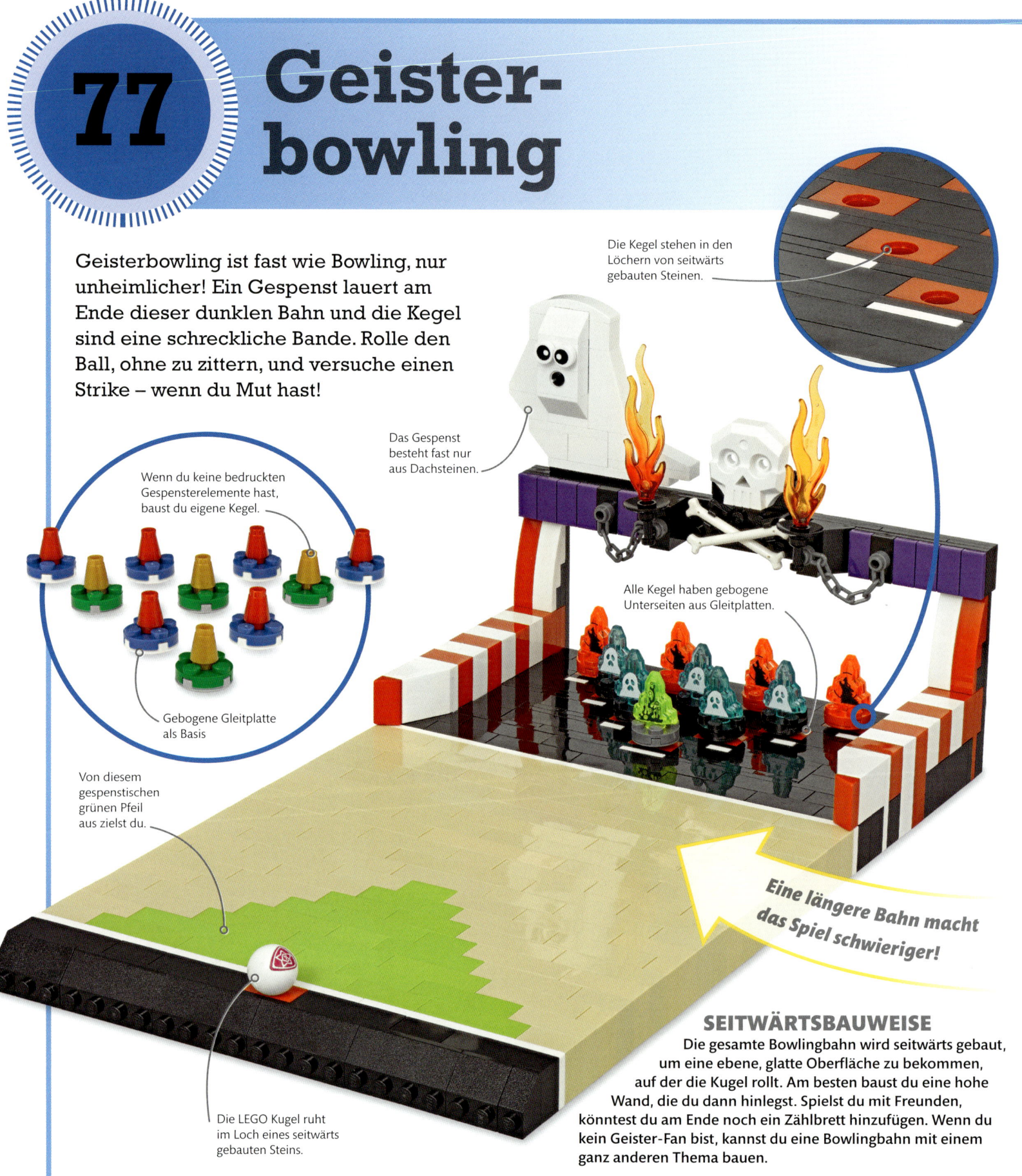

Die Kegel stehen in den Löchern von seitwärts gebauten Steinen.

Wenn du keine bedruckten Gespensterelemente hast, baust du eigene Kegel.

Gebogene Gleitplatte als Basis

Das Gespenst besteht fast nur aus Dachsteinen.

Alle Kegel haben gebogene Unterseiten aus Gleitplatten.

Von diesem gespenstischen grünen Pfeil aus zielst du.

Die LEGO Kugel ruht im Loch eines seitwärts gebauten Steins.

Eine längere Bahn macht das Spiel schwieriger!

SEITWÄRTSBAUWEISE

Die gesamte Bowlingbahn wird seitwärts gebaut, um eine ebene, glatte Oberfläche zu bekommen, auf der die Kugel rollt. Am besten baust du eine hohe Wand, die du dann hinlegst. Spielst du mit Freunden, könntest du am Ende noch ein Zählbrett hinzufügen. Wenn du kein Geister-Fan bist, kannst du eine Bowlingbahn mit einem ganz anderen Thema bauen.

Der Entscheidungs-kreisel

78

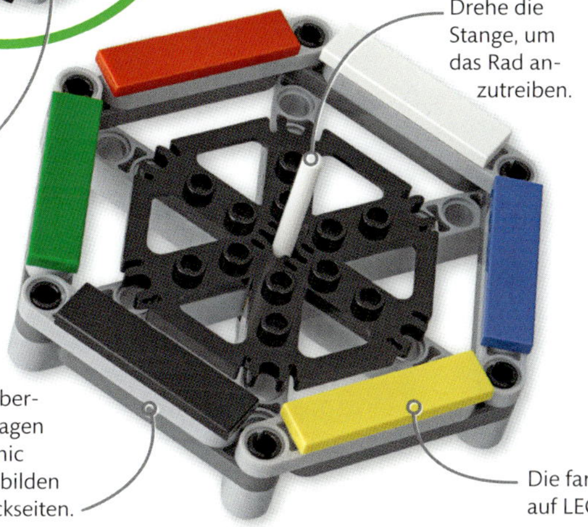

Der Kreisel dreht sich auf einem 1x1-Kegel.

Drehe die Stange, um das Rad an-zutreiben.

Zwei sich über-lappende Lagen LEGO Technic Halbträger bilden die Sechseckseiten.

Die farbigen Kacheln sitzen auf LEGO Technic Halbträgern.

Lass dir Entscheidungen doch von einem dieser praktischen Geräte abnehmen! Lege zuerst fest, wofür jede Farbe steht (ja, nein, vielleicht, noch nicht). Du könntest sogar manche Ergebnisse wahrscheinlicher als andere machen.

Der Zeiger landet eher auf den größeren Eck-abschnitten.

LEGO Technic Winkelverbinder rotiert auf einer Platte mit Pin.

Chinesischer Neujahrsdrache

79

In China tanzen die Menschen an Neujahr und bei anderen wichtigen Ereignissen mit lebens-großen Drachenpuppen. Feiere einen speziellen Anlass und baue einen Miniaturdrachen.

Der Drachenrücken ist aus gebogenen Dachsteinen.

Augenbrauen aus Kotflügelelementen

Hörner stecken in Platten mit Seitenklemmen.

Kamm aus Minifiguren-flossen

Untere Hälfte aus Dachsteinen

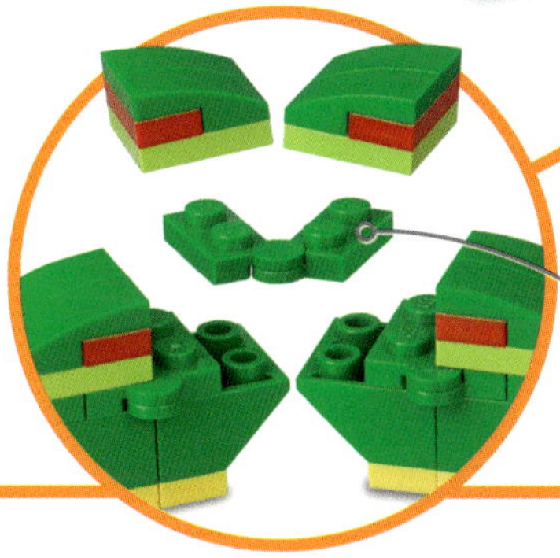

Die Abschnitte sind durch Scharnier-platten verbunden.

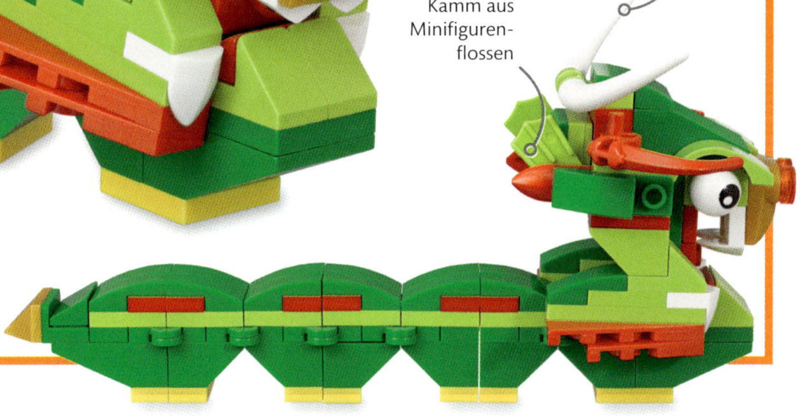

80 Veranstalte einen Eierlauf

Wie weit kannst du laufen, bevor dein LEGO Ei vom LEGO Löffel fällt? Baue zwei Eier und Löffel für einen Wettlauf oder lauft abwechselnd. Wer kommt am weitesten?

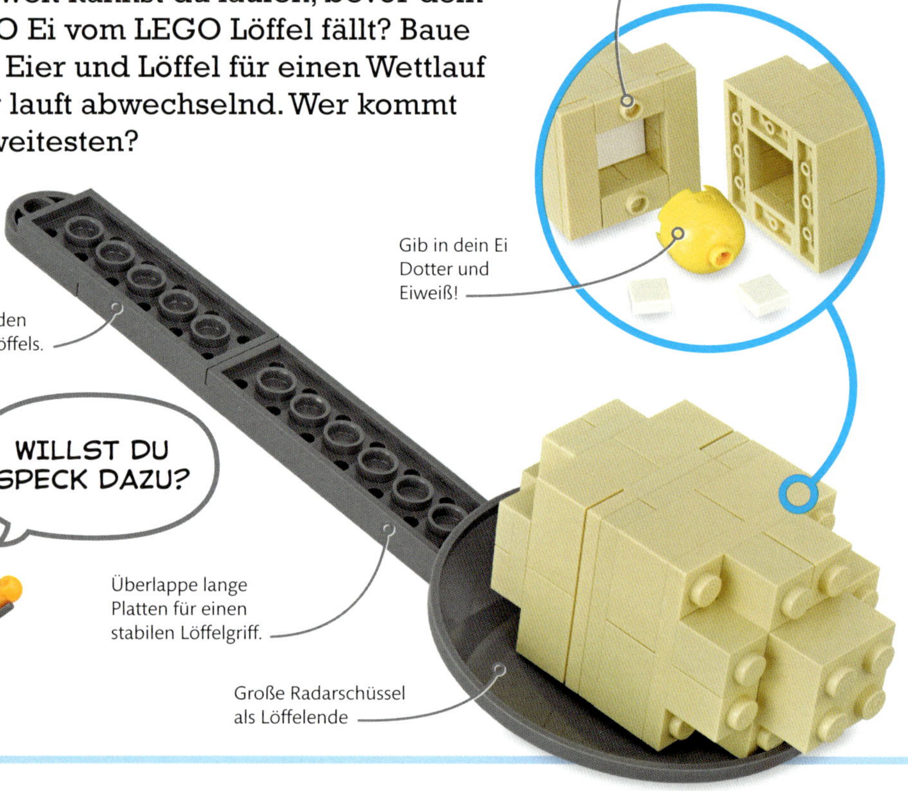

Nur zwei Noppen halten die Eihälften zusammen.

Gib in dein Ei Dotter und Eiweiß!

Halte nur den Griff des Löffels.

WILLST DU SPECK DAZU?

Überlappe lange Platten für einen stabilen Löffelgriff.

Große Radarschüssel als Löffelende

Wie würde der LEGO® Friends Lebensmittelmarkt aussehen, wenn er ein LEGO® Piraten Set wäre? Vielleicht etwa so! Gehe von den Anleitungen eines deiner Sets aus und versuche, es so zu bauen, als ob es zu einer anderen Spielwelt gehören würde – mit anderen Farben und lustigen Details.

BAUMEISTER-TIPP

Plane voraus! Überlege, welche Arten von Themenelementen du hast, bevor du zu bauen beginnst.

Piraten haben lieber einfache als rosafarbene Bänke.

Die obere Ebene ist ein Gefängnis und keine nette Wohnung.

GLEICH, ABER DOCH ANDERS

Diese Piratenschmiede hat die gleiche Größe und Form wie das Friends Set, auf dem sie basiert, sieht aber ganz anders aus. Wie würde eine LEGO® NINJAGO® Feuerwache aussehen? Oder ein LEGO Friends Raumschiff?

Rückseite

Lebensmittel, genau wie im Friends Markt

81

Themenwechsel

LEGO Friends Heartlake Lebensmittelmarkt

Ein Papagei –
der beste Freund
des Piraten

Vorderseite

So sind sie in
Heartlake City
nicht angezogen!

Altmodisches Schild
aus Roboterarm
und Schild

Abwehrstacheln
statt Blumen vor
diesem Fenster

Schwere Holztür
statt moderne
Glastür

Basisplatte hat die
gleiche Größe wie im
Friends Set, ist aber
in erdigem Braun.

Spiele einen Juror

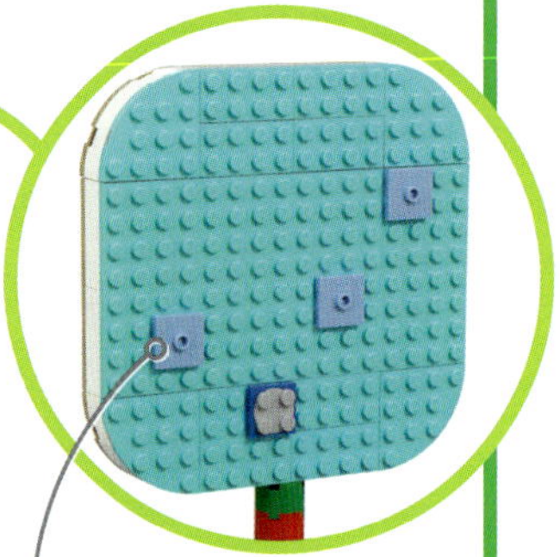

Die Winkelteile sind mit Steckerplatten und Drehscheiben befestigt.

Vorderseite mit Haken auf hellblauem Untergrund

Bist du dafür oder dagegen? Zeige es allen mit einer Wahlkelle! Mit einem Haken auf der einen Seite und einem „X" auf der anderen ist sie ideal für dich als Juror bei Talentwettbewerben mit Freunden – oder sie tut einfach deine Meinung kund!

Rückseite mit „X" auf beigem Untergrund

PARTEI ERGREIFEN
Du könntest auch eine Kelle mit einem lächelnden Gesicht auf der einen Seite und einem traurigen auf der anderen Seite bauen – oder mit einem „Ja" und einem „Nein". Für einen stabilen Griff schiebst du eine lange LEGO Technic Achse durch die runden Steine.

82

Baue zuerst den Schmetterling, dann den weißen Hintergrund.

BREITE DIE FLÜGEL AUS
Baue erst den Körper des Schmetterlings aus runden Steinen und füge Platten in zwei Richtungen so hinzu, dass sie ein „L" bilden. Jeder Flügel sollte wie ein Spiegelbild des anderen aussehen und beide werden gleich gebaut – nur in anderen Winkeln.

Dieser Flügel ist realistischer, da ein Abschnitt höher ist als der andere.

Mit einem Rahmen wirkt das Modell eher wie ein Kunstwerk.

83

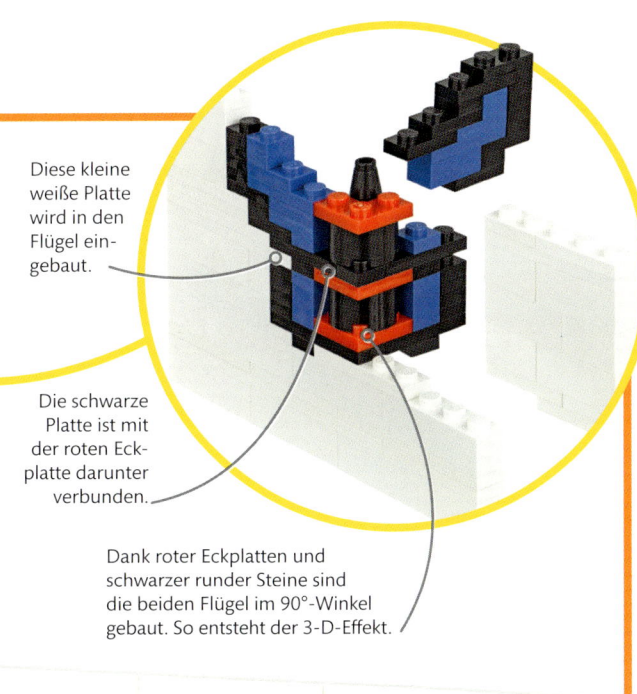

Diese kleine weiße Platte wird in den Flügel eingebaut.

Die schwarze Platte ist mit der roten Eckplatte darunter verbunden.

Dank roter Eckplatten und schwarzer runder Steine sind die beiden Flügel im 90°-Winkel gebaut. So entsteht der 3-D-Effekt.

Fotografiere ein UFO

84

Verblüffe deine Freunde mit Fotos unidentifizierter Flugobjekte am Himmel! Halte ein Modell im Mikromaßstab mit einer transparenten Antenne oder Stange vor deine Kamera.

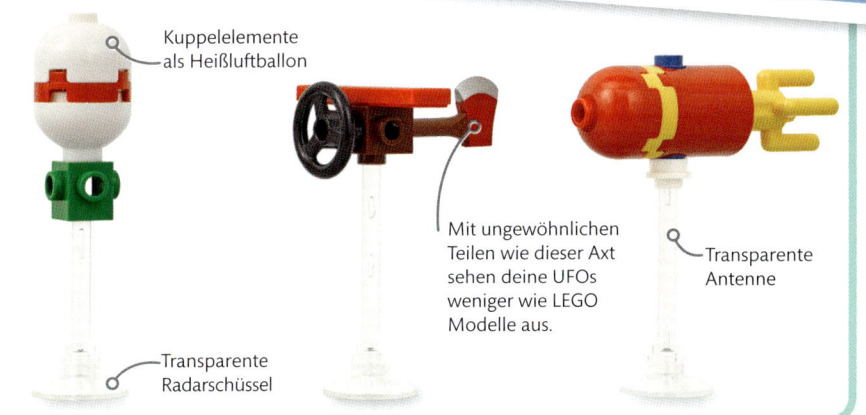

Kuppelelemente als Heißluftballon

Mit ungewöhnlichen Teilen wie dieser Axt sehen deine UFOs weniger wie LEGO Modelle aus.

Transparente Antenne

Transparente Radarschüssel

Die hellblauen Steine vermitteln den Eindruck, dass dieser Schmetterling vor einem heiteren Himmel fliegt.

Wow! Diese Schmetterlinge fliegen ja direkt auf dich zu! Schon an sich wären sie tolle Modelle, aber wenn du sie in einen größeren flachen Hintergrund einbaust, wirken sie wie zum Leben erwachte Bilder. Zeige sie her, bevor sie wegfliegen!

Baue ein 3-D-Schmetterlingsbild

85 Baue ein Verschiebepuzzle

Wann wird aus einem Muster ein Puzzle? Wenn du es in Gleitformen zerlegst! Jedes Teil ist eine Platte, die auf verborgenen Rillen und Schienen gleitet, sodass du das Muster verändern und daraus ein Spiel machen kannst. Wie lange brauchst du, um es wieder zusammenzusetzen?

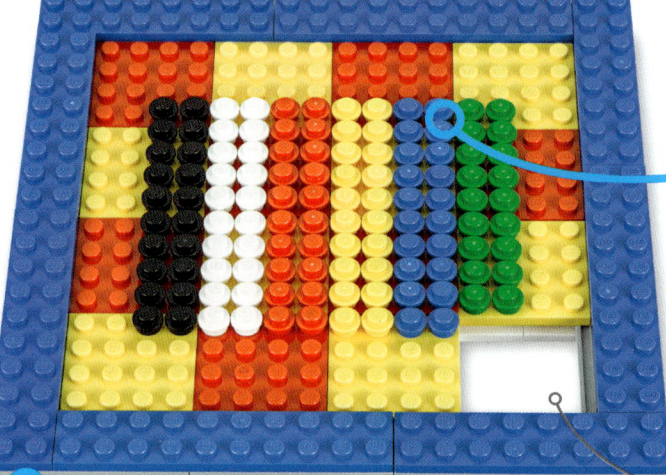

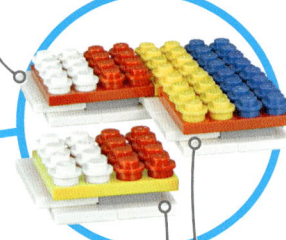

Jedes Puzzleteil hat zwei Schienen aus überhängenden Steckerplatten.

In Rillen auf den Gegenseiten lassen sich die anderen Teile hineinschieben.

Jedes Teil steckt in den Teilen darüber und links oder im Außenrahmen.

Dank eines freien Felds lassen sich die Puzzleteile bewegen.

ALLES ZUSAMMENFÜGEN

Baue zuerst zwölf Puzzleteile, aber dekoriere noch nicht ihre Oberseite. Schiebe die zwölf Puzzleteile in drei Spalten in den Rahmen und baue dann drei weitere Puzzleteile im Rahmen. Nun dekorierst du alle 15 Puzzleteile oben mit runden Platten. Mische dann die Teile, um das Puzzle zu erzeugen! Mache zuerst ein Foto vom fertigen Puzzle oder schaue auf dieser Seite nach, wenn du das Muster wieder zusammenfügst.

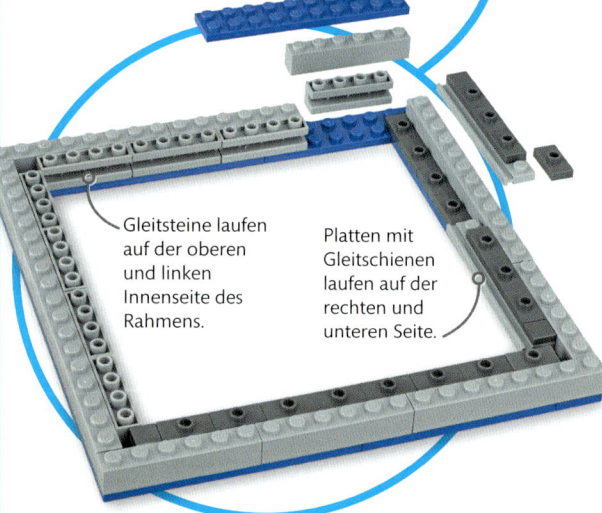

Gleitsteine laufen auf der oberen und linken Innenseite des Rahmens.

Platten mit Gleitschienen laufen auf der rechten und unteren Seite.

Jedes Puzzleteil wird unten mit einer 2x2-Platte zusammengehalten.

Vier 2x2-Steckerplatten liegen zwischen einer Lage Steckerplatten und einer 4x4-Platte.

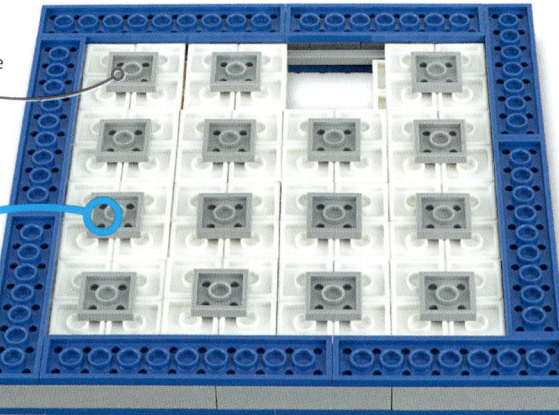

DER SPEZIALSTEIN

Gleitsteine haben an einer Seite eine Rille, in der sich Schienen oder Kacheln hin- und herschieben lassen. Damit kann man bewegliche Plattformen und Schiebetüren bauen.

86 Spiele eine Partie LEGO Bingo

SO WIRD GESPIELT

1 Hast du die Raster gebaut, ernennst du jemanden zum Bingo-Caller, der aus einer Box beliebige LEGO Teile zieht.

2 Passt ein Teil zu einem Teil auf dem Raster eines Spielers (die Farbe ist egal), darf der Spieler es markieren.

3 Der Spieler, der als Erster auf seinem Raster eine Dreierreihe (in jeder Richtung) markiert, ruft „Bingo!" und gewinnt.

Nimm unbedingt Teile, von denen du mehr als eines hast!

Markiere passende Teile mit runden Steinen in der Ecke des Abschnitts.

Baue für das Spiel ein Raster mit neun Abschnitten und setze in jeden verschiedene LEGO Teile. Du kannst Raster für beliebig viele Spieler bauen, doch jeder Raster muss andere Steine enthalten. Wer ruft als Erster „Bingo!"?

ZEIT ZUM SCHLÄNGELN!

Dachsteine sitzen auf Steckerplatten.

Zunge aus roter Platte mit Klemme

Die Basis jedes Segments besteht aus zwei aneinanderliegenden Scharnierplatten.

Der Gliederkörper dieser Schlange lässt sich dehnen, schrumpfen und zu verschiedenen Formen biegen. Wenn du nicht aufpasst, schlüpft sie davon!

Diese Schlange besteht aus sieben Scharnierplatten, du kannst aber auch eine längere bauen!

Baue eine Schlängelschlange

87

88 Spiele das LEGO® Logospiel

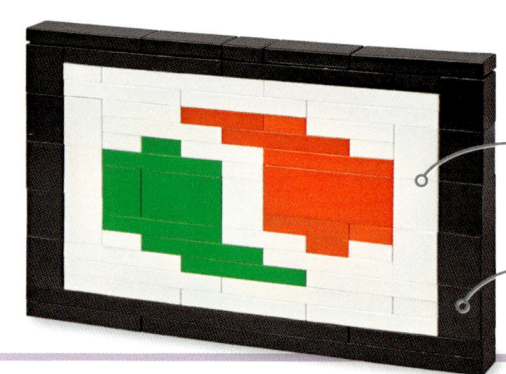

Die Welt ist voller Logos – an Läden, Werbetafeln und sogar auf LEGO Sets! Baue viele Logos aus LEGO Steinen und mache dann ein Quiz mit deinen Freunden. Wie viele kennen sie?

Das Octan-Logo gibt es seit 1992 in LEGO® Town und City Sets.

Dieses Logo ist senkrecht aus Lagen von Steinen und Platten gebaut.

Dieses LEGO Exploriens Logo (ein LEGO® Space Unterthema) ist flach aus Platten gebaut.

89 Frühlingsmodelle

Der Frühling ist eine herrliche Jahreszeit. Baue doch einige LEGO Modelle für diesen Anlass. Ist es noch lange bis dahin, baust du etwas, das dich daran erinnert. Kaninchen, Küken und Eier sind lauter Frühlingssymbole. Wie würdest du sie darstellen?

Putzige Kaninchenohren aus Dachsteinen auf 1x1-Steinen

Arme aus Halbbogensteinen

Die Möhre ist um eine Platte mit Ring gebaut, der wie eine Pfote aussieht.

Dachsteine als breite Kaninchenbacken

Schwanzstummel aus großer Blüte

Jedes Bein sitzt auf LEGO Technic Pins mit einem Achsenende.

LEGO Technic Pin steckt in 1x6-Stein mit Löchern.

Starte eine Kreativitätskette

90

Die ersten zehn Steine bilden ein simples Auto.

Der nächste Spieler baut weitere zehn Elemente aus dem Haufen an.

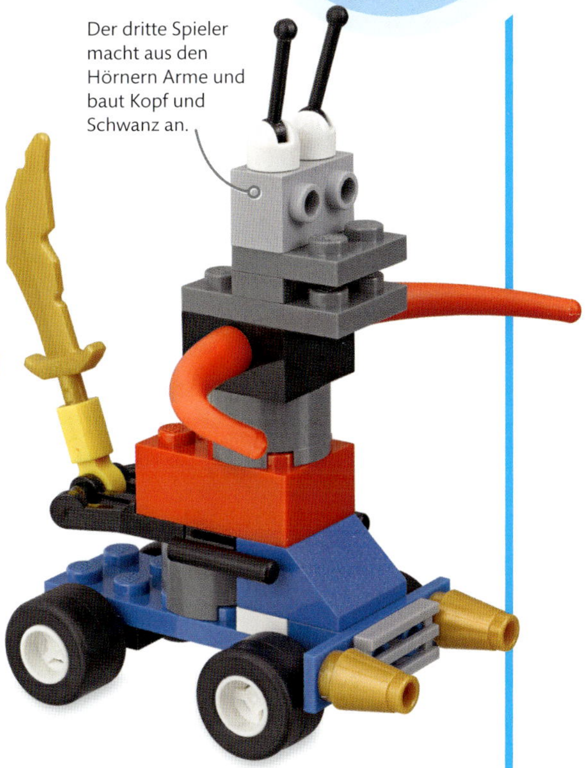

Der dritte Spieler macht aus den Hörnern Arme und baut Kopf und Schwanz an.

SO WIRD GESPIELT

1 Setze dich mit deinen Freunden um einen Berg LEGO Steine. Stelle eine Stoppuhr auf eine Minute. Jeder Spieler nimmt zehn Steine und beginnt zu bauen.

2 Nach einer Minute gibt jeder Spieler sein Modell seinem linken Nachbarn. Stelle die Uhr wieder auf eine Minute. Jeder Spieler baut weitere zehn Steine an das Modell vor ihm.

3 Wiederholt das so lange, bis jeder Steine an alle Modelle angebaut hat. Welches ist am verrücktesten?

Kannst du unter Zeitdruck kreativ sein? Spiele mit deinen Freunden ein Bauspiel mit der Stoppuhr. Eure Modelle werden immer verrückter!

Wie ein Brutei gebaut wird, erfährst du auf S. 242.

Spiralförmige Farbbänder ziehen sich um das Ei.

Versetzter Dachstein als Federbüschel

Füße aus einzelner Platte

Flügel aus Dachsteinen

DER SPEZIALSTEIN

Die Miniantenne ist für viele Dinge verwendbar – Schnurrhaare, Insektenfühler, Arme und mehr!

FRÜHLINGSZEICHEN
Andere Frühlingsmodelle könnten Blumen und Blüten, Lämmer, grünes Laub, blauer Himmel und Sonnenschein sein. Aber am wichtigsten ist, was die Jahreszeit dir bedeutet. Sei das ganze Jahr über fantasievoll!

91 Die große LEGO Zaubershow

Hereinspaziert! Seht, wie eine Minifigur vor euren Augen verschwindet! Jetzt werden Kaninchen aus dem Hut gezogen! Das gibt's doch nicht – eine Pizza schrumpft auf die Größe einer Münze! Meine Damen und Herren, Jungs und Mädels – all dies erlebt ihr mit euren eigenen LEGO Zaubermodellen!

Die Türen haben oben und unten graue Platten mit Seitenschienen, damit sie auf- und zugleiten.

Blitzende Sterne lenken das Auge ab.

DER SPEZIALSTEIN

Platten mit Seitenschienen sind ideal für Schiebetüren. Auf den Schienen gleiten Steine mit Rille.

MINIFIGURENMAGIE

Lass eine Minifigur verschwinden! Du musst ein Zauberkabinett mit sich schließenden Türen und einer Drehwand bauen. Die Minifigur steht auf einer an der Drehwand befestigten Plattform. Wird die Wand gedreht, erscheint eine identische Plattform – aber ohne Minifigur! Ein Zaubertrick gelingt nur, wenn das Auge abgelenkt wird, also baue dein Kabinett möglichst bunt und kreativ – und schwinge deinen Zauberstab in einer Hand, während du die Drehwand mit der anderen drehst!

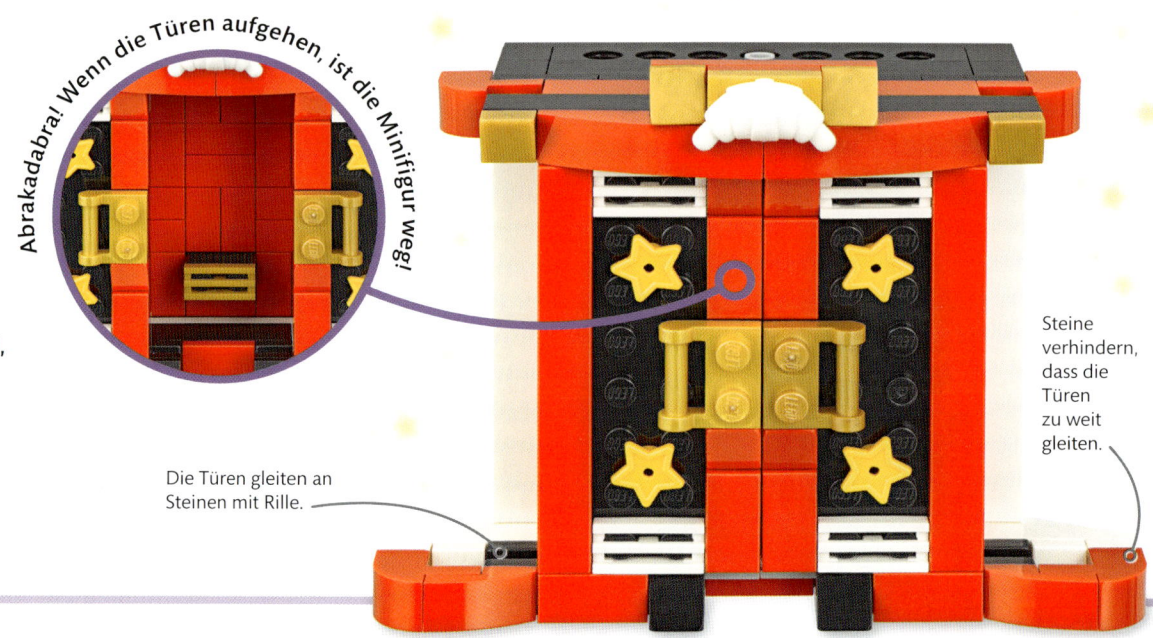

Abrakadabra! Wenn die Türen aufgehen, ist die Minifigur weg!

Steine verhindern, dass die Türen zu weit gleiten.

Die Türen gleiten an Steinen mit Rille.

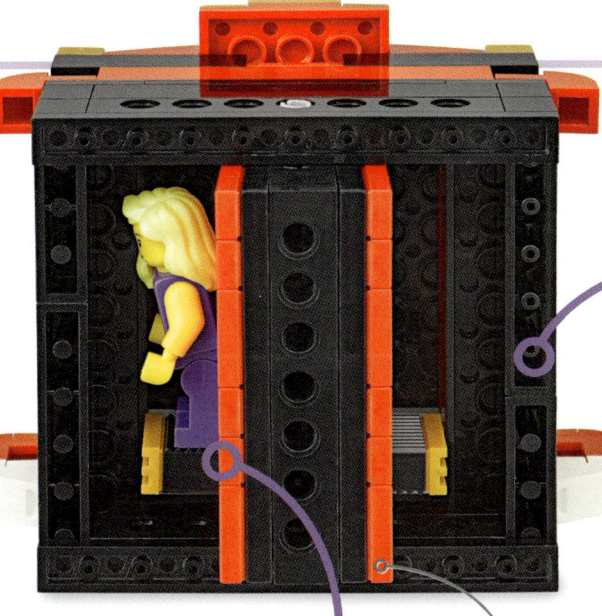

Die Drehwand dreht sich oben und unten auf LEGO Technic Pins.

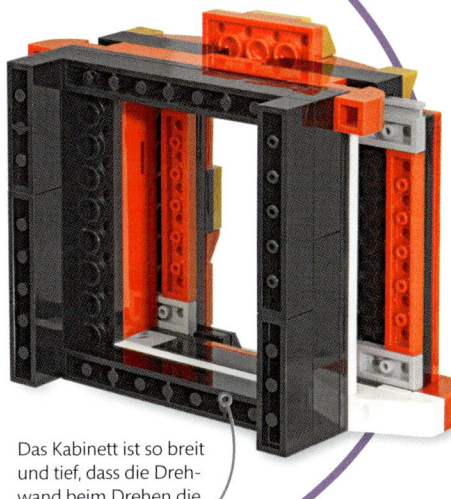

Das Kabinett ist so breit und tief, dass die Drehwand beim Drehen die Türen nicht berührt.

Die Minifigur steht auf einer Steinplattform. Ihre Beine stecken an verborgenen Noppen an der Wand – so fällt sie beim Drehen nicht herunter!

Beide Seiten der Wand haben das gleiche rote Kachelmuster.

Du könntest auch zwei verschiedene Minifiguren für einen Verwandlungstrick verwenden!

Knickohren aus Klickscharnieren

Süße Kaninchennase aus Zahnplatte

Gebogene Elemente bilden eine runde Hutkrempe.

Die Krempe wird in vier Teilen gebaut und sitzt an Steinen mit Seitennoppen.

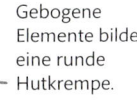

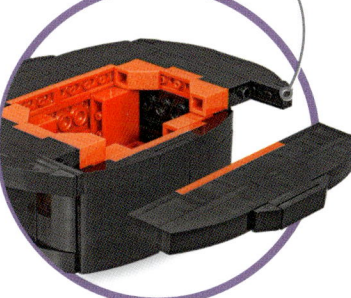

ZAUBERKANINCHEN

Jeder gute Zauberer hat ein Kaninchen in seinem Hut! Baue für diesen Trick einen Hut mit einem Geheimabteil oder baue viele Scharnierteile in dein Kaninchen ein – dann liegt es zusammengefaltet im Hut und wirkt unglaublich groß, wenn du es herausziehst!

Baue für den Hut erst eine Box.

ZAUBERSTAB

Wedle zur Ablenkung mit dem Zauberstab, wenn du dieses Pizzamodell in deiner Hand oder im Ärmel verschwinden lässt. Dann findest du die kleine Pizzakachel bei jemandem im Publikum hinterm Ohr. Der Trick: Verstecke die Pizzakachel zwischen zwei Fingern, bis du sie zwischen Zeigefinger und Daumen herzeigst. Was könntest du noch schrumpfen lassen?

LEGO Technic Achsen im Zauberstab verhindern, dass er auseinanderfällt.

2x2-Stein mit Loch

Weiße runde Platte mit gebogener Unterseite am Ende

Vier gebogene Platten bilden die Pizzabasis.

92 Verleihe dir eine Medaille

Wer verdient eine Medaille? Vielleicht bist du es! Baue Medaillen für erste, zweite und dritte Plätze und verleihe sie bei Spielen aus diesem Buch.

Baue Zahlen aus zwei Lagen runder Platten.

Durch diese gebogene Platte mit Loch passt ein Band.

93

RENNRAMPE
Für eine Rennrampe kannst du LEGO Basisplatten miteinander verbinden und auf einen flachen Stapel Bücher legen. Bremsen die Noppen zu stark ab, drehst du die Basisplatten um. Baue die Rampe nicht zu steil, sonst fallen die Autos nur herunter.

Kleine Vorderräder sind extra schnell.

Dieses Rätsel kannst du bauen, lösen – und deinen Freunden aufgeben! Ein Bauer muss einen Fuchs, Hühner und Getreide über einen Fluss setzen, hat in seinem Boot aber nur Platz für sich und eines dieser drei Dinge! Also muss er mehrmals fahren, aber er weiß: Lässt er die Hühner mit dem Getreide zurück, werden sie es fressen, und lässt er den Fuchs bei den Hühnern, wird er sie verspeisen! In welcher Reihenfolge setzt er alles über?

Die Arme sind seitwärts gebaut und mit einem 1x2-Stein mit vier Seitennoppen verbunden.

Die Füße des Bauern sind gespreizt, damit er sicher steht.

Die Hühner sind um kleine Steine mit vier Seitennoppen gebaut.

Der Fuchs hat einen Rücken aus gebogenen Platten.

Löse das Bauernproblem

Die Lösung steht auf S. 253. ▶

Baue das schnellste Auto

ICH RASE BERGAB!

Rennautos benötigen einen Fahrer.

Große Hinterräder für Grip

Welches LEGO Auto in deiner Sammlung ist das schnellste? Lass zwei Autos eine Rampe hinabsausen – welches erreicht die Ziellinie zuerst? Der Sieger tritt gegen ein anderes Auto an. Baue deine Modelle um oder baue ein neues Auto, bis du das schnellste Auto hast!

Probiere alle Räder und Reifen aus, die du hast. Welche Kombination ist am schnellsten?

Ein schnittiges Auto schneidet leicht durch die Luft, doch ist es zu dünn, kippt es um!

Die Räder werden an eine Platte gebaut, bevor die Karosserie aufgesetzt wird.

Getreide aus Stapeln kleiner runder Steine

Die Minifiguren an beiden Enden sind gleich schwer.

Scharnierzylinderelemente halten beide Seiten im gleichen Winkel.

Diese Minifiguren wippen auf einer kleinen Kugel auf und ab, ohne umzukippen! Kannst du andere Teile so anbauen, dass die Wippe noch funktioniert?

Die Wippe ruht auf einem LEGO Technic Pin mit Kugelverbinder.

Große Radarschüssel als Basis

94

Eine Wippe für Minifiguren

95

96 Baue einen netten Gartenzwerg

Hut aus Raketen- und Nasenkegelelementen

Brille aus transparenten runden Kacheln

FÜR PILZE BIN ICH EIN RIESE!

Pilzkappe aus Bauarbeiterhelm

Unkrauthacke

Lanze als ideale Angel

Gartenzwerge sehen toll aus, wenn sie auf deine Topfpflanzen und Blumenkästen aufpassen. Sie sind nett, kommen aber gern auf dumme Gedanken. Also lasse sie draußen nicht allein, sonst stehlen sie sich davon!

Spiele Fußball mit Strohhalmen 97

Spiele mit deinen Freunden eine Partie Minifußball. Die Spieler haben jeweils einen Strohhalm, mit dem sie den Ball ins LEGO Tor des Gegners schießen – nur durch Pusten!

Berühre den Ball nicht mit dem Halm oder den Händen!

Baue die Tore enger, wenn du das Spiel erschweren willst.

Beide Tore sind gleich viele Noppen breit.

Wer erzielt die meisten Tore in 60 Sekunden?

SCHNAPP!
Das Modell ist eigentlich ein mit LEGO Technic Pins am Hinterkopf verbundenes großes Scharnier. Die zwei Maulhälften werden separat gebaut und dann mit den Pins verbunden. Füge hinten an die obere Hälfte einen großen Stein hinzu – drückst du darauf, öffnen sich die Kiefer des Hais!

98

WAS TUT DEIN ZWERG?

Zwerge sind meist kurz und stämmig, haben spitze Hüte, Bärte und bunte Kleidung. Sie helfen gern im Garten und tragen daher oft Schaufeln und Hacken oder schieben Schubkarren. Ist ein Teich da, angeln sie auch gern. Was wird dein Zwerg tun?

Dachsteine als Haare

Basis aus vier Winkelplatten

Baue verschiedene Halter für verschiedene Arten von Videospielen.

Ordne deine Spielkassetten mit einem LEGO Halter. Die Kassette des Spiels, das du gerade spielst, kommt nach vorn – so siehst du das coole Cover!

Die Kassetten sitzen auf glatten Kacheln.

Drei Kassetten passen in diesen Halter.

Füge Symbole hinzu – die Note zeigt an, dass der Halter Tanz- und Karaoke-Spiele enthält.

99 Halter für Videospiele

Zum Öffnen hier drücken!

LEGO Technic Pins verbinden beide Maulhälften.

Bogen-elemente schließen die Zähne oben und unten glatt ab.

Keine Angst vor diesem Weißen Hai – er frisst nur Büroklammern! Drücke auf den Hebel hinten und das Maul geht auf. Greife hinein und hole die Klammern, die du brauchst, bevor die weißen Kiefer zuschnappen!

Die Zahnteile sitzen seitlich auf Winkel-platten vorn und an den Seiten des Mauls.

DER SPEZIALSTEIN

1x1-Zahnplatten bilden nicht nur Zähne! Sie sehen auch aus wie Eis, Klauen, Nasen, Schnäbel und vieles mehr!

Bissiger Büroklammerhai

100 Schenke eine LEGO Grußkarte

Beide Karten sitzen oben, in der Mitte und unten an Scharniersteinen.

Mit bunten Verzierungen fällt deine Karte auf.

Schenke jemandem, den du magst, eine Grußkarte zu einem besonderen Anlass – oder einfach so! Diese Karten kannst du nicht mit der Post schicken, sondern nur persönlich übergeben. Oder stelle sie aus, sodass der Glückliche, für den du sie gebaut hast, überrascht wird!

Für deine Karte benötigst du zwei gleich große Platten.

Innen steht eine Botschaft aus LEGO Platten.

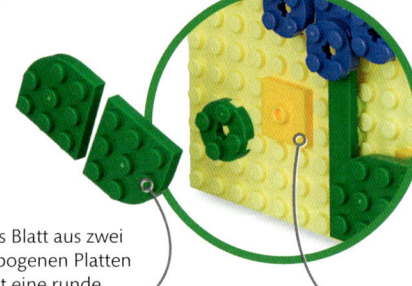

Das Blatt aus zwei gebogenen Platten hält eine runde Platte zusammen.

Die runde Platte sitzt auf einer Steckerplatte, die das Blatt mit der Karte verbindet.

BAUMEISTER-TIPP

Du könntest eine Karte auch von unten nach oben aus Steinen statt Platten bauen. Scharnierplatten verbinden beide Seiten.

KARTE FÜR JEDEN ANLASS
Außer Geburtstagskarten und Jahreszeiten-grußkarten kannst du auch Genesungskarten, Danksagungskarten und Karten bauen, die jemandem zum bestandenen Schultest oder zu einem neuen Job gratulieren. Das Bild auf der Vorderseite der Karte zeigt den Anlass oder die Lieblingsdinge der Person, für die du die Karte baust.

Gummibänder sorgen für mehr Griff.

Zwei kurze Träger bilden das Oberteil der Zange am Ende.

WÜRG!

Lange LEGO Technic Pins verbinden die Träger.

101 Teste dein Gedächtnis

Nimm leicht zu benennende Dinge wie ein Skateboard oder eine Schlange.

Fordere deine Freunde zu einem kniffligen Gedächtnisspiel heraus! Lege 20–30 Teile auf den Tisch, die sich die Spieler eine Minute lang ansehen, und decke sie zu. Jeder hat zwei Minuten Zeit, alle Dinge zu notieren, an die er sich erinnert. Sieger ist, wer die meisten richtigen Dinge notiert hat!

Das ist eine tolle Möglichkeit, dein Zimmer in Ordnung zu halten, ohne ins Schwitzen zu kommen! Das Ende dieses Verlängerungsarms reicht fast 75 cm weit und schnappt sich alles, was ihm im Weg ist. Nichts entkommt seinen Klauen!

Damit der Griff funktioniert, muss dieser Pin außermittig sitzen.

Drückst du die Griffträger zusammen, verlängert sich der Arm.

VERTEILUNG DER PINS

Die sechs gelben und die drei dunkelgrauen LEGO Technic Träger sind an beiden Enden und genau in der Mitte durch lange LEGO Technic Pins verbunden. Doch die Mittelpins in den blauen und roten Trägern sitzen außermittig – so entstehen die Zange vorn und der Griff hinten.

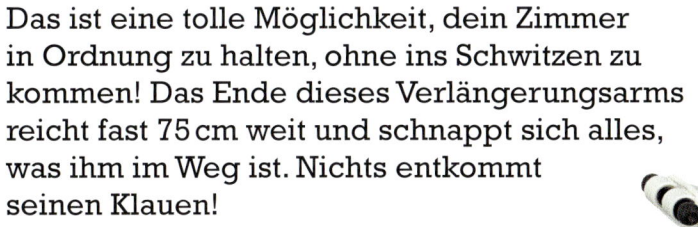

Noch mehr LEGO Technic Träger machen deinen Greifarm länger!

Baue einen Greifer mit langem Arm

102

103 Immer cool bleiben!

Glatte Kachelverzierungen verhindern, dass die gefalteten Fächerteile sich verhaken.

Kachel nur auf oberem Abschnitt

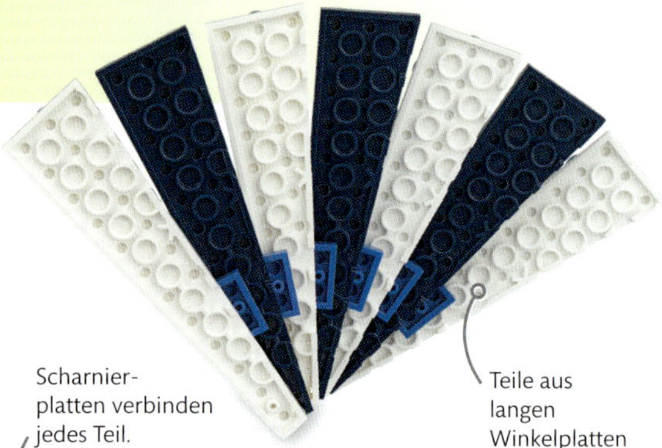

WAS FÜR EIN COOLER FÄCHER!

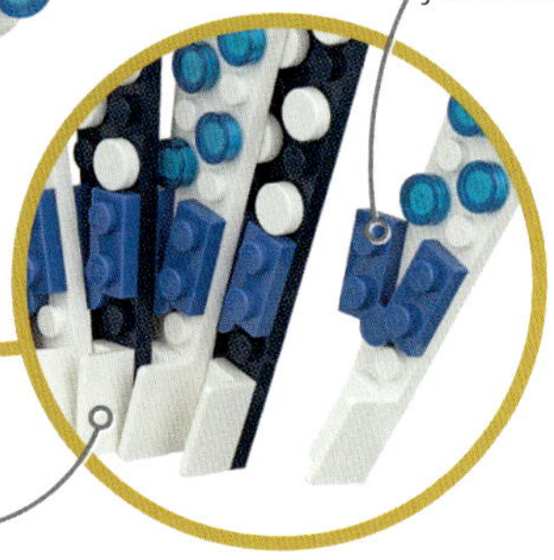

Dank Wandpaneelelementen unter jedem Scharnier gehen die Teile nicht zu weit auf.

Scharnierplatten verbinden jedes Teil.

Teile aus langen Winkelplatten

Schon immer haben Menschen sich mit Fächern Kühlung verschafft – auch um cool auszusehen! Mit welchen Farben und Teilen verzierst du deinen faltbaren LEGO Fächer?

104 Baue Rasselinstrumente

Diese Modelle machen Krach! Für einen Shaker legst du kleine Steine in einen simplen Behälter. Erweitere deine Band um einen Regenstock – einen hohen Turm mit losen Teilen, die wie fallender Regen klingen, wenn sie gegen die Hindernisse innen prallen.

Die losen Teile brauchen innen viel Platz.

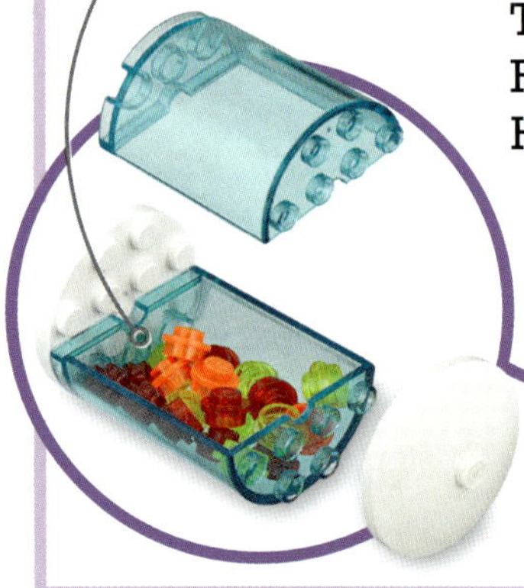

Die losen Teile brauchen Platz, um durchzufallen.

Der kleine Shaker passt in eine Hand.

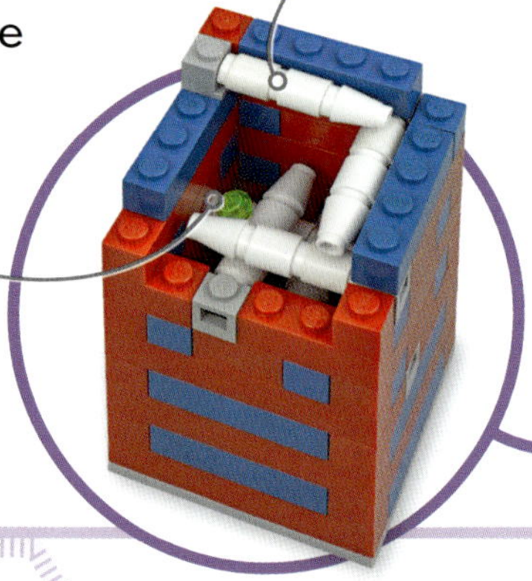

Platten schließen den Stock oben und unten ab.

Die Teile rasseln, wenn sie gegen Hindernisse stoßen.

Stelle eine Band zusammen auf S. 159.

Abschussrampe für Papierflieger

Starte deine Papierflieger von einer glatten Rampe mit einem Abschussmechanismus aus LEGO Technic Elementen. Baue aus einem Blatt Papier einen Flieger und betätige dann abwechselnd mit einem Freund die Abschussrampe. Wer kann seinen Flieger am weitesten fliegen lassen?

Sieh nur, wie dein Flieger abzischt!

Zwei Rostdachsteine halten den Flieger beim Start.

Der ausgelöste Hebel stößt den Flieger nach oben.

Langer LEGO Technic Pin begrenzt Bewegung des Trägers.

Der Flieger sitzt locker in der Rinne.

Schnipse hier, um deinen Flieger auf und davon zu jagen.

Die Reifen sitzen auf langem LEGO Technic Pin.

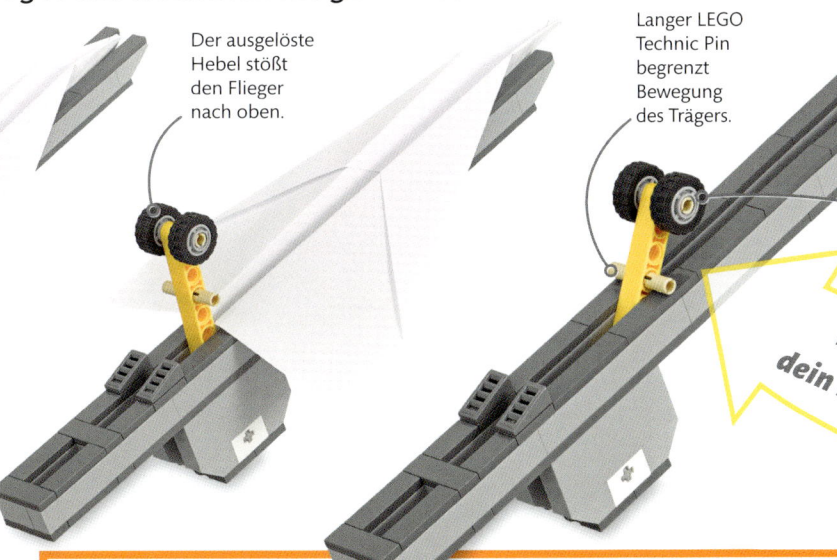

Teste mit deiner Rampe dein bestes Papierfliegermodell.

Hebel aus einem LEGO Technic Träger, der auf einer Achse sitzt.

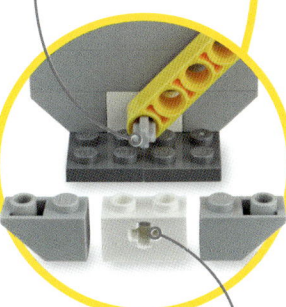

Die Achse steckt in einem Stein mit Kreuzloch, der in den Ständer eingebaut ist.

ABSCHUSSHEBEL

Der Schussmechanismus ist ein Hebel, der sich auf einer LEGO Technic Achse in der Basis der Rampe dreht. Die Hebellänge verstärkt seine Kraft, während die Reifen das Schnipsen erleichtern und für mehr Schwung sorgen.

Man sieht sofort, was in transparenten Behältern liegt.

Nach Größe und Art sortierte Steine machen beim Bauen mehr Spaß, da man die Teile schneller findet. Sammle kleine Plastikwannen für deine verschiedenen Teile. Ordne die Teile zuerst nach ihrer Form. Das Sortieren nach Farbe kann das Finden erschweren – wie willst du ein bestimmtes gelbes Teil in einer Box voller gelber Teile finden?

106 Sortiere deine LEGO Steine

Teste deine Nervenstärke in diesem aufregenden Spiel für zwei! Im Steinfallturm sitzen viele lose LEGO Elemente auf Stangen aus LEGO Technic Achsen. Die Spieler ziehen abwechselnd Stangen – und sehen zu, welche Elemente herausfallen!

Stürzende Steine

LEGO Technic Achsen bilden ein Gitter, das die Elemente hält.

SO WIRD GESPIELT

1 Stecke alle Stangen in den Turm und gib oben eine Handvoll kleine Teile hinein.

2 Die Spieler sitzen vor jeweils einer Ablage und ziehen abwechselnd eine Stange heraus – ganz sacht!

3 Beim Ziehen der Stangen fallen die Steine und landen in den Ablagen. Errate mit einem Blick durch die Seiten des Turms, wohin die Elemente fallen werden.

4 Sind alle Stangen gezogen, gewinnt der Spieler mit den wenigsten Elementen in seiner Ablage.

Transparente Steine machen es möglich, in den Turm zu blicken.

Stangen durchqueren das Modell durch Lagen von Steinen mit Löchern.

Teile am Stangenende verhindern, dass die Stangen durchs Modell rutschen.

Der Deckel ruht auf einer Lage glatter Kacheln.

Verzierte Säulen sind dekorativ, aber nicht wichtig!

Dachsteine halten den Turm über der Basis.

Kacheln verhindern, dass die Ablage auf der Basis verrutscht.

Ablage aus eckigem Wandelement

107

Baue die Steine mit Löchern auf verschiedenen Ebenen in die Seiten ein.

VON OBEN NACH UNTEN

Der Steinfallturm ist hohl und an beiden Enden offen. So lassen sich die losen Teile einfüllen und sie können bis zu den Ablagen unten fallen. Die Ablagen passen zwischen dekorative Kacheln an der Basis, sind aber nicht befestigt. Sie lassen sich leicht entnehmen, sodass du die Teile wieder oben einfüllen und erneut spielen kannst!

108 Baue ein Paar Bücherstützen

Ohren aus
Rostdachsteinen

Lagen aus
gebogenen
Platten um-
geben die
Augen.

ALS BUCHSTÜTZE BIN ICH DER LETZTE SCHREI!

Der freundliche Fuchs und die weise Eule sind gute Kumpel. Sie lassen nichts zwischen sich kommen – außer gute Bücher! So stehen sie Rücken an Rücken und hüten das ganze Wissen und die Spannung auf einem Bücherregal – und machen jedes Zimmer viel bunter!

Die Rückseite der
Buchstützen ist
ganz flach.

Prüfe erst, ob deine
Buchstützen ein oder zwei
Bücher halten, bevor du
mehr hinzufügst.

Schwanz aus
verschiedenen
Winkelplatten

Gefiederte Front aus
Croissantelementen

BAUMEISTER-TIPP

Errichte den Hauptteil des Turms neben der Basis und stecke ihn dann auf die roten Beine. Das ist stabiler als das Aufbauen auf den Beinen.

BÜCHER HALTEN
Beide Tiere sind seitwärts von einer Basis aus dünnen Platten mit gebogenen und winkeligen Steinen gebaut, die einen simplen Umriss bilden. Sie müssen tief genug sein, damit sie nicht umfallen. Fülle den Hohlraum innen mit Steinen auf. So bekommen sie das nötige Gewicht, um echte Bücher zu stützen.

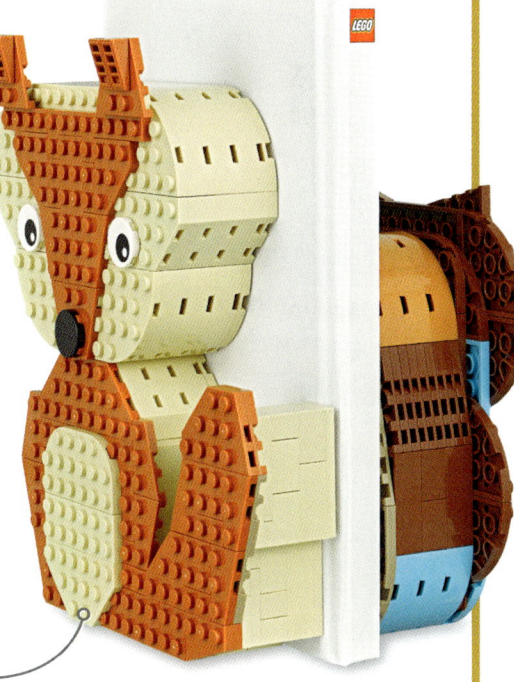

Wichtige Details erscheinen
in einer oberen Lage
von Platten.

Zehn Unterschiede

Zeige deinen Freunden und deiner Familie zwei Paare fast identischer LEGO Szenen – wer entdeckt am schnellsten die Unterschiede? Zehn Dinge sind in jeweils einer Szene verändert worden. Findest du alle Unterschiede in drei Minuten? Baue auch eigene Szenenpaare, die möglichst viele kleine Details enthalten!

1

Wichtige Teile wie diese blaue Basisplatte sollten in beiden Modellen gleich sein.

LEGO Technic Verbinder bilden den krummen Baumstamm.

1

In Abteilen verborgene unterschiedliche Details erschweren die Suche!

Baue viele Anbaumöglichkeiten für Details ein wie z. B. Steine mit Klemme.

2

2

109

WIE VIELE UNTERSCHIEDE?
Ein gutes Suchspiel enthält viele Details, bei denen Dinge hinzugefügt, weggenommen, gegen andere Dinge ausgetauscht und farblich verändert werden können. Vergiss nicht, den Mitspielern zu sagen, wie viele Unterschiede gesucht werden müssen.

Alle Unterschiede bei diesen Modellen erfährst du auf S. 253. ▶

110 Dosen werfen

Den ganzen Spaß vom Rummelplatz kannst du auch zu Hause mit diesem Dosenwurfstand haben! Trete gegen deine Freunde an – wer trifft die meisten Dosen oder schafft sogar alle in 30 Sekunden?

Der Werfer schwenkt auf dieser Drehscheibe hin und her.

Ziele durch dieses LEGO® BIONICLE® Visier.

Der Griff richtet den Werfer links oder rechts aus.

Drehe am Zahnrad, um den Werfer zu heben oder zu senken.

Büchsen mit Kacheln obenauf lassen sich lose stapeln.

Palisadensteine wirken wie Holzpaneele.

Steht der Werfer weiter weg, dann wird das Spiel schwerer.

SCHÖNSTER STAND

Ausgefallene Stände in Karnevalsfarben machen Kirmesspiele so aufregend. Durch viele dekorative Details wird dein Dosenwurfstand so reizvoll wie ein echter.

Hohe runde Steine wirken wie Holzpfosten.

DER SPEZIALSTEIN

In diesem klobigen Gehäuse sitzt ein Federmechanismus, der ein Geschoss abfeuert, wenn der Hebel hinten gezogen wird.

Angle eine Ente auf S. 133.

111 Dekoriere deine Möbel

Das Bauen um Tischbeine herum kann unscheinbare Möbelteile attraktiver aussehen lassen. Überrasche Besucher und dekoriere die Beine am Esstisch, am Schreibtisch oder gar an deinem Bett. Setze Minifiguren auf eine simple eckige Form oder baue verschiedene Muster.

Tischbeine sind meist nicht sehr aufregend!

Staple abwechselnd Steine von beiden Verbindungswänden für starke Ecken.

IDEE MIT BEINEN

Am besten sitzt deine Dekoration genau am Tischbein, wenn du sie direkt daran baust. Baue zuerst einen Rahmen aus dünnen Platten um das Bein und staple dann darauf. Wenn du eine Lücke in dein Modell baust, kannst du es an das Tischbein schieben oder von ihm wegnehmen, ohne es zu zerlegen.

EIN GROSSER SCHRITT FÜR EINE MINIFIGUR!

Baue um das Tischbein herum, aber nicht unter ihm.

Auf einfarbigen Stufen fallen bunte Minifiguren besonders auf.

Kannst du mehr Möhrchen sammeln als das gegnerische Kaninchen? Hüpfe bei diesem Brettspiel von Feld zu Feld und suche etwas Leckeres zum Mampfen, aber hüte dich vor den stachligen Dornen! Ein Möhrenkreisel bestimmt den Weg, den dein Kaninchen hüpft, doch du entscheidest, wie weit! Dieses Brett ist groß genug für zwei Spieler – für mehr Spieler baust du ein größeres.

112

113 Das Alphabet-Bauspiel

Dachsteine bilden einen gebogenen Griff.

Kamm, Katze, Karotte oder Kamin sind gute „K"-Modelle.

Kammzinken aus dünnen Stangen

Das Alphabet-Bauspiel ist so leicht wie das ABC! Gib einem Freund einen Buchstaben vor – er hat 30 Sekunden Zeit, um ein Ding zu bauen, das mit diesem Buchstaben beginnt. Dann wählt er einen Buchstaben für dich und du baust rasch den entsprechenden Gegenstand.

SO WIRD GESPIELT

1 Jeder Spieler stellt sein Kaninchen aufs Brett, und zwar auf ein Feld seiner Wahl.

2 Dreht abwechselnd den Kreisel. Zeigt er nach oben, unten, links oder rechts?

3 Ziehe eine beliebige Zahl von Feldern in dieser Richtung. Landest du auf einem Feld mit einer Möhre, nimmst du sie!

4 Du darfst nicht auf Feldern mit Dornen landen oder sie überspringen. Warte vor ihnen, bis du wieder dran bist!

5 Wenn alle Möhrchen eingesammelt sind, hat der Spieler gewonnen, der die meisten einkassiert hat.

FELDREGELN

Baue eine ungerade Zahl von Möhren und ein paar Hindernisse ins Spielfeld ein. Zwischen den Spielen kannst du ihre Abstände und Positionen verändern. Beide Spieler sollen auf derselben Seite wie der Kreisel sitzen, damit sie sich über die Richtung einig sind!

Die Dornen sitzen auf Platten mit Klemmen oben.

Kaninchen auf runder 1x1-Platte als Spielstein

Die Möhre sitzt auf einer Winkelplatte und dreht sich auf der Drehscheibe.

LEGO Technic Achse verbindet die Möhrenteile.

Dunkelgrüne Felder bilden auf hellgrüner Basisplatte ein Raster.

Die Möhrchen sitzen in Blüten mit Löchern.

Stangen trennen die Kreiselabteile.

Bestimme, welches Abteil oben, unten, links, rechts ist.

Das Möhrchen-sammelspiel

114 Wo versteckt sich der Pirat?

Verwandle einen Piraten in einen Schatz, den du überall im Haus versteckst! Zeige deinen Freunden das Modell, zerlege es in mehrere Teile und bitte jemanden, der nicht mitspielt, sie an verschiedenen Orten zu verstecken. Wie schnell kannst du mit deinen Freunden die Teile finden?

Zerlege den Piraten in sechs Teile.

Piratenhut aus schwarzen Dachsteinen

Coole Feder am Hut

Kamm des Papageis besteht aus Stein mit Seitenklemme.

Nase mit Löchern aus runder Platte

Der Rumpf dreht sich auf der Drehscheibe in der Taille.

Der Fuß sitzt in Noppen auf der Schatzkiste.

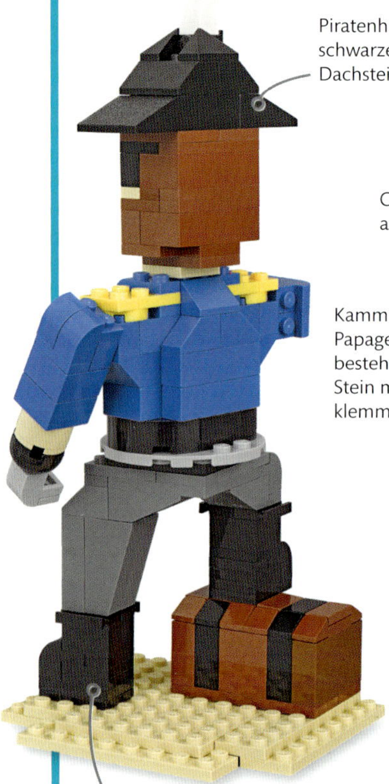

Im rechten Winkel gebaute Beine machen den Piraten stabiler.

PASSENDE TEILE

Baue den Piraten aus Teilen, die leicht zu zerlegen sind, ohne abzufallen. LEGO Technic Pins sind toll für eine Modulbauweise, und Verbindungen mit ein paar Noppen lösen sich sauber, wenn die Teile um sie herum sicherer befestigt sind.

Auch die Strandbasis unter dem Piraten lässt sich verstecken!

Vergiss nicht die Hakenhand!

Zeige in einem coolen Zeitrafferfilm, wie deine Baukunst entstand! Mache Fotos in regelmäßigen Abständen, während du baust, und zeichne das Ganze auf. Spiele die Bilder als Film oder Diashow ab – du siehst, wie es in Sekunden entsteht!

115

Immer ein Stein weniger

116

Baue etwas aus zehn Paaren gleichartiger Steine. Dann nimmst du einen Stein weg und baust etwas völlig anderes aus den verbliebenen 19 Elementen. Nimm immer wieder einen Stein weg und baue etwas anderes. Schaffst du es vielleicht sogar, 20 verschiedene Dinge zu bauen?

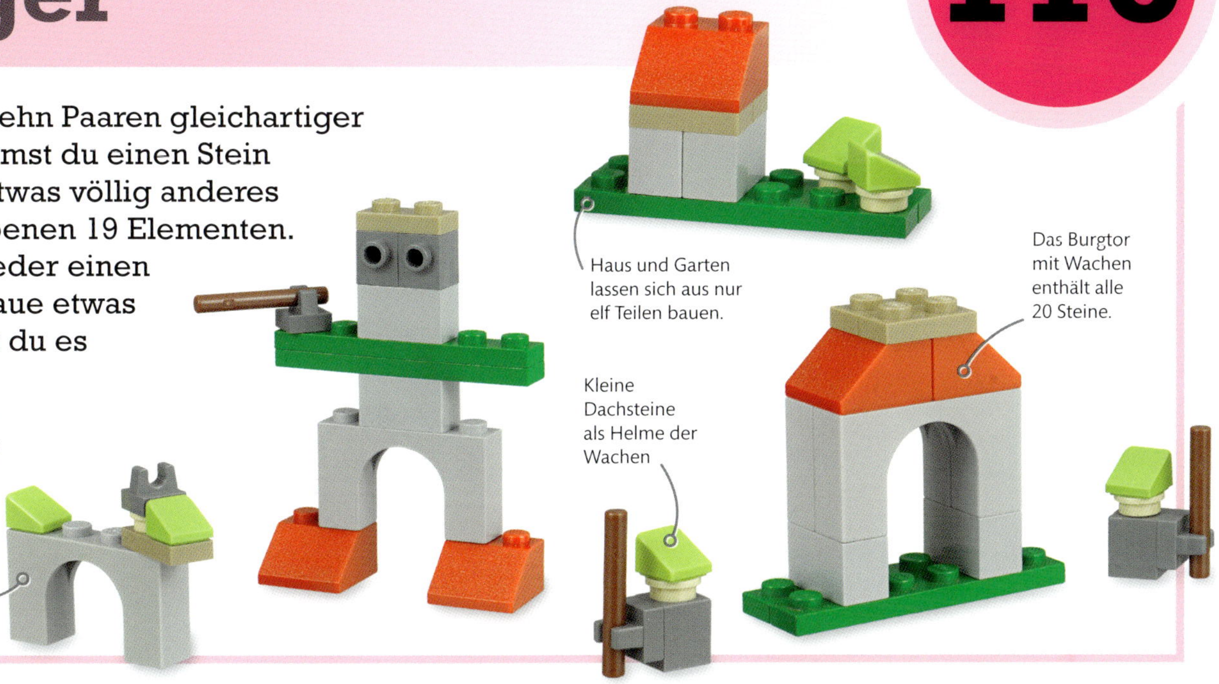

Haus und Garten lassen sich aus nur elf Teilen bauen.

Das Burgtor mit Wachen enthält alle 20 Steine.

Kleine Dachsteine als Helme der Wachen

Der Mann und sein Hund bestehen aus 18 Teilen.

Beginne mit all den Steinen, die du brauchst.

Die Kamera zeigt immer den gleichen Bildausschnitt.

Arbeite vor einfachem Hintergrund, damit sich dein Modell abhebt.

Nimm das Modell immer aus demselben Blickwinkel auf.

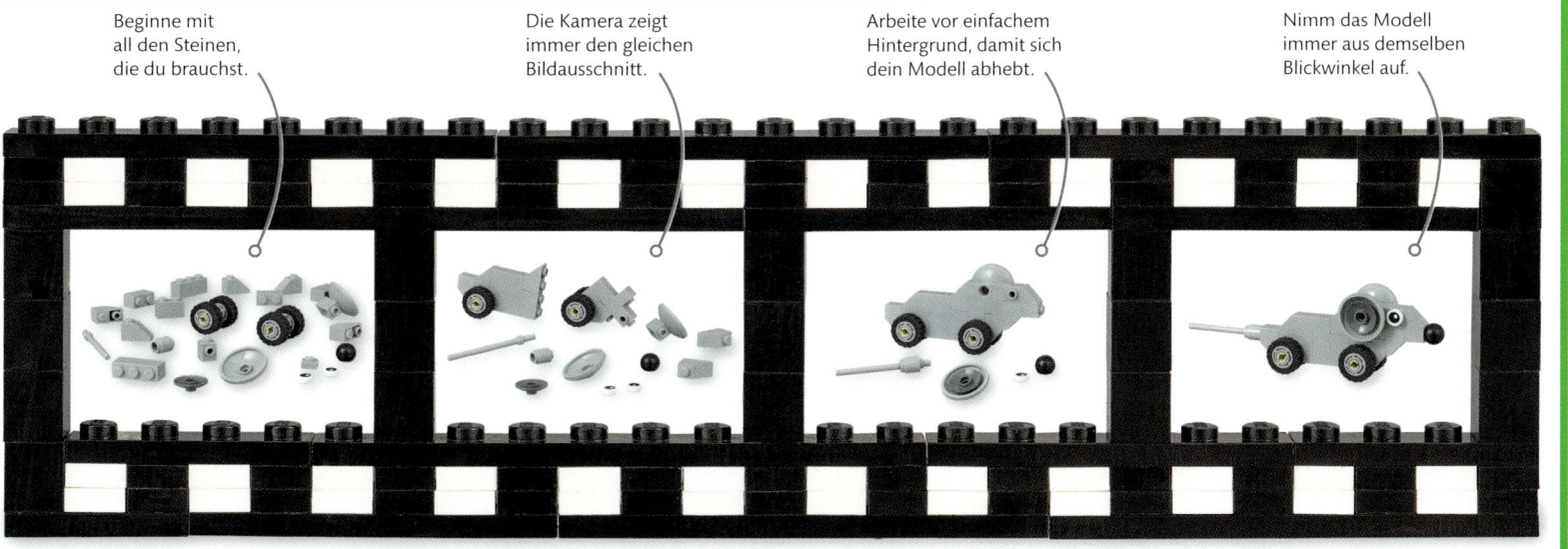

Mache ein Zeitraffervideo von deiner Baukunst

Tipps für tolle LEGO Fotos findest du auf S. 42.

117 Bauen unterwegs

Auf Reisen verfliegt die Zeit schneller, wenn du eine LEGO Reisebox mitnimmst. Du brauchst nichts weiter als eine Box mit fest schließendem Deckel, eine Auswahl Steine und selbst gebastelte Modellkarten. Baue doch mal gegen die Zeit!

Eine Handvoll Steine lassen sich hundertfach verbinden.

Baue relativ klein und einfach.

Baue mit deinen Steinen die Modelle auf deinen Karten nach.

Nimm zwei von jedem Stein mit – so kannst du mit einem Freund spielen.

Baue einen Fotohalter

Willst du deine Fotos stilvoll zeigen? Baue dir doch einen LEGO Fotohalter! Dieser hier hat eine einfache Klemme, die das Foto hält, ohne es zu beschädigen.

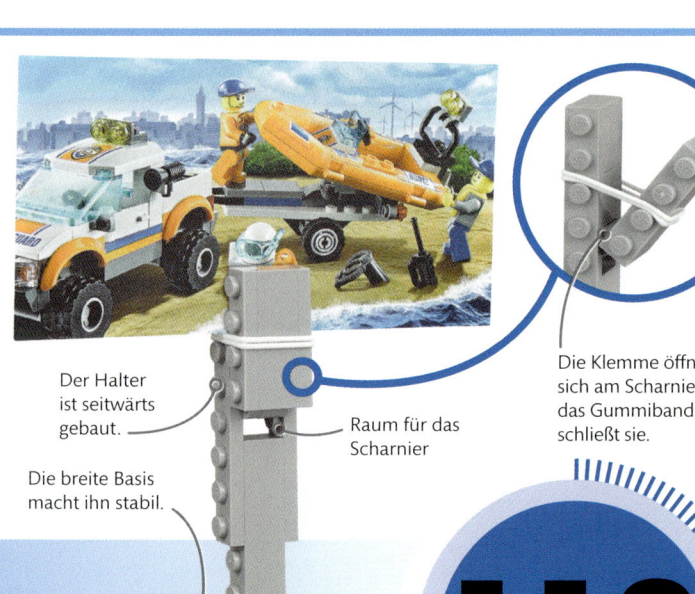

Der Halter ist seitwärts gebaut.

Raum für das Scharnier

Die breite Basis macht ihn stabil.

Die Klemme öffnet sich am Scharnier, das Gummiband schließt sie.

118

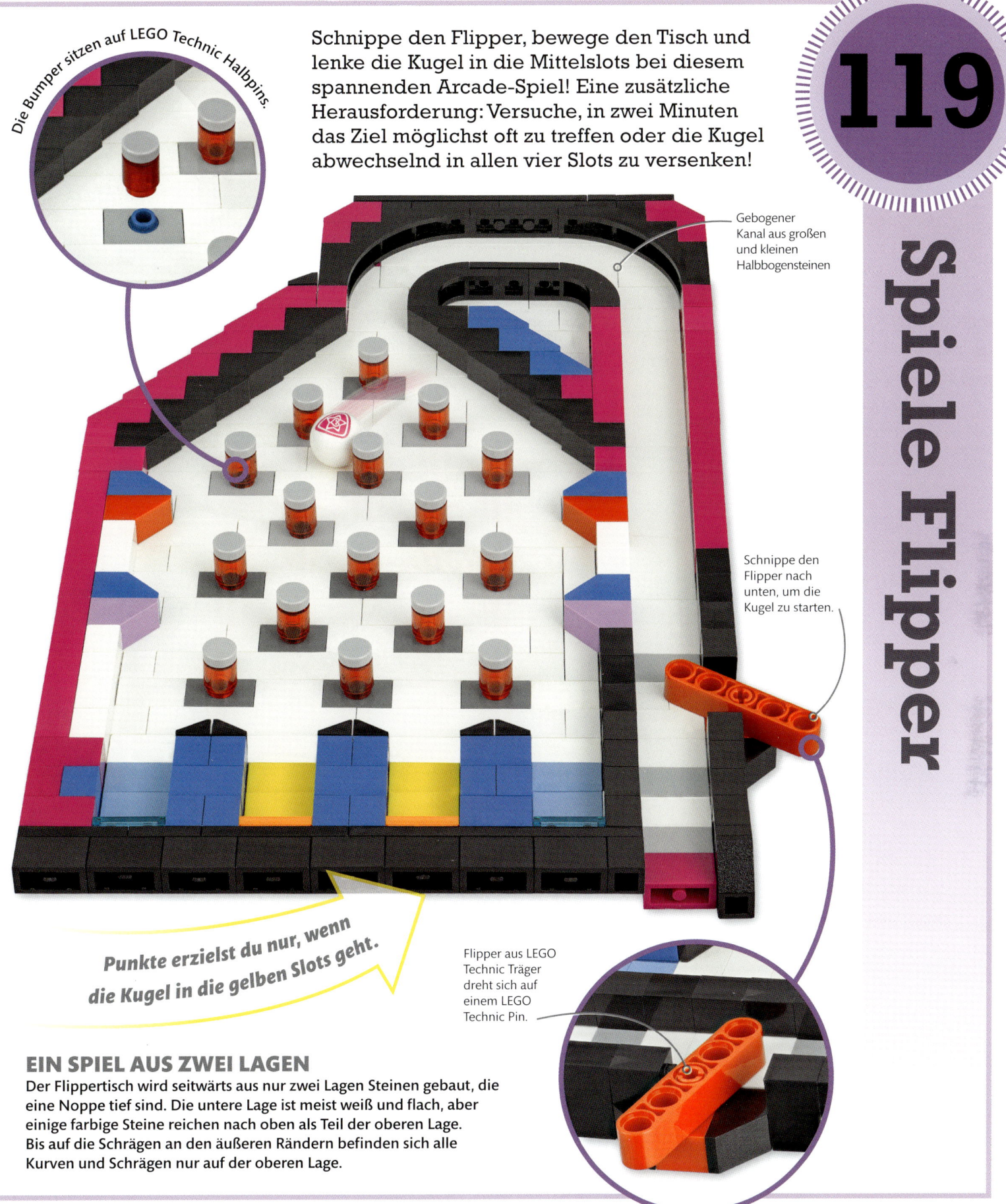

Die Bumper sitzen auf LEGO Technic Halbpins.

Schnippe den Flipper, bewege den Tisch und lenke die Kugel in die Mittelslots bei diesem spannenden Arcade-Spiel! Eine zusätzliche Herausforderung: Versuche, in zwei Minuten das Ziel möglichst oft zu treffen oder die Kugel abwechselnd in allen vier Slots zu versenken!

119

Spiele Flipper

Gebogener Kanal aus großen und kleinen Halbbogensteinen

Schnippe den Flipper nach unten, um die Kugel zu starten.

Punkte erzielst du nur, wenn die Kugel in die gelben Slots geht.

Flipper aus LEGO Technic Träger dreht sich auf einem LEGO Technic Pin.

EIN SPIEL AUS ZWEI LAGEN

Der Flippertisch wird seitwärts aus nur zwei Lagen Steinen gebaut, die eine Noppe tief sind. Die untere Lage ist meist weiß und flach, aber einige farbige Steine reichen nach oben als Teil der oberen Lage. Bis auf die Schrägen an den äußeren Rändern befinden sich alle Kurven und Schrägen nur auf der oberen Lage.

Baue einen Esstischzug

Alles einsteigen! Dieser Zug fährt um den Esstisch und hält an allen Stationen – an Besteck, Gewürzen, Servietten und Vorlegelöffeln! Er bildet eine tolle Dekoration auf einem Gleis um die Tischmitte – du könntest sogar einen Elektromotor einbauen!

Zugpuffer mit Magnetkupplungen

Mit kleinen schwarzen Steinen und Platten sind Zahlen in die Seiten der Waggons eingebaut.

LEGO Technic Pins und ein langer Träger verbinden die Lokräder.

Die Zugräder sitzen auf Fahrgestellplatten.

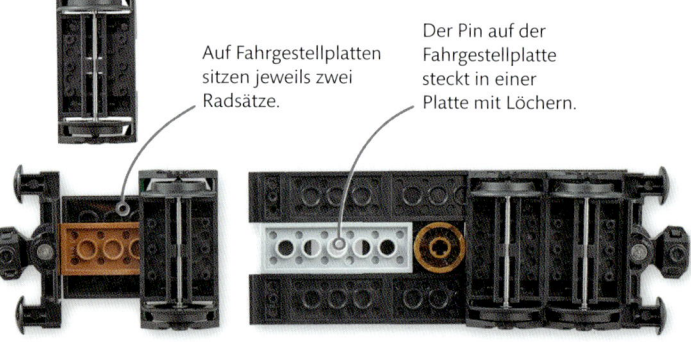

Auf Fahrgestellplatten sitzen jeweils zwei Radsätze.

Der Pin auf der Fahrgestellplatte steckt in einer Platte mit Löchern.

Unterseite des Waggons

MIT VOLLDAMPF VORAUS

Selbst wenn du keine Zugräder und Gleise hast, kannst du einen LEGO Zug bauen! Große Autoräder ohne ihre Reifen und sogar LEGO Technic Zahnräder ergeben Zugräder, die ohne ein Gleis laufen, und glatte Kacheln oder Platten mit Schienen kannst du dafür verwenden, gerade Gleise zu bauen.

DER SPEZIALSTEIN

Fahrgestellplatten sind 4x6-Platten mit Pin, an denen Zugräder auf gebogenen Gleisen laufen.

120

SO WIRD GESPIELT

1 Der erste Spieler legt einen Stein ans flache Ende des Bretts, sodass er leicht übersteht, und schnippt ihn übers Brett.

2 Derselbe Spieler wiederholt dies mit vier weiteren Steinen.

3 Der Spieler erzielt einen Punkt für jeden Stein, der auf einer Farbe und nicht auf einer weißen Linie landet.

4 Die Steine werden eingesammelt und der nächste Spieler wiederholt die obigen Schritte. Sieger ist der Spieler mit den meisten Punkten nach drei Runden.

121

Die Waggons könnten verschiedene Dinge auf dem Tisch verteilen.

Das rote Licht zeigt das Waggonende an.

122 Baue ein Muster

Überall siehst du Muster – an Wänden, Fußböden, Kleidern und Kissen! Merke dir, wie sich Farben und Formen wiederholen, und baue dann neue Muster mit den Techniken, die du gesehen hast.

Dieses Schottenmuster sieht auf allen Seiten gleich aus.

Im Aztekenmuster bilden Klauenelemente Kurven.

Dieses Spiel ist leicht zu erlernen, aber schwer zu beherrschen! Die Spieler lassen ihre Spielsteine übers Brett gleiten, um sie in verschiedenfarbige Abschnitte zu bringen. Landen sie auf einem Farbstreifen, gibt es einen Punkt. Landen sie auf einer weißen Linie, gibt es keinen!

Gebogene Elemente bilden die hintere Begrenzung.

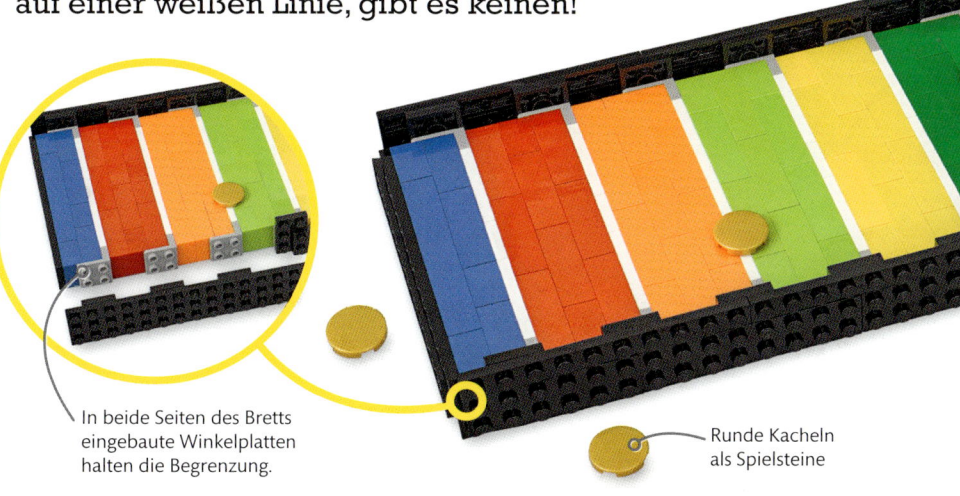

In beide Seiten des Bretts eingebaute Winkelplatten halten die Begrenzung.

Runde Kacheln als Spielsteine

Die Begrenzungen sorgen dafür, dass die Spielsteine auf dem Brett bleiben.

BAU DES BRETTS
Das Shuffleboard wird als hohe Steinwand gebaut und für das Spiel auf die Seite gelegt. Ein kleineres Brett oder eines mit weniger Farbfeldern vereinfacht das Spiel, macht es aber weniger spannend!

Baue ein buntes Shuffleboard-Spielbrett

123 Der Trick mit der Zauberbox

WAS IST IN DER BOX?

Das Geheimnis sind zwei LEGO Technic Achsen an der kleinen Box, die in Steine mit Löchern in der größeren Box gleiten, wenn du sie auf bestimmte Weise neigst. So sind beide Boxen verbunden – bis du sie andersherum neigst!

Griff aus Eckpaneel-elementen

Jede Achse passt in zwei Lagen von Löcher-steinen.

Die orange-farbenen Quadrate zeigen an, welche Boxenden sich verhaken.

Eine dritte Steinlage verhindert, dass die Achsen in die falsche Richtung gleiten.

Richte die orange-farbenen Ecken aus, wenn du die kleine Box hineinsteckst.

Werden die Boxen nach unten geneigt, gleiten die Achsen in die Steine mit Löchern und verhaken die Boxen.

Die Achsen gleiten beim Neigen der Boxen ein und aus.

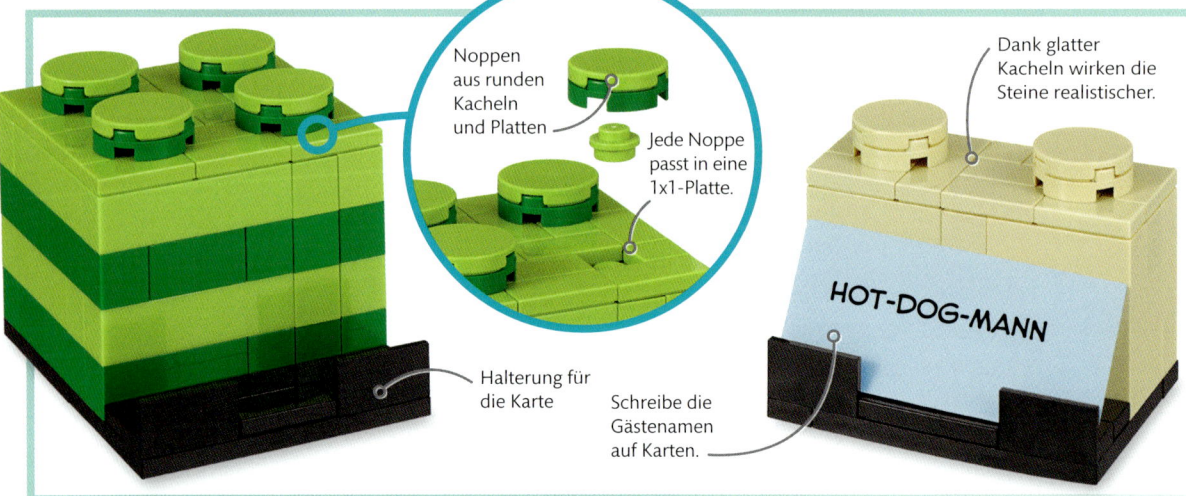

Noppen aus runden Kacheln und Platten

Jede Noppe passt in eine 1x1-Platte.

Halterung für die Karte

Schreibe die Gästenamen auf Karten.

HOT-DOG-MANN

Dank glatter Kacheln wirken die Steine realistischer.

Dank dieser coolen Tischkartenhalter musst du nicht raten, wer zum Essen kommt! Jeder Halter sieht wie ein riesiger LEGO Stein aus und hat vorn einen Ständer für ein Namensschild.

Ein elegant gedeckter Tisch

124

Verblüffe deine Freunde und deine Familie mit diesen Zauberboxen! Neigst du die orangefarbenen Ecken nach unten, kann niemand die kleinere Box aus der größeren herausholen. Schwenke sie zurück und lass die orangefarbenen Ecken nach oben zeigen – nun gleiten die Zauberboxen leicht auseinander! Du könntest sogar abstoppen, wer das Rätsel in kürzester Zeit lösen kann.

ICH MUSS DAS GEHEIMNIS DER BOX LÜFTEN!

Ein Ententeich

125

Erschaffe eine Wasserlandschaft für zu Hause, ohne nass zu werden! Ein Teich ist leicht zu bauen. Dann musst du nur noch Tiere und Pflanzen für eine coole Szene hinzufügen.

Rohrkolben aus Kegeln und Stangen

Das Wasser wird seitwärts aus Dachsteinen gebaut.

Die Seerose wird verkehrt herum von einer Platte mit Pin aus gebaut.

Baue ein Steinie

126

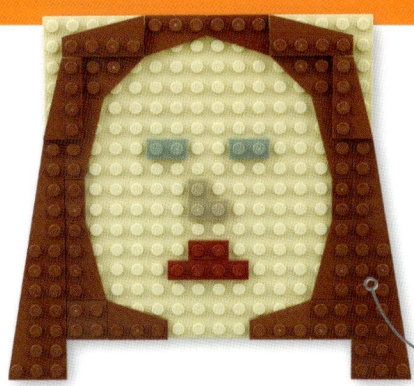

Selfies machst du in einer Sekunde, aber wie rasch baust du ein Steinie? Baue mit deinen Freunden LEGO Selbstporträts in zehn Minuten und vergleicht dann eure Gesichter!

Dachsteine bilden eine realistische Frisur an diesem detailreichen Steinie – das dauert aber länger als zehn Minuten!

Gesichtsdetails sitzen auf Steinen mit Seitennoppen.

Baue ein simples Steinie aus verschieden großen Platten.

Baue ein Gesicht, das zu deiner Laune passt. S. 22.

Immer kleiner bauen

Ein größerer Baum wirkt toll mit vielen Dachsteinen, doch ein kleinerer benötigt nicht so viele Details.

Miniaturbaum aus nur drei Teilen

Trophäenelement wirkt wie Miniversion der Minifigur.

Wie unterschiedlich groß kann ein Objekt dargestellt werden? Teste deine Geschicklichkeit und baue eines deiner LEGO Modelle mit weniger Steinen nach. Wenn du noch erkennst, was es ist, baust du weiter, bis du immer kleinere Modelle erhältst!

Der größte Hund hat samt weißem Halsband 16 Teile.

Jeder Hund ist andersfarbig, besitzt aber die wichtigen Formen des größeren Hundes.

Der keinste Hund besteht aus nur drei Teilen, ist aber am weißen Halsband zu erkennen.

Die echte Sphinx ist in Ägypten zu finden.

Erlebe die Welt durch deine LEGO Sammlung – baue Souvenirs von den schönsten Orten, an denen du warst, und von denen, wo du gern hinreisen würdest. Baue anhand von Bildern aus den besten LEGO Steinen das typische Aussehen jeder Sehenswürdigkeit nach.

Das Kuppelelement wirkt wie der runde Turm des echten Gebäudes.

Glatte Kacheln und schwarze Ränder als elegante Schaubasis.

Füße aus kleinen Halbbogensteinen

Im Tower von London befinden sich die britischen Kronjuwelen.

Kacheln bedecken alle Noppen am fertigen Modell.

Baue ein Feriensouvenir

129 Erzwungene Perspektive

Weit entfernter Dampfer aus nur zwei kleinen Teilen

Ferner Gebirgszug aus dunkelgrauen Steinen

Die Häuser sind kleiner als die Berge, wirken aber größer, da sie näher sind.

Diese Minifigur scheint die Szene von hoch oben zu betrachten.

Deine Modelle wirken viel größer, als sie sind, wenn du einige Teile kleiner machst! Die erzwungene Perspektive erzeugt ein Gefühl von Tiefe, weil größere Dinge im Vordergrund und kleinere weiter weg stehen. Für das Auge haben alle Objekte den gleichen Maßstab und daher nimmt es an, dass die kleinen Objekte sehr weit weg sein müssen!

Die Minifigur ist nur einen Stein höher als die Szene!

FOTOFINISH

Szenen mit erzwungener Perspektive wirken nur, wenn du sie aus der richtigen Richtung betrachtest – ganz toll sehen sie aus, wenn du sie sorgfältig fotografierst. Mache Fotos von deinen Modellen aus dem idealen Blickwinkel – für eine Galerie deiner besten optischen Täuschungen!

BAUMEISTER-TIPP

Minifiguren im Vordergrund deiner Szenen mit erzwungener Perspektive vermitteln sofort ein Gefühl von Tiefe.

Erzeuge mit transparenten Teilen eine andere Art von Illusion!

Die nähere Hälfte des Tennisplatzes bildet zwei Drittel des Modells.

Das kleine Zaunelement als Netz ist nur fünf Noppen vom hinteren Ende entfernt.

Anderer Spieler aus kleinem Trophäenelement

Das Modell ist an diesem Ende viel breiter als am anderen.

Diese Minifigur springt nach dem Ball.

Kleine runde Platte als Tennisball in der Luft

Der Spieler auf der anderen Seite wirkt sehr weit weg.

Andere optische Täuschungen baust du auf S. 34–35.

130 Baue bunte Zahlen

Von Glückszahlen bis zu Geburtstagen – es lohnt sich immer, sich an manche Zahlen zu erinnern. Statt sie nur aufzuschreiben, könntest du sie auch bauen! Stelle sie für bedeutsame Daten auf, erinnere dich damit an wichtige Zahlen oder mische sie für Matherätsel!

Zahlen in Regenbogenfarben

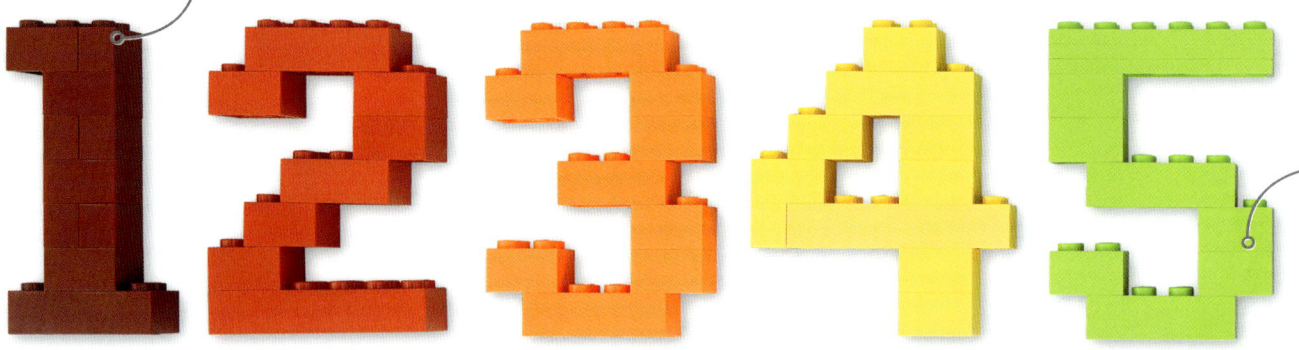

Aus Steinen gebaute Zahlen können flach liegen oder auf einer Basisplatte stehen.

BAUMEISTER-TIPP

Wenn du dir einen Bucheinband ausdenkst, dann zeichne deine Idee zuerst auf Papier, bevor du den Einband baust.

Ein gutes Buch vermittelt dir geistige Bilder – baue sie doch mal aus LEGO Steinen! Überlege, was du auf den Einband deines Lieblingsbuchs bauen würdest – andere Leute sollten sich vorstellen können, worum es darin geht. Baue eine flache Szene auf eine Basisplatte oder gestalte sie in 3-D!

131 Baue einen Bucheinband

Du könntest ein Buch erfinden – dieses handelt von einem New Yorker Taxifahrer!

Den 3-D-Effekt erzeugen Teile, die auf Steinen sitzen, die aus dem Hintergrund herausragen.

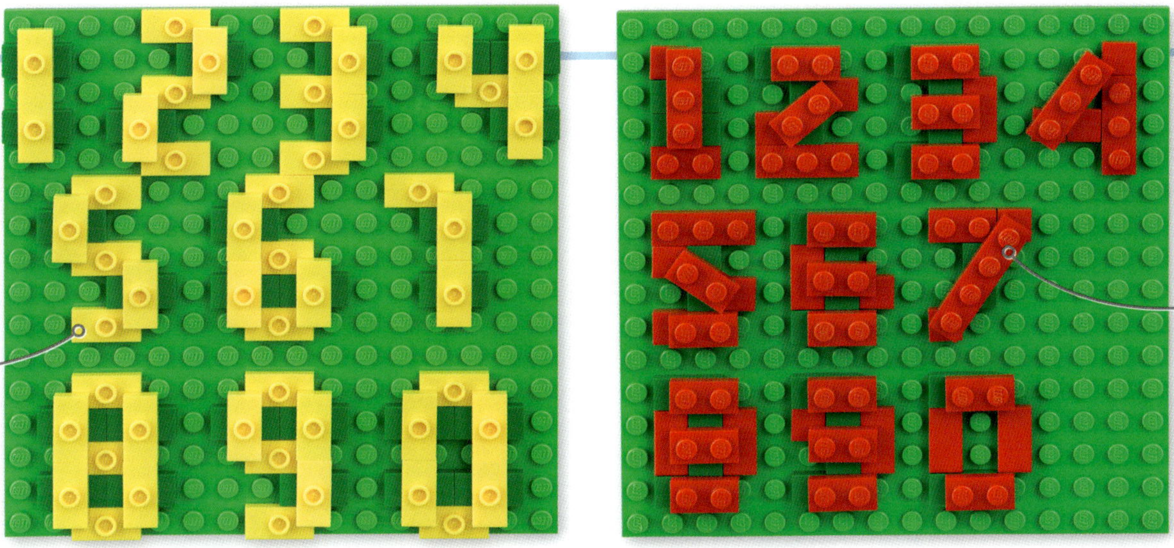
1 2 3 4
5 6 7
8 9 0
1 2 3 4
5 6 7
8 9 0

Diese Zahlen bestehen nur aus grünen und gelben Steckerplatten.

Abgeschrägte Teile der Zahlen sitzen auf darunter befindlichen Steckerplatten.

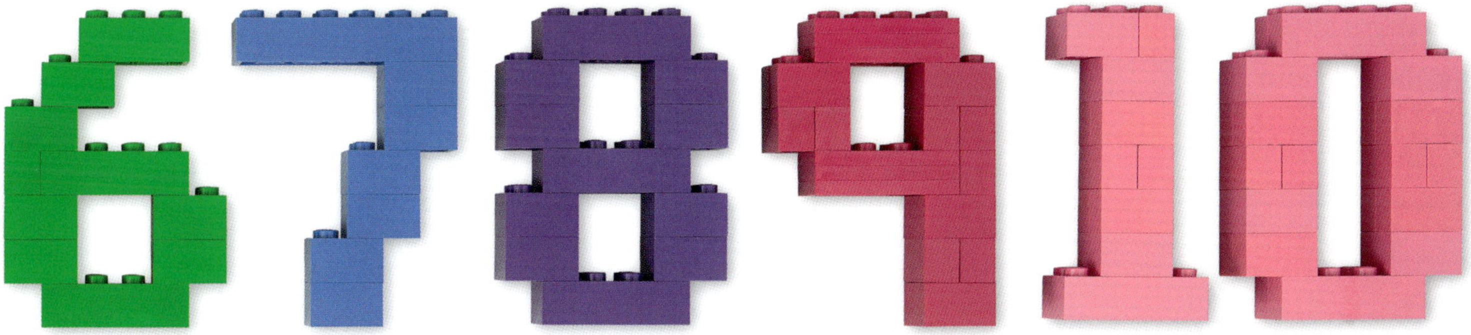
6 7 8 9 10

Veranstalte eine Preisverleihung

132

Wenn du schon einige Spiele dieses Buchs gespielt hast, könntest du (oder ein Freund) einen Preis bekommen! Dieser klassisch geformte Pokal sollte unbedingt bei einer echten Zeremonie verliehen werden. Du könntest ihn auch jemandem geben, der etwas am besten kann.

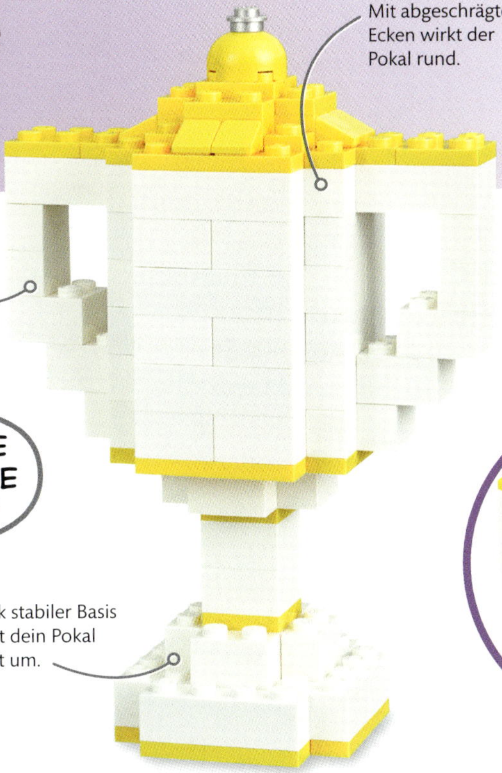

Mit abgeschrägten Ecken wirkt der Pokal rund.

An zwei starken Henkeln lässt sich der Pokal hochheben.

Dank stabiler Basis kippt dein Pokal nicht um.

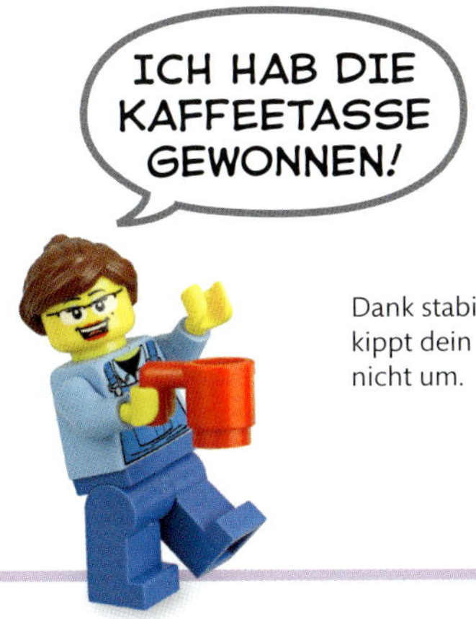
ICH HAB DIE KAFFEETASSE GEWONNEN!

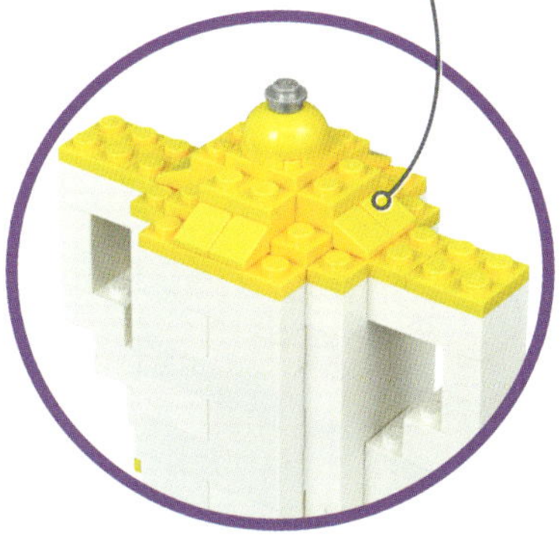

Deckel aus Kuppelstein, umgeben von Dachsteinen

133 Baue eine Sonnenuhr

SCHON NACH 17 UHR – ZEIT FÜR EINEN SNACK!

Eine LEGO Sonnenuhr zeigt die Zeit an. Sie sieht wie eine normale Uhr aus, hat aber einen Zeiger auf 12 Uhr. Stelle sie zu Beginn einer Stunde in die Sonne und richte den Schatten auf die richtige Zeit aus. Überprüfe tagsüber regelmäßig die Zeit!

Um 11 Uhr steht der Schatten hier.

Diese Markierung liegt um 15 Uhr im Schatten.

Der lange Schatten zeigt an, dass es kurz nach 17 Uhr ist.

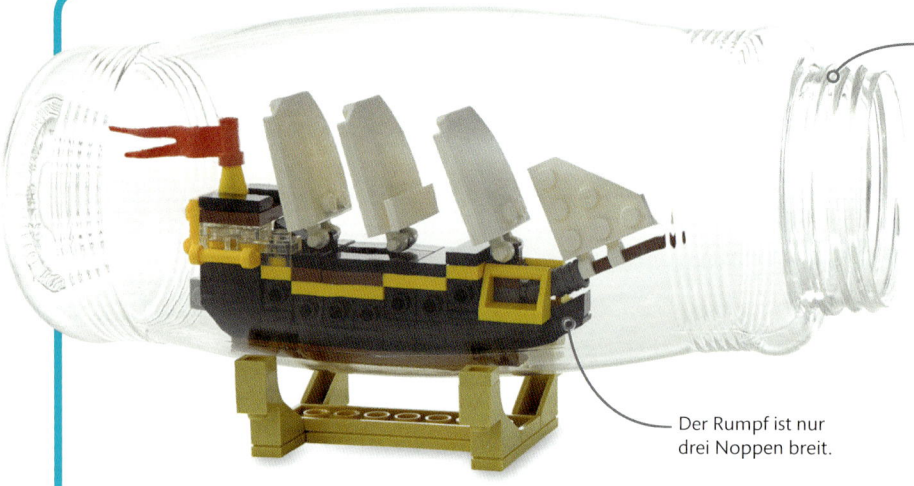

Nimm eine Flasche, deren Hals groß genug für den Rumpf ist, aber zu klein für aufgestellte Segel.

Der Rumpf ist nur drei Noppen breit.

SEGEL SETZEN

Damit das Schiff in die Flasche passt, befestigst du die Segel an Klemmen, damit sie sich vor- oder seitwärts falten lassen. Mit gefalteten Segeln soll das Schiff durch den Flaschenhals passen. Sobald es in der Flasche ist, richtest du die Segel mit einer Stange behutsam auf.

Diese Segel falten sich nach vorn.

Falte das Segel erst auf die Seite.

Die Stangen an den Segeln sitzen in Klemmen an Deck.

Ständer aus umgedrehten Halbbogensteinen

Wie gelangt dieses LEGO Schiff in die Flasche hinein? Es scheint unmöglich zu sein, doch die Lösung liegt in den Segeln! Seit Jahrhunderten bauen Seeleute Buddelschiffe. Jeder ordentliche Pirat hat eines!

134 Baue ein Buddelschiff

135 Setze den Kopf auf die Minifigur

Dies ist ein klassisches Partyspiel als LEGO Version! Die Spieler versuchen abwechselnd mit verbundenen Augen den Kopf auf die Minifigur zu stecken. Ihr lacht euch garantiert schief!

DER SPEZIALSTEIN

Baue mit Winkelplatten interessante Formen. Zwei 2x4-Winkelplatten bilden die Arme der Minifigur.

LEGO Technic Halbpins durchstecken und auf der anderen Seite die Augen befestigen

Ein seitwärts angebauter Lampenstein ermöglicht es, den Kopf aufzustecken.

Der Körper besitzt eine lange Halsnoppe wie echte Minifiguren.

Die Platten für die Minifigurenform und den weißen Hintergrund sitzen auf zwei Basisplatten darunter.

SUCHE DIE RICHTIGEN NOPPEN

Der Körper hat oben liegende Noppen, sodass der Kopf überall befestigt werden kann. Je größer der Hintergrund ist, desto wahrscheinlicher ist es, dass Spieler mit verbundenen Augen den Kopf an der völlig falschen Stelle befestigen werden.

136 Errate die Minifigur

Kannst du Minifiguren nur durch Tasten erraten? Lege zehn Minifiguren in einen Stoffbeutel und gib deinen Freunden jeweils eine Minute, die Minifiguren durch den Stoff abzutasten. Sieger ist, wer die meisten Minifiguren richtig errät!

Nimm Minifiguren mit markanten Teilen.

Küchengeräteblock

Baue höhere Abteile für die längsten Utensilien.

EIN ESSLÖFFEL MEHL ... DAS WIRD SCHWER ZU HEBEN!

Kacheln als glatter Abschluss oben

Basis aus zwei Platten

DER PERFEKTE BLOCK

Gestalte deinen Küchenblock in einer zur Küche passenden Farbe. Lass dir vor dem Bauen ein paar sichere Utensilien geben, um zu sehen, wie groß und hoch der Block werden muss. Haben alle Utensilien etwa die gleiche Größe, brauchst du nur ein großes Fach zu bauen.

137

Dieser praktische Block bietet auch in der kleinsten Küche Platz für große Küchenutensilien! Es gibt vier verschieden hohe Fächer für längere und kürzere Dinge sowie kleine Löcher am Boden, damit sich innen keine Krümel sammeln. Jeder angehende Koch freut sich über dieses Geschenk!

Die Form des Fensters bilden Halbbogensteine auf beiden Seiten der transparenten Steine.

Helle transparente Platten wechseln ab mit farbigen transparenten Steinen.

Baue in LEGO Modelle bunte Lichteffekte mit Buntglasfenstern ein! Es gibt viele Möglichkeiten, verschiedene transparente Steine und interessante Gitterelemente zu verwenden. Die besten Effekte ergeben aber mehrere Farben gleichzeitig. Halte deine fertigen Fenster gegen das Licht – sie glühen richtig!

138

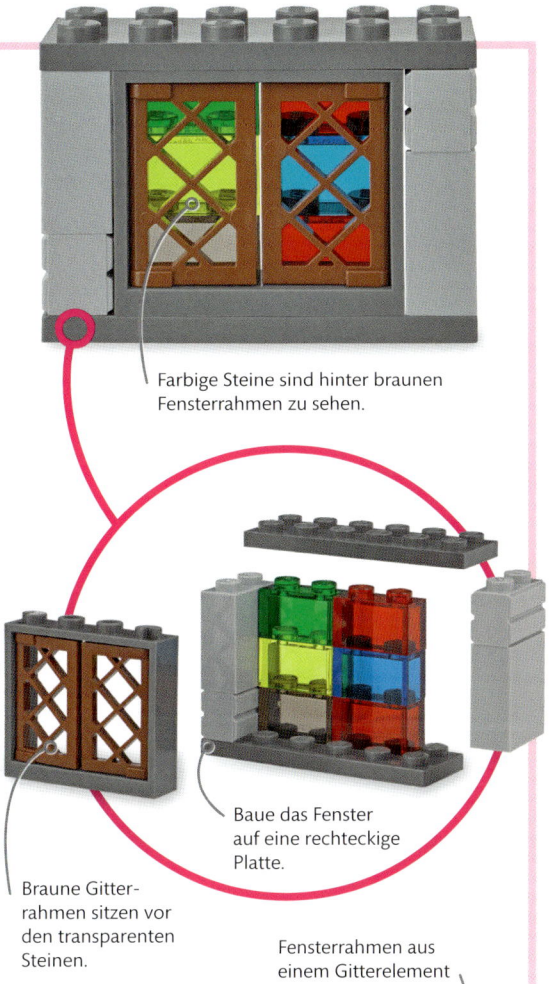

Farbige Steine sind hinter braunen Fensterrahmen zu sehen.

Baue das Fenster auf eine rechteckige Platte.

Braune Gitterrahmen sitzen vor den transparenten Steinen.

Fensterrahmen aus einem Gitterelement

Das Gitter auf Steinen mit Seitennoppen lässt sich in eine größere Wand einbauen.

Schnell sortieren

139

Jeder Spieler bekommt einen Becher voll beliebiger Steine. Bestimme, wie sie zu sortieren sind – nach Farbe, Größe oder Art. Sieger ist, wer seine Steine zuerst sortiert hat! Für faire Spiele werden die Becher nach jeder Runde ausgetauscht. Stoppt die Zeit und haltet sie auf einem Siegerbrett fest!

Gib gemischte Steine in drei Becher zum Sortieren.

Diese Steine wurden nach Art sortiert.

Wie du ein Filtergerät für deine kleinsten LEGO Elemente baust, erfährst du auf S. 50.

Transparente Platten stecken in der Gitterunterseite und bilden ein Muster.

ES WERDE LICHT
Wenn du ein Gebäude mit Buntglasfenster baust, lässt du die Rückwand offen, damit Licht von hinten durchscheint. Oder baue einen LEGO Lichtstein in das Gebäude, der mit seinem warmen Glühen das ganze Modell zum Leben erweckt.

Baue ein Buntglasfenster

140 Baue deinen eigenen Zoo

Vögel sitzen gern auf dem Rücken großer Tiere und picken das Ungeziefer ab!

Alte Knochen verzieren das hölzerne Tor.

Strohlager aus gelben Platten

Zahnelemente als tolle Hörner

BEOBACHTE WILDTIERE

Überlege, wie groß deine Tiere neben den Minifiguren sein sollten. Verwende ungewöhnlich geformte Elemente und Seitwärtsbauweise für realistische, typische Tiere. Scharnierelemente erzeugen Bewegung und natürliche Winkel wie den geneigten Kopf des Nashorns.

Nur der Zoowärter darf auf dieser Seite der Sperre sein.

Die Pinguinaugen sind Seitennoppen.

Der Pinguinkopf ohne Körper wirkt, als ob der Pinguin im Wasser wäre.

Im Internet oder in Büchern erfährst du mehr über die Lebensweise von Tieren. Baue deine Gehege entsprechend.

Modelle deiner Lieblingstiere kannst du in deinem eigenen LEGO Zoo zeigen. Denke über ihre Lebensbedingungen nach und baue ein Gehege für jedes Tier. Bitte deine Freunde, ihre eigenen Lieblinge zu bauen, und bringt sie dann alle in einem großen Wildtierpark zusammen!

Gorillaohren aus Steinen mit Seitennoppen

Schultern aus Halbbogenelementen

HUCH!

Braune runde Platten als Kot

Eine Pinguinparade findest du auf S. 246.

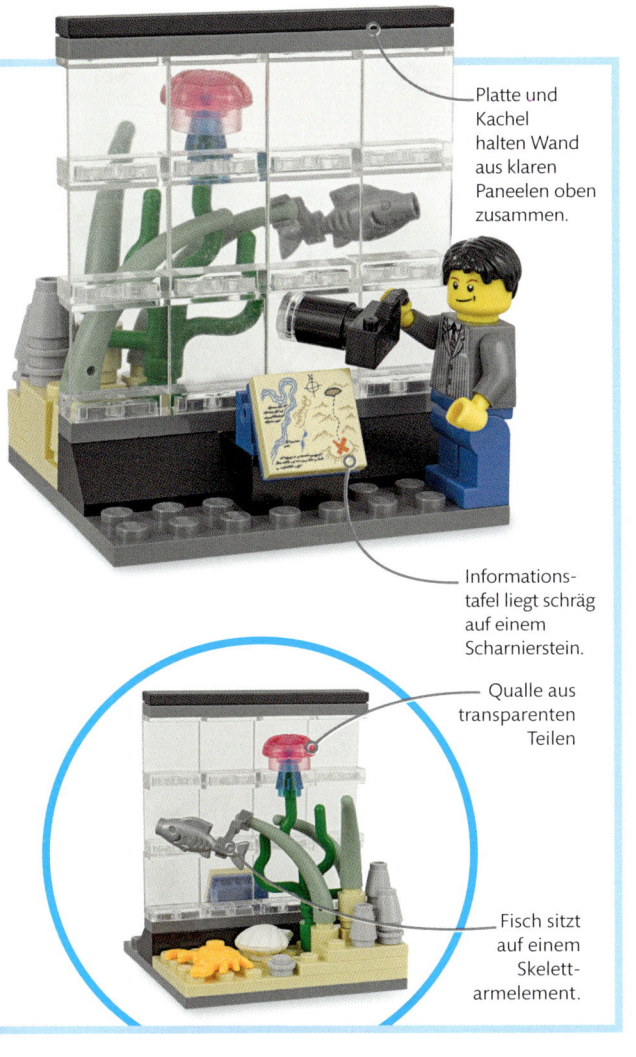

Platte und Kachel halten Wand aus klaren Paneelen oben zusammen.

Informationstafel liegt schräg auf einem Scharnierstein.

Qualle aus transparenten Teilen

Fisch sitzt auf einem Skelettarmelement.

Spiele Kugeln-ins-Loch

142

Bringe alle fünf Kugeln in ihre farbig markierten Löcher – nur durch Neigen der Box. Noch schwieriger ist ein Spiel gegen die Zeit!

Runde Elemente aus LEGO® NINJAGO® Sets

Kugeln laufen auf glatten Kacheln.

Baue so hohe Seiten, dass die Kugeln nicht herausfallen.

Beginne mit der eckigen Basisplatte.

Verwende deine transparenten Elemente für Neonschilder. Baue ein Bild nur aus transparenten und schwarzen Elementen. Stelle das fertige Schild vor eine Taschenlampe, um zu sehen, wie es leuchtet!

Bild, das eine Noppe tief ist

Transparente Platten bilden eine Kaffeetasse mit Untertasse.

Vor schwarzen Steinen heben sich Farben ab.

Eiskugeln aus transparenten Radarschüsseln

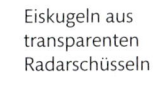

Eiswaffel aus transparenten runden Steinen

141

Baue ein Schild, das leuchtet

143 Baue eine bildschöne Staffelei

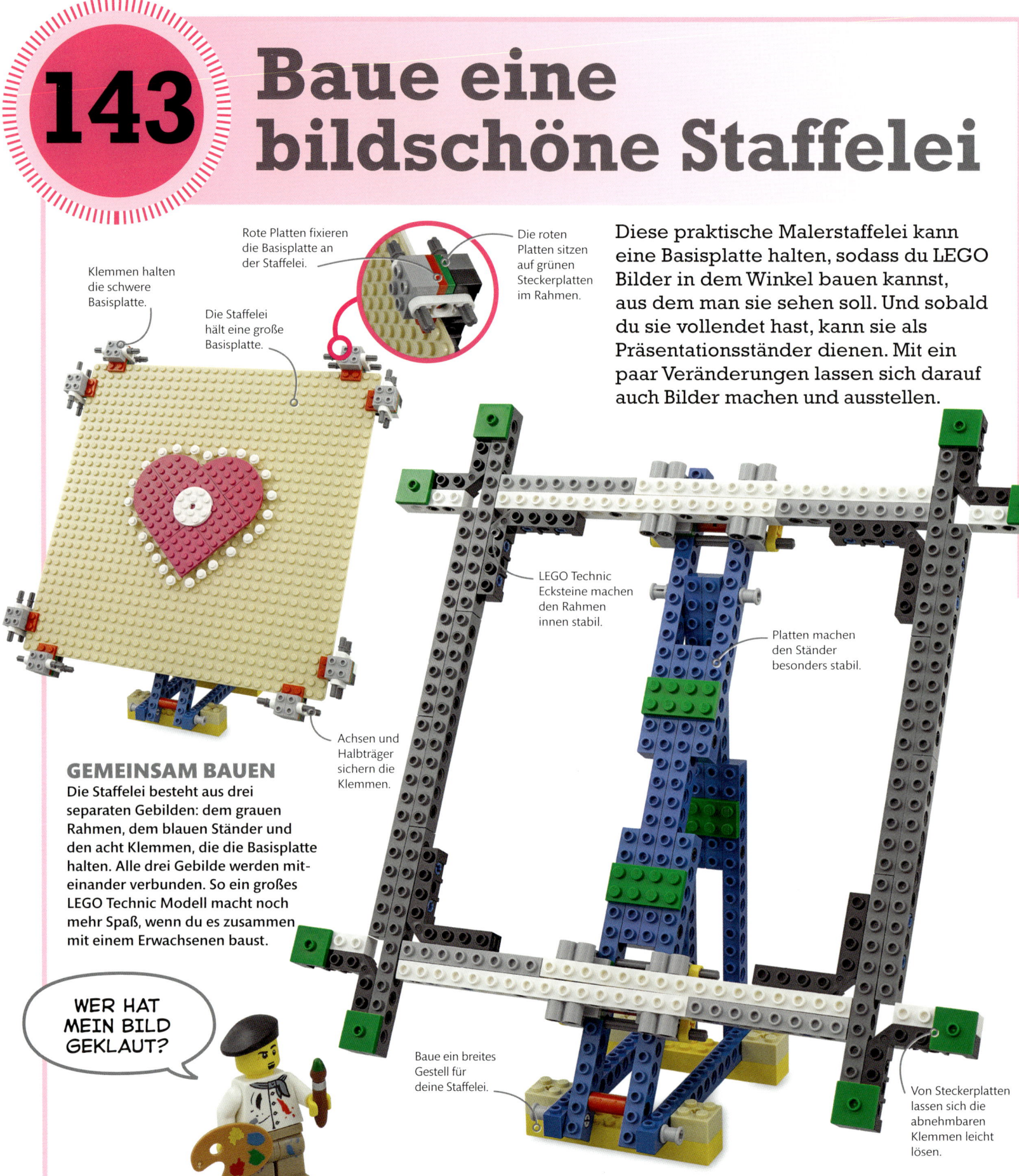

Klemmen halten die schwere Basisplatte.

Rote Platten fixieren die Basisplatte an der Staffelei.

Die Staffelei hält eine große Basisplatte.

Die roten Platten sitzen auf grünen Steckerplatten im Rahmen.

Diese praktische Malerstaffelei kann eine Basisplatte halten, sodass du LEGO Bilder in dem Winkel bauen kannst, aus dem man sie sehen soll. Und sobald du sie vollendet hast, kann sie als Präsentationsständer dienen. Mit ein paar Veränderungen lassen sich darauf auch Bilder machen und ausstellen.

LEGO Technic Ecksteine machen den Rahmen innen stabil.

Platten machen den Ständer besonders stabil.

Achsen und Halbträger sichern die Klemmen.

GEMEINSAM BAUEN
Die Staffelei besteht aus drei separaten Gebilden: dem grauen Rahmen, dem blauen Ständer und den acht Klemmen, die die Basisplatte halten. Alle drei Gebilde werden miteinander verbunden. So ein großes LEGO Technic Modell macht noch mehr Spaß, wenn du es zusammen mit einem Erwachsenen baust.

WER HAT MEIN BILD GEKLAUT?

Baue ein breites Gestell für deine Staffelei.

Von Steckerplatten lassen sich die abnehmbaren Klemmen leicht lösen.

Baue ein Untersetzerpuzzle

144

Dieses Puzzle ist leicht zu lösen – und ein cooler Trinkglasuntersetzer! Stelle eine Stoppuhr, um zu sehen, wie lange du brauchst, und setze die Teile so zusammen, dass gleichfarbige Kacheln sich nicht berühren. Belohne dich mit einem kalten Getränk und einem tollen Muster, auf dem es steht!

Mache die Randteile aus Eckplatten.

Die Basis mit erhöhtem Rand hält die Puzzleteile.

Baue das Puzzle so wie hier zusammen, wobei gleichfarbige Kacheln sich nicht berühren dürfen.

64 quadratische Kacheln bilden das karierte Muster.

Ein anderes Puzzlemuster baust du auf S. 234.

DER SPEZIALSTEIN

Kreuzblöcke sind sehr nützliche LEGO Technic Verbinder, die Elemente in zwei Richtungen verbinden.

EINEN STÄNDER BAUEN

Der Ständer für den Staffelei-rahmen wird als großes Dreieck gebaut, das LEGO Technic Pins zusammenhalten. Der Rahmen sitzt sicher auf dem Ständer und das Ganze steht auf einer breiten Basis, damit es nicht umkippt.

Der Rahmen ruht auf diesen glatten Kacheln, wenn er fixiert wird.

Der Ständerwinkel lässt sich durch Verschieben der oberen Pins verändern.

Verbinde Rahmen und Ständer, indem du Achsen durch die Kreuzblöcke steckst.

Der Ständer besteht aus langen LEGO Technic Steinen.

Fixiere die Achsen mit kleinen Halbträgern.

Verbinde die Dreiecks-seiten mit langen Pins, die Endbuchsen (graue runde Teile) sichern.

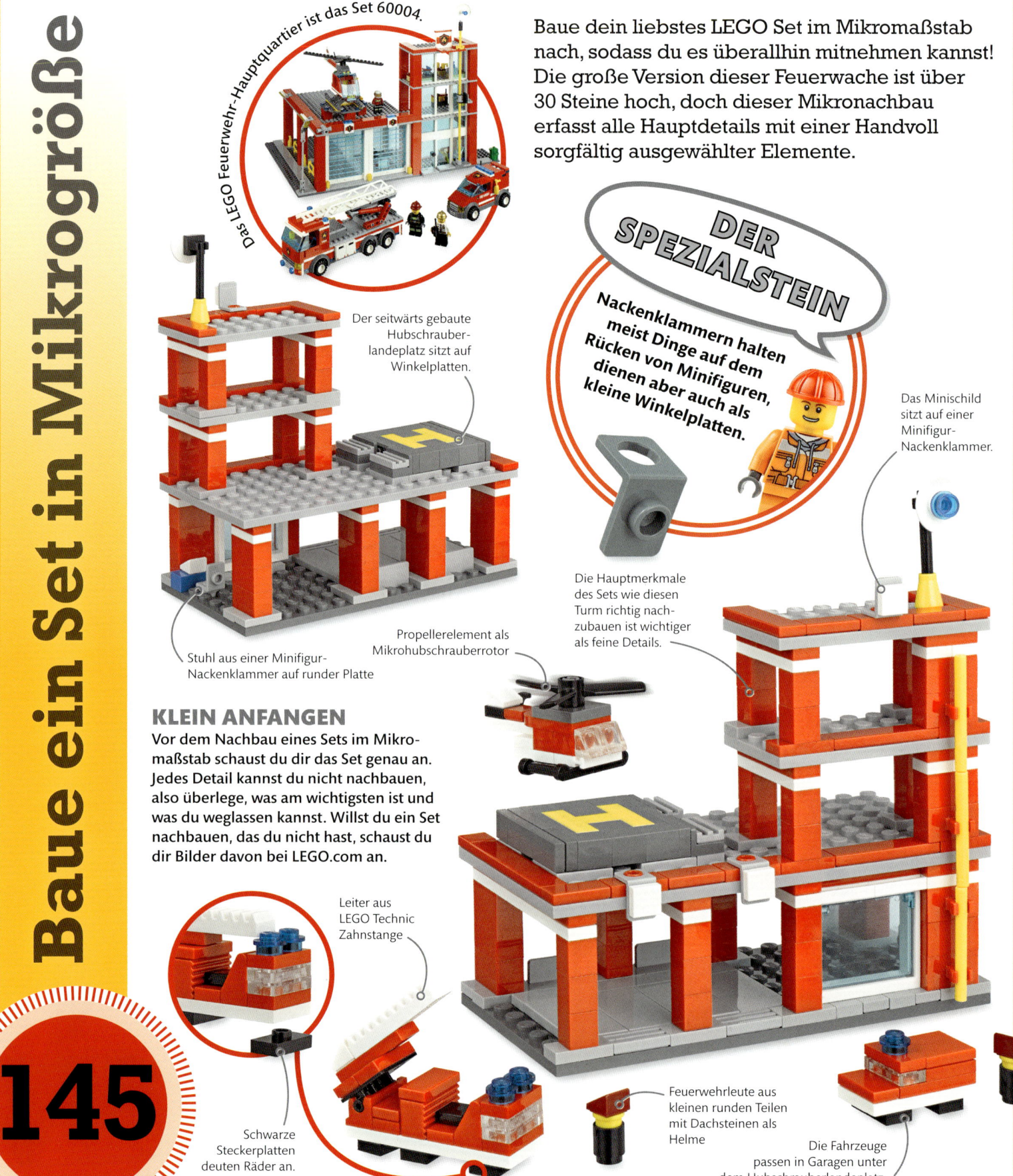

Baue ein Set in Mikrogröße

Das LEGO Feuerwehr-Hauptquartier ist das Set 60004.

Baue dein liebstes LEGO Set im Mikromaßstab nach, sodass du es überallhin mitnehmen kannst! Die große Version dieser Feuerwache ist über 30 Steine hoch, doch dieser Mikronachbau erfasst alle Hauptdetails mit einer Handvoll sorgfältig ausgewählter Elemente.

DER SPEZIALSTEIN

Nackenklammern halten meist Dinge auf dem Rücken von Minifiguren, dienen aber auch als kleine Winkelplatten.

Das Minischild sitzt auf einer Minifigur-Nackenklammer.

Der seitwärts gebaute Hubschrauber-landeplatz sitzt auf Winkelplatten.

Stuhl aus einer Minifigur-Nackenklammer auf runder Platte

Propellerelement als Mikrohubschrauberrotor

Die Hauptmerkmale des Sets wie diesen Turm richtig nach-zubauen ist wichtiger als feine Details.

KLEIN ANFANGEN

Vor dem Nachbau eines Sets im Mikro-maßstab schaust du dir das Set genau an. Jedes Detail kannst du nicht nachbauen, also überlege, was am wichtigsten ist und was du weglassen kannst. Willst du ein Set nachbauen, das du nicht hast, schaust du dir Bilder davon bei LEGO.com an.

Leiter aus LEGO Technic Zahnstange

Schwarze Steckerplatten deuten Räder an.

Feuerwehrleute aus kleinen runden Teilen mit Dachsteinen als Helme

Die Fahrzeuge passen in Garagen unter dem Hubschrauberlandeplatz.

145

Spiele eine Partie Solitär

146

Stürze dich in dieses klassische Strategie- und Geschicklichkeitsspiel für einen Spieler. Egal ob du ein rundes oder eckiges Spielbrett baust – du musst von Anfang an die richtigen Züge machen!

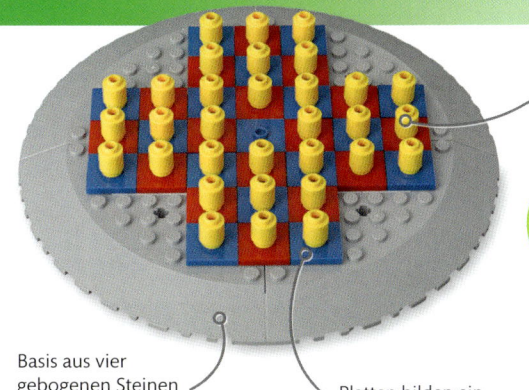

32 kleine runde Steine als Spielsteine

Basis aus vier gebogenen Steinen

Platten bilden ein kreuzförmiges Raster.

SO WIRD GESPIELT

1 Zu Beginn stehen alle 32 Stifte auf je einem Feld – außer in der Mitte. Springe mit einem Stift über einen anderen in ein leeres Feld (beim ersten Zug in die Mitte).

2 Stifte dürfen in jede Richtung springen, nur nicht diagonal, und bei jedem Zug nur über einen Stift. Der übersprungene Stift wird vom Brett genommen.

3 Ziel des Spiels ist es, die Stifte so zu ziehen, dass kein Stift auf einem Feld stehen bleibt, von dem er nicht über einen anderen springen kann. Du gewinnst, wenn nur noch ein Stift übrig ist. Wenn du das geschafft hast, spielst du gegen die Zeit – eine noch härtere Herausforderung!

Die in Abständen verteilten Stifte sind leicht zu greifen.

Lege in diesen Fächern die übersprungenen Stifte ab.

Glatte Kacheln wirken wie eine Wand aus vielfarbigen LEGO Steinen.

Kette sitzt an eingebauten Platten mit Stangen.

Jede runde 2x2-Platte sitzt auf 1x1-Platten, umgeben von Kacheln.

Mit Noppen wirkt dieser Anhänger wie ein klassischer LEGO Stein.

Der innen hohle Anhänger ist leicht.

Mit LEGO Kettenelementen baust du Anhänger für deine Tasche oder deinen Rucksack. Die hier sehen wie riesige LEGO Steine aus – aber deine können auch anders aussehen.

147 Baue einen Anhänger für deine Tasche

148 Modelle in Schwarz und Weiß bauen

Diese Modelle sehen wie Schwarz-Weiß-Fotos aus – und tatsächlich sind sie ganz und gar aus schwarzen, weißen und grauen Elementen gebaut! So kannst du mittels vieler Formen und Strukturen verblüffende Modelle bauen. Wer braucht denn schon Farben?

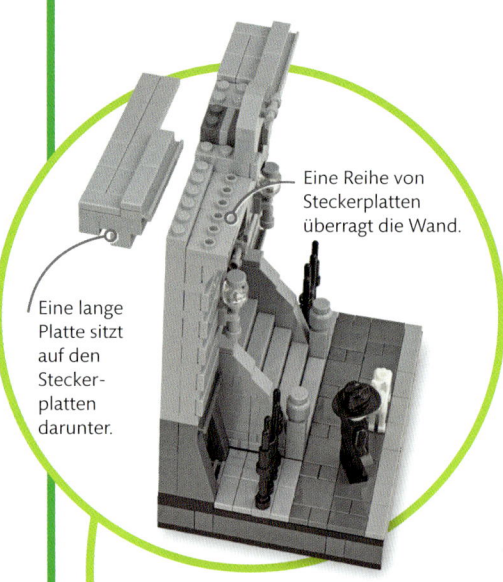

Eine Reihe von Steckerplatten überragt die Wand.

Eine lange Platte sitzt auf den Steckerplatten darunter.

Pilze gibt es in allen Formen und Größen.

Gras aus Fangzähnen und Kegeln

Die Schnecke hinterlässt eine weiße Spur.

Überstehende Steine bilden einen eleganten Abschluss.

Zaun aus schwarzen Flaggen und Fahnenmasten

Alle wickeln gern LEGO Geschenke aus – in diesem Gruppenspiel sind Steine zwischen jeder Lage Papier! Lass Musik laufen, während das Päckchen die Runde macht. Wenn die Musik stoppt, entfernt der Spieler, der das Päckchen gerade hat, eine Lage Geschenkpapier und holt die Steine heraus. Sobald alle Lagen abgewickelt sind, bauen die Spieler Modelle aus ihrer Lage Steine – oder aus mehreren Lagen, wenn sie Glück haben!

Päckchen weitergeben

150 Eier verschwinden lassen

Wie viele Eier siehst du hier im Gras? Wie viele im Modell ganz unten auf dieser Seite? Es ist ein und dasselbe Modell, doch im zweiten Bild ist ein Ei verschwunden! Es ist nicht Stein für Stein umgebaut, sondern nur eine ganz raffinierte und „ei-lige" Täuschung!

Kamm aus gebogenem Dachstein

Modell besteht aus drei Abschnitten.

Wenige Noppen verbinden obere und untere Teile. Die oberen Teile lassen sich leicht austauschen.

Die weißen Teile müssen sorgfältig platziert werden, damit der Trick klappt.

Führe den Trick andersherum vor – nun legt das Huhn ein Ei!

EIERTAUSCH

Der Trick funktioniert, weil eines der neun Eier ganz im oberen Teil des Modells sitzt. Führe den Trick vor, indem du rasch die beiden oberen Teile vertauschst. Dadurch verschiebt sich das kleine Ei auf ein anderes und bildet mit ihm ein einziges, etwas größeres Ei.

Das Huhn scheint sich bewegt zu haben.

Stängel ohne Blüten bilden lange Gräser.

Dicker Flügel aus Eckdachstein

Derjenige, der die Musik stoppt, versucht sie bei jedem Spieler einmal zu stoppen.

Ein Spieler hat vielleicht die Chance, mehr als einmal auszuwickeln.

149

Was sich in einem Brutei befindet, siehst du auf S. 242.

151 Das Schlangen- und-Leitern-Spiel

SO WIRD DAS BRETT GEBAUT

Dein Brett kann beliebig groß sein. Dieses hat neun Reihen mit neun Feldern und liegt auf einigen größeren Basisplatten. Es muss klar sein, wo die Schlangen und Leitern beginnen und enden, und die Köpfe müssen höher sein als die Schwänze.

SO WIRD GESPIELT

1 Alle Spieler beginnen mit ihrem Spielstein in der unteren linken Ecke des Bretts. Es wird gewürfelt. Wer die höchste Zahl würfelt, zieht zuerst.

2 Würfle und ziehe die Anzahl Felder vorwärts, die du gewürfelt hast. Am Ende jeder Reihe wird auf der nächsten in gegenläufiger Richtung gezogen.

3 Endet dein Zug auf einem Schlangenkopf oder am Fuß einer Leiter, ziehst du zum Feld am Ende der Schlange oder Leiter. Landest du auf einem Feld mit einem anderen Teil von Schlange oder Leiter, ziehst du ein Feld weiter.

4 Gewinner ist, wer als Erster das gelbe Feld in der oberen rechten Ecke des Bretts erreicht.

Hühnchen als Spielsteine – oder nimm andere kleine Teile.

Schlangenkörper sitzen in Steinen mit Löchern.

Leitern werden von Platten auf Steckerplatten geneigt.

Fangzähne aus Hornteilen in den oberen Noppen eines Steins mit Loch

Gespaltene Zunge der kleinen Schlange aus einer Platte mit Klemme

Eine LEGO Pyramide baust du am besten von oben nach unten.

Zusätzliche Herausforderung: Muster in den Formen!

Wie viele Formen kannst du in zehn Minuten bauen? Versuche aus einer Auswahl einfacher Steine Quadrate, längliche und hohe Rechtecke, Würfel, Kegel, Pyramiden und sogar Kugeln zu bauen.

Formen gegen die Zeit bauen

152

DER SPEZIALSTEIN

Die Schwanzteile gibt es als Mittel- und Endabschnitte, die auch Tentakel, Hörner und Pflanzen bilden können.

Baue deine eigene LEGO Version des spannenden Brettspiels. Du bestimmst, wie viele Schlangen und Leitern es gibt, wohin sie führen und wie sie aussehen! Du könntest ein nettes Brett fast nur mit Leitern bauen oder die Schlangen durch Wasserrutschen ersetzen.

Tolle Make-up-Box

154

Große Abteile für lange Pinsel

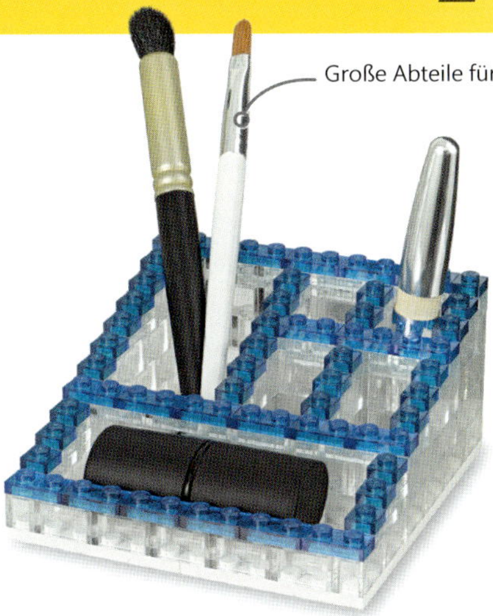

Passe deine Make-up-Box perfekt ihrem Inhalt an.

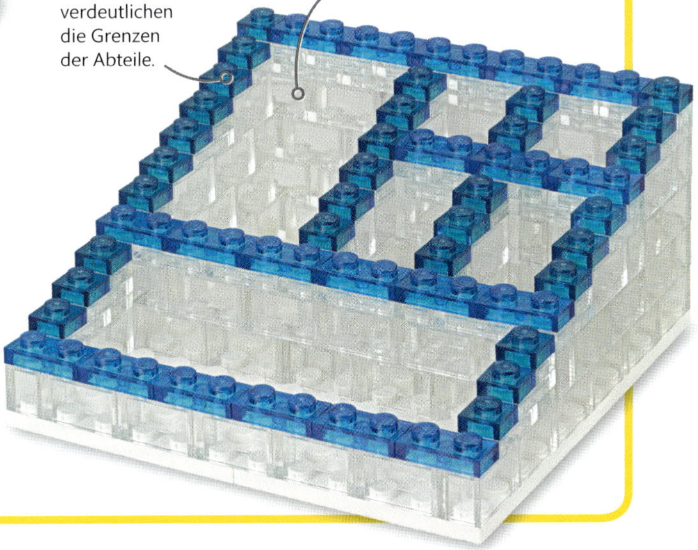

Wenn du nicht genügend passende helle Teile hast, baust du ein buntes oder Patchworkdesign!

Blaue Elemente verdeutlichen die Grenzen der Abteile.

Ein Glanzstück für jeden Schminktisch ist diese Make-up-Box! Zumeist aus hellen Teilen gebaut, strahlt sie wie ein Kristall mit kleinen und großen Abteilen für Wimperntusche, Lippenstifte und mehr.

153

Baue ein LEGO Balkendiagramm

Zeige Umfrage- oder Wettbewerbsergebnisse in einem LEGO Balkendiagramm an. Ob für ein Schulprojekt oder zu Hause – mit LEGO Steinen lassen sich Wählerstimmen und Punkte visuell toll darstellen!

Deine Freunde wählen ihre Lieblingsminifigur, dann zeigst du die Ergebnisse an.

Jede Minifigur steht vor ihrer Stimmenzahl.

Baue einen Riesenkäfer

155

Geringelte Fühler aus schwarzen Pflanzenteilen

Habe keine Angst, wenn du diese Riesenkäfer baust! Insekten besitzen seltsame Krabbelteile und du lernst viel über sie, wenn du LEGO Modelle von ihnen machst. Baue nach Bildern in Büchern oder im Internet oder nach echten Insekten – wenn du genug Mut hast!

Die Klauen sitzen in Roboterarmteilen.

Die Beine bewegen sich an Scharnierplatten.

Realistisch wirkende Panzer aus gebogenen Dachsteinen

Bereichere dein Zuhause mit lustigen Käfern auf S. 226.

ICH WOLLTE EINEN SÜSSEN KÄFER!

156

Backe LEGO Kuchen und Törtchen

Dieser Brownie ist eine Box mit einer Platte obendrauf.

Leider sind leckere LEGO Backwaren nicht essbar! Diese Kuchen und Törtchen sind ideal für Puppenteepartys oder Teddybärenpicknicks sowie tolle Dekorationen für eine echte Party – bevor die echten Leckereien kommen!

Schokokeks aus runden Platten

ZEIT FÜR 'NE KAFFEE-PAUSE!

Viertelkuppelsteine für hübsches Petit Four

157 Baue eine Zauberinsel

In dieser Fantasiewelt bleibt nichts lange, wie es ist! Eine Mikromodullandschaft lässt sich schnell erweitern und umbauen. Alle Abschnitte sind auf Steine mit Löchern gebaut, sodass du sie zusammenstecken und lösen kannst.

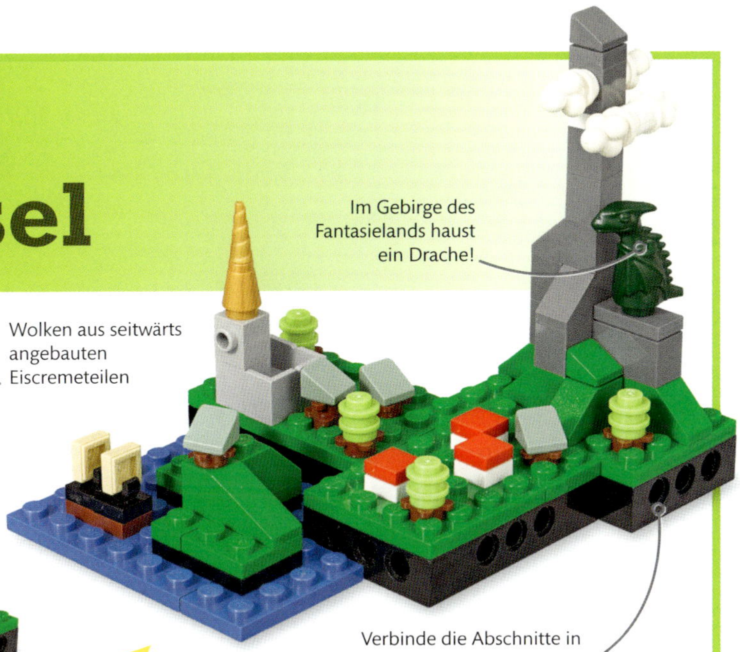

Im Gebirge des Fantasielands haust ein Drache!

Wolken aus seitwärts angebauten Eiscremeteilen

Turmspitze aus dem Horn eines Einhorns auf einem Kegelstein

Verbinde die Abschnitte in jeder gewünschten Form.

Platten mit oberen Klemmen halten die Segel des Schiffchens.

LEGO Technic Pins verbinden die Abschnitte.

Baue gleich große Abschnitte, die du leicht austauschen kannst.

158 Stelle deine besten Modelle aus

WIR FÜHLEN UNS GEEHRT!

Behandle deine Topmodelle wie Skulpturen und stelle sie auf coolen Ständern aus. Du wirst staunen, wie viel ein Sockel oder eine Plattform ausmachen kann, und selbst ein simples Gebilde wirkt wie ein Kunstwerk, wenn du es in deiner Galerie zeigst.

Auf der glatten Oberfläche dieses Sockels sitzen Modelle in jedem Winkel.

Transparente runde Platten wirken wie Leuchten.

Dieses Podest hat ein Oberteil aus vier Winkelplatten.

Kleine runde Kacheln leuchten im Dunkeln.

Basis aus großer Radarschüssel

159 Baue jede Form

Wie man ein LEGO Quadrat baut, weiß jeder, aber wie baut man ein Dreieck, ein Sechseck oder Zwölfeck? Mit ein bisschen Fantasie und Experimentieren lässt sich jede Form auf die eine oder andere Weise bauen!

Wie viele verschiedene Formen kannst du mit Scharnierplatten bauen?

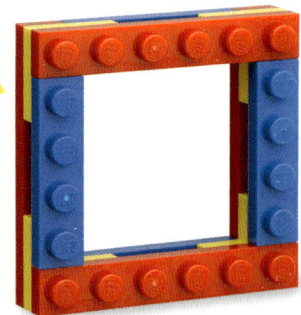

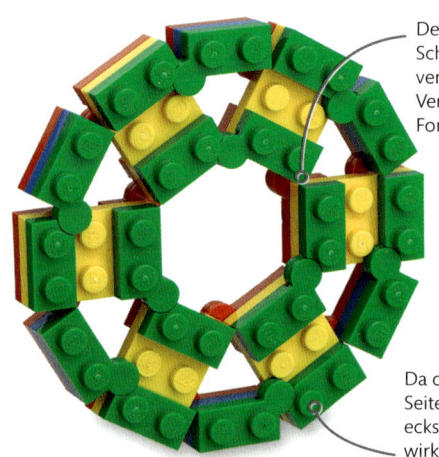

Der Innenring aus Scharnierplatten verhindert ein Verziehen der Form.

Dieses Sechseck besteht aus sechs Dreiecken – drei grünen vorn und drei gelben hinten.

Da die zwölf Seiten dieses Zwölf-ecks so kurz sind, wirkt es wie ein Kreis.

Diese Platten bilden ein Lächeln.

Verdoppelt zeigen sie ein Lachen!

Eine kleine Platte erzeugt ein Zwinkern.

Wenn dir Schach noch nicht schwer genug ist, dann spiele doch Superschach. Selbst die größten Genies der Welt haben noch nie Schach auf so einem Brett gespielt, also könntest du mit etwas Übung der erste Superschach-großmeister werden! Für normales Schach baust du einfach ein Brett mit 8 x 8 Feldern.

160 Baue LEGO Emojis

Halte auf Fotos LEGO Emojis hoch, um zu zeigen, dass du Spaß hast! Sie sind leicht zu bauen und können sogar auf jeder Seite einen anderen Ausdruck aufweisen.

161

AUFBAUEN

Wenn du eine vielseitige Form aus Platten gebaut hast, kannst du auf ihr als stabiler Basis ein viel größeres Bauwerk errichten. Mit Wänden auf den sechs Seiten eines Sechsecks baust du einen Märchenturm oder eine Raumstation. Die Winkelwände hält ein weiteres Sechseck obendrauf zusammen.

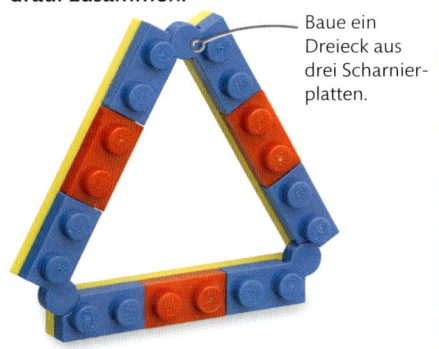

Baue ein Dreieck aus drei Scharnierplatten.

Das vielseitige Element

162

Wie vielseitig ist ein Element? Nimm ein Element, von dem du viele Exemplare hast, etwa einen Dachstein, und versuche damit in 10 Minuten drei Modelle zu bauen.

Dieser Baum besteht fast nur aus grünen Dachsteinen.

Vollende deine Modelle mit Spezialsteinen.

Die Raupenbeine sind Dachsteine auf ihren Spitzen.

Hexe aus Dachsteinen – vom Kopf bis zu den Zehen!

Besen aus Dachsteinen

SO WIRD GESPIELT

1 Das Spiel wird wie normales Schach gespielt, doch jede Seite wird in zwei Hälften geteilt.

2 Stelle in einer Hälfte des schwarz-grauen Abschnitts den König, einen Läufer, einen Springer, einen Turm und vier Bauern beliebig auf.

3 Stelle in der anderen Hälfte die Dame und die übrigen Figuren auf.

4 Weiß wird genauso aufgestellt und beginnt mit einem Zug auf ein schwarzes oder weißes Feld.

Viel Spaß, wenn du deinen Gegner mit neuen Taktiken schlägst!

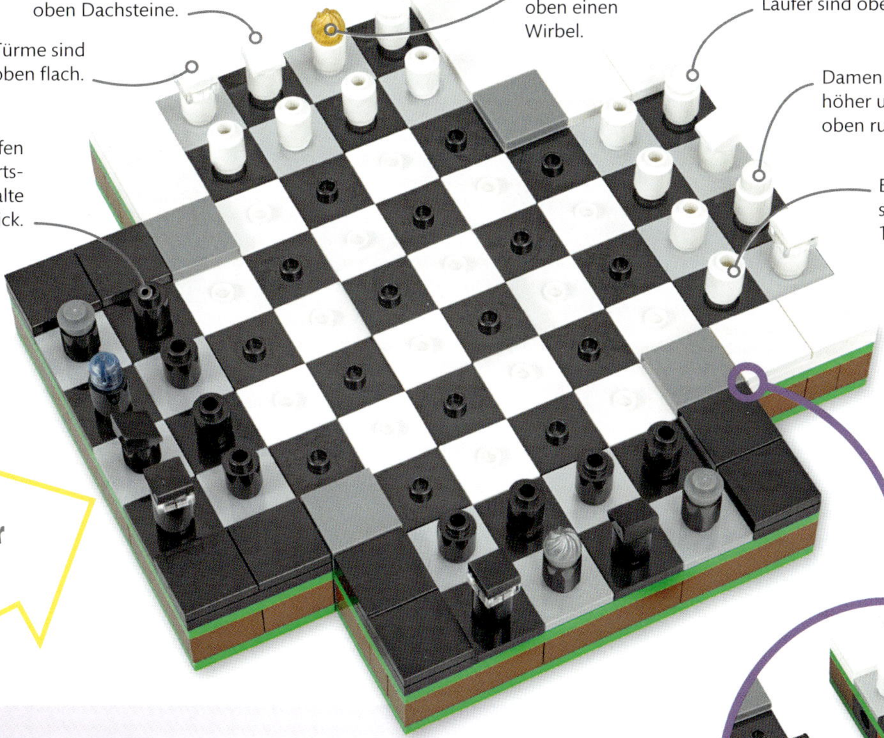

Springer haben oben Dachsteine.

Könige haben oben einen Wirbel.

Läufer sind oben rund.

Türme sind oben flach.

Damen sind höher und oben rund.

Bauern dürfen nur vorwärtsziehen. Behalte sie stets im Blick.

Bauern sind runde 1x1-Steine.

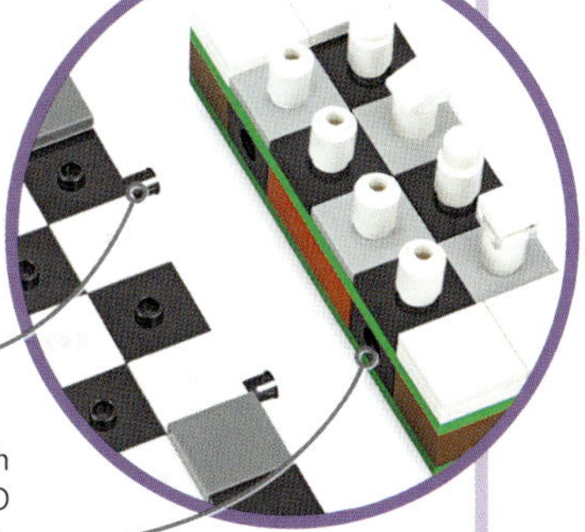

Die einzelnen Module des Bretts lassen sich trennen.

Die Module sind durch Steine mit Löchern und LEGO Technic Pins verbunden.

Spiele eine Partie Superschach

163 Baue einen starken Roboter

Es ist leichter, als du denkst, einen komplexen LEGO Roboter zu bauen. Baue zuerst einen einfachen, stabilen Körper und füge dann immer mehr Hightech-Details hinzu, bis er wie von einem anderen Planeten aussieht!

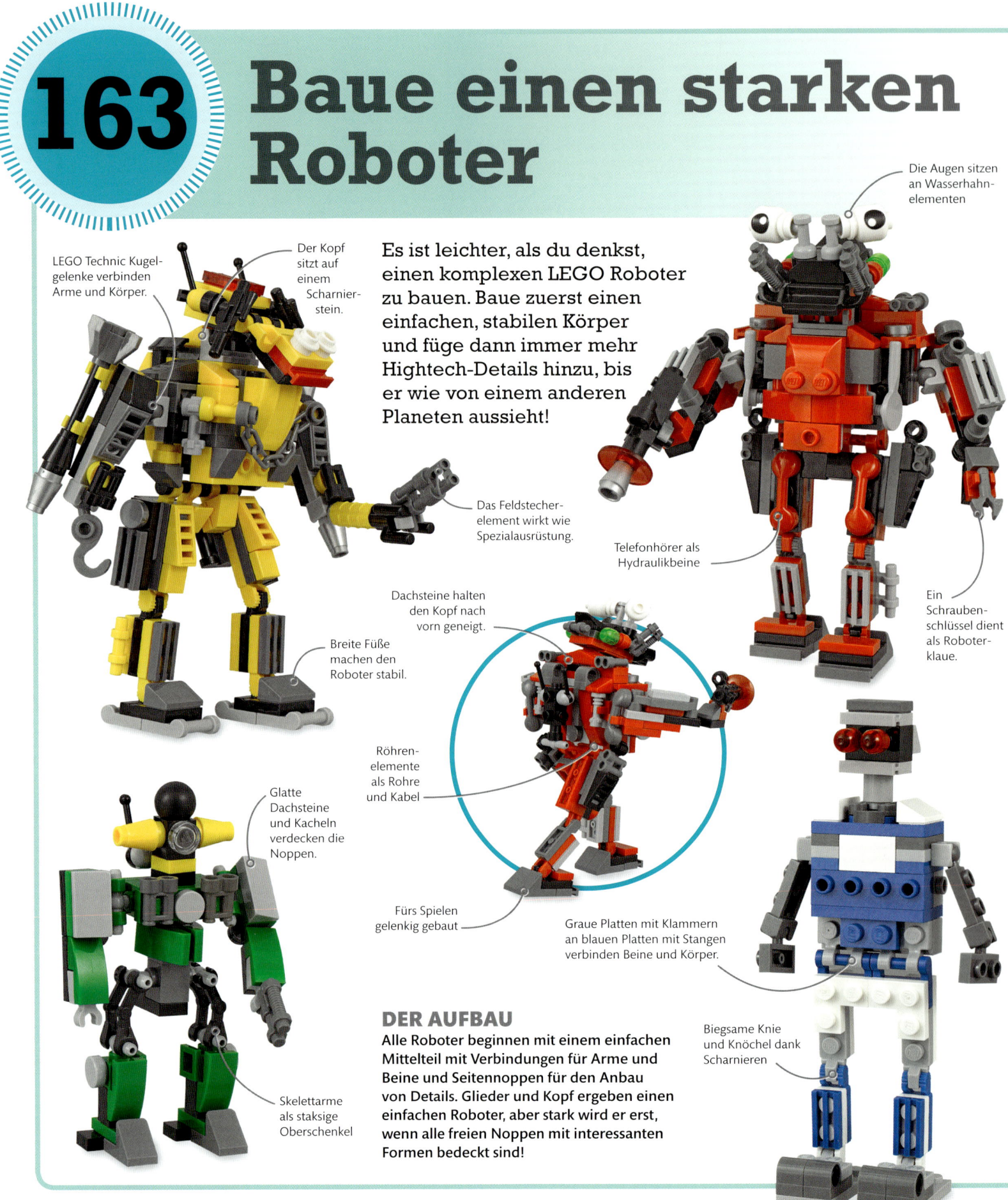

LEGO Technic Kugelgelenke verbinden Arme und Körper.

Der Kopf sitzt auf einem Scharnierstein.

Das Feldstecherelement wirkt wie Spezialausrüstung.

Breite Füße machen den Roboter stabil.

Die Augen sitzen an Wasserhahnelementen

Telefonhörer als Hydraulikbeine

Ein Schraubenschlüssel dient als Roboterklaue.

Dachsteine halten den Kopf nach vorn geneigt.

Röhrenelemente als Rohre und Kabel

Glatte Dachsteine und Kacheln verdecken die Noppen.

Fürs Spielen gelenkig gebaut

Graue Platten mit Klammern an blauen Platten mit Stangen verbinden Beine und Körper.

Biegsame Knie und Knöchel dank Scharnieren

Skelettarme als staksige Oberschenkel

DER AUFBAU
Alle Roboter beginnen mit einem einfachen Mittelteil mit Verbindungen für Arme und Beine und Seitennoppen für den Anbau von Details. Glieder und Kopf ergeben einen einfachen Roboter, aber stark wird er erst, wenn alle freien Noppen mit interessanten Formen bedeckt sind!

Verschenke eine 3-D-Grußkarte

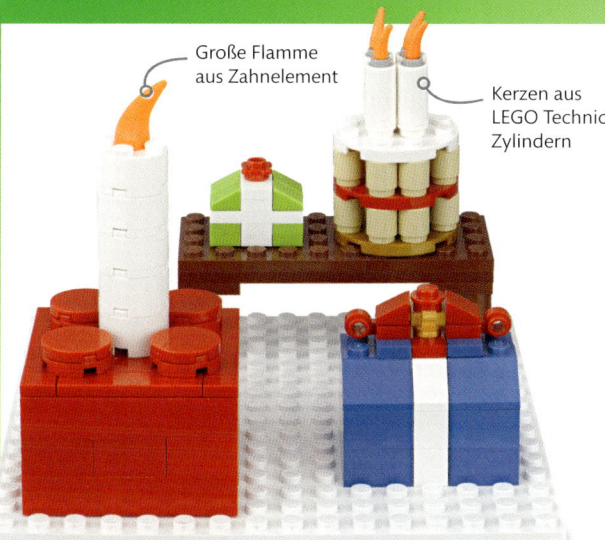

Große Flamme aus Zahnelement

Kerzen aus LEGO Technic Zylindern

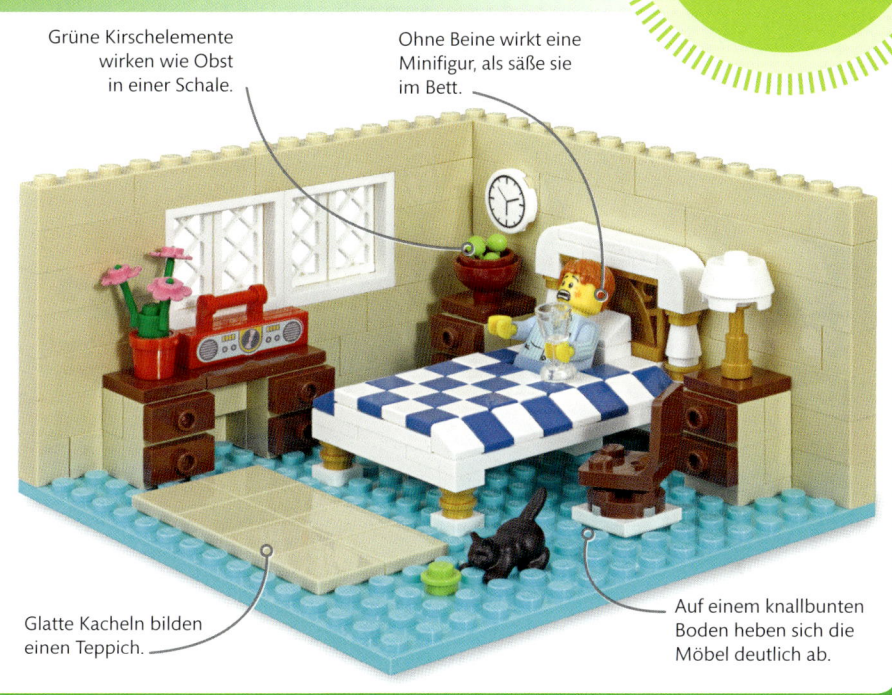

Grüne Kirschelemente wirken wie Obst in einer Schale.

Ohne Beine wirkt eine Minifigur, als säße sie im Bett.

Glatte Kacheln bilden einen Teppich.

Auf einem knallbunten Boden heben sich die Möbel deutlich ab.

Wenn jemand, den du kennst, etwas feiert oder krank ist, dann baust du ihm eine LEGO Szene als besondere Grußkarte. Du könntest ihm die Szene überreichen oder sie fotografieren und eine Karte daraus machen, auf die du noch etwas schreibst.

BAUMEISTER-TIPP

Baue deinen Roboter vorn und hinten aus, um das Gewicht gleichmäßig zu verteilen, damit er nicht umkippt.

Stelle dich als moderner Künstler vor und baue aus LEGO Steinen abstrakte Bilder. Im 20. Jahrhundert waren Künstler wie Piet Mondrian fasziniert von geraden Linien und kräftigen Farben. Mondrian hätte sicher gern mit LEGO Steinen gearbeitet!

Plakatives Bild aus wenigen kräftigen Farben

Baue moderne Kunst

Baue ein Theater

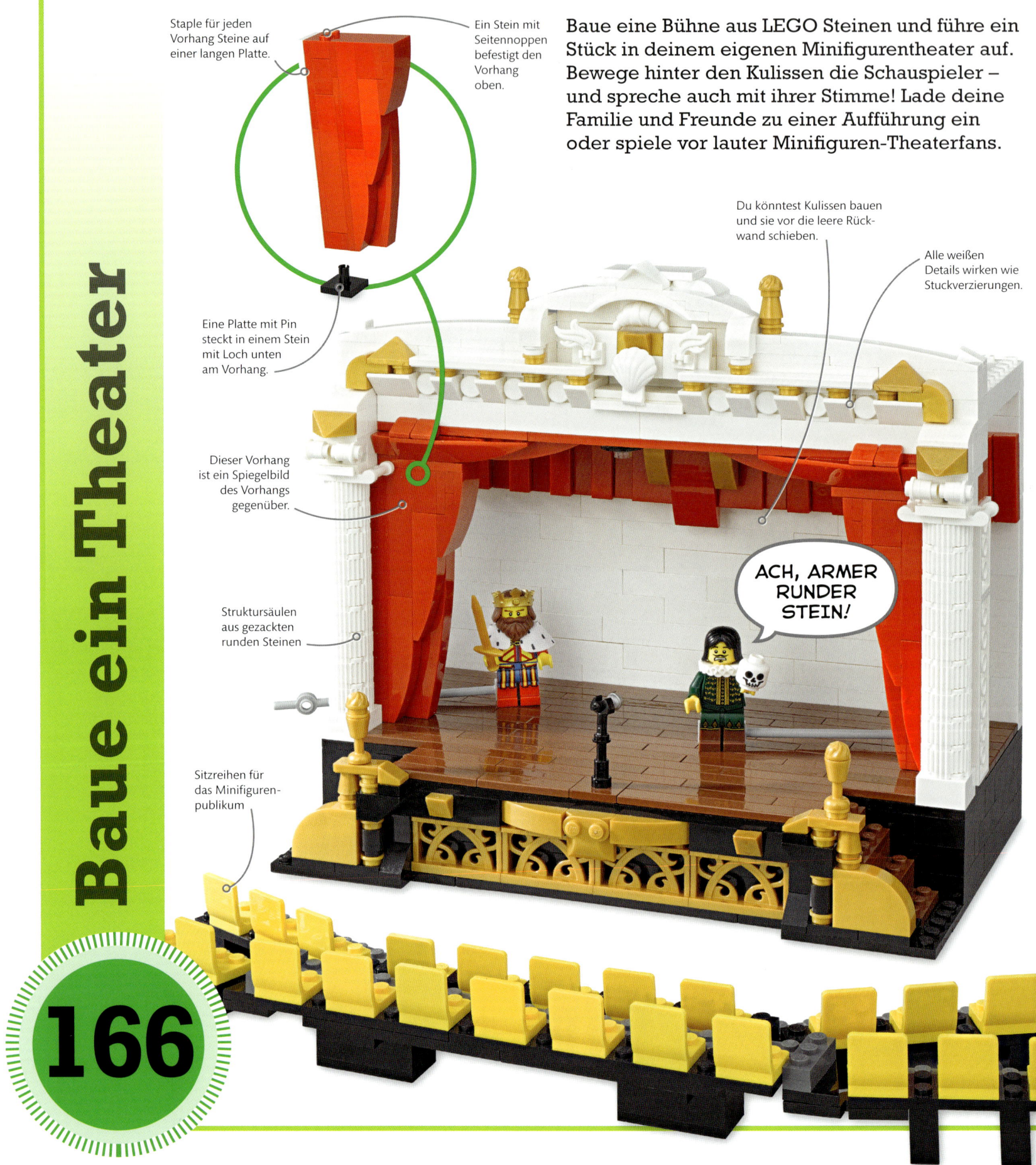

Staple für jeden Vorhang Steine auf einer langen Platte.

Ein Stein mit Seitennoppen befestigt den Vorhang oben.

Baue eine Bühne aus LEGO Steinen und führe ein Stück in deinem eigenen Minifigurentheater auf. Bewege hinter den Kulissen die Schauspieler – und spreche auch mit ihrer Stimme! Lade deine Familie und Freunde zu einer Aufführung ein oder spiele vor lauter Minifiguren-Theaterfans.

Du könntest Kulissen bauen und sie vor die leere Rückwand schieben.

Alle weißen Details wirken wie Stuckverzierungen.

Eine Platte mit Pin steckt in einem Stein mit Loch unten am Vorhang.

Dieser Vorhang ist ein Spiegelbild des Vorhangs gegenüber.

ACH, ARMER RUNDER STEIN!

Struktursäulen aus gezackten runden Steinen

Sitzreihen für das Minifigurenpublikum

166

Schmücke das Theater mit deinen am reichsten verzierten Elementen.

Beleuchtungsanlage als zusätzliches Detail

BÜHNENTECHNIK

Baue in deine Bühne seitlich Lücken ein, um deine Figuren bewegen zu können, und mache die Vorhänge so breit, dass sie deine Finger verdecken. Lass die Bühne oben offen, damit Licht hineinkommt und du sie von oben sehen kannst.

DER SPEZIALSTEIN

Befestige eine Minifigur auf einer Platte mit langer Stange, um sie von der Seitenbühne aus zu bewegen.

Hole die Dinosaurier zurück

167

Dinosaurier sind seit Jahrmillionen ausgestorben. Kannst du sie in fünf Minuten zurückholen? Baue Mikrodinosaurier aus deinen kleinsten Elementen und stoppe die Zeit.

WIR SIND DOCH EURE FREUNDE...

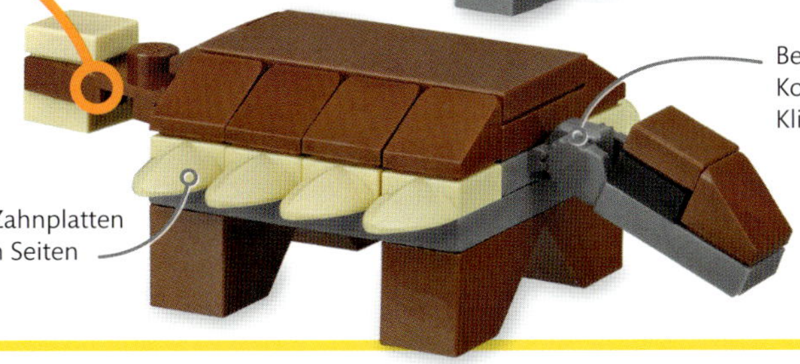

Kleine Platte als Ausgangspunkt für Ankylosaurus

Kleine Arme des T. Rex aus einer Platte mit Seitenklemme

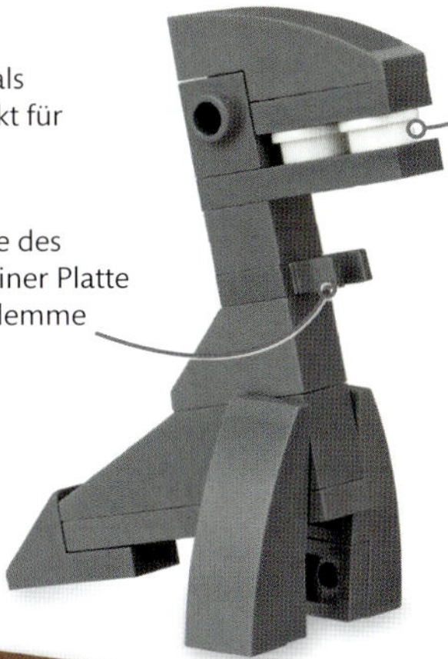

Riesenzähne aus zwei kleinen runden Platten

Schwarze Platte als Augen von Brachiosaurus

Dachsteine als Füße

Beweglicher Kopf an einem Klickscharnier

LAUF, HOT-DOG-MANN, LAUF!

Ankylosaurus mit Zahnplatten als Stacheln an den Seiten

168 Baue eine Stadtansicht für dein Zimmer

Großstadtatmosphäre bekommt dein Zimmer durch eine Szene voller Wolkenkratzer! Einige Lagen von Platten vermitteln deinem coolen Bild ein Gefühl von Tiefe, wobei du helle Farben hinten und dunklere vorn verwendest.

Kabelelemente werden von Platten mit Klemmen oben gehalten.

Diese Szene zeigt die Skyline von Seattle.

Eine Reihe blauer Platten verbindet zwei große Basisplatten.

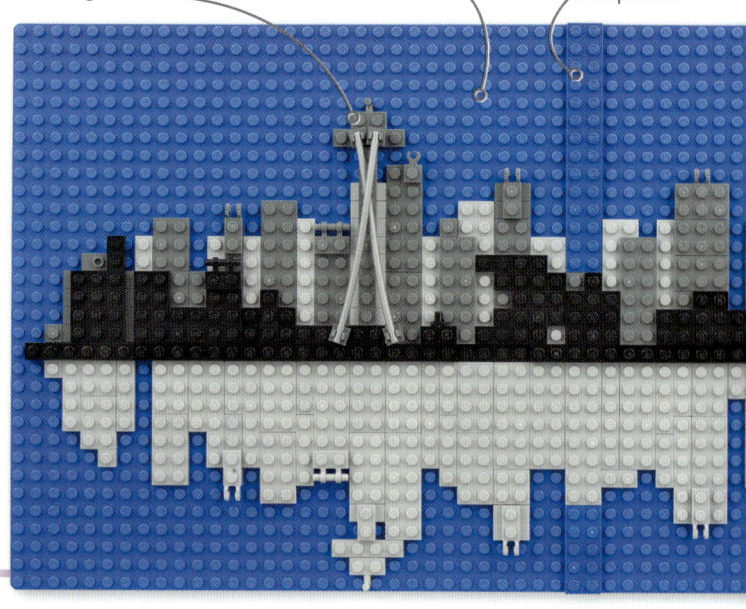

Wenn du eine echte Stadt baust, zeigst du mit Wahrzeichen wie Big Ben für London, welche Stadt es ist.

Dieses Element wirkt wie ein Riesenrad – das London Eye!

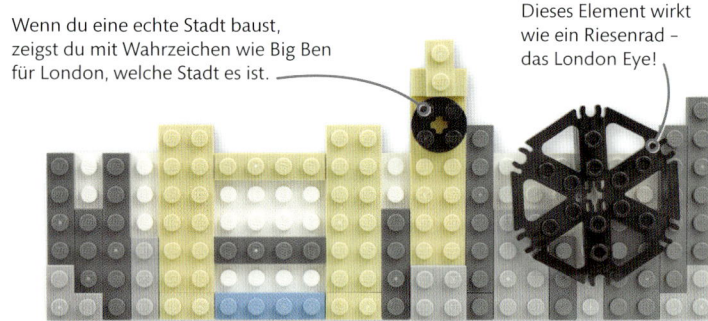

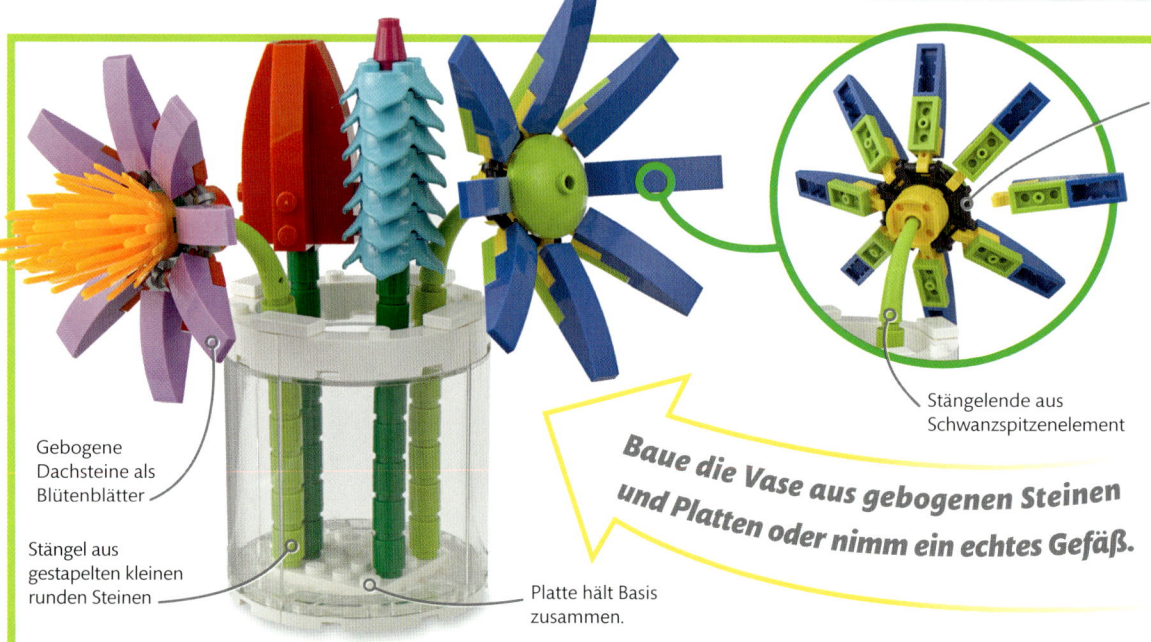

Gebogene Dachsteine als Blütenblätter

Stängel aus gestapelten kleinen runden Steinen

Platte hält Basis zusammen.

Blütenblätter sitzen an runder Platte mit Ring aus Stangen.

Stängelende aus Schwanzspitzenelement

Baue die Vase aus gebogenen Steinen und Platten oder nimm ein echtes Gefäß.

Mache jemandem eine Freude mit diesem Blumenstrauß. Anders als echte Blumen halten diese bunten Blüten ein Leben lang und sind ideal für jedes Zimmer – selbst wenn es kaum Sonnenschein abbekommt!

Schenke einen schönen Blumenstrauß

169

DER SPEZIALSTEIN

Wie glatte Kacheln lassen gebogene Dachsteine dank ihrer noppenfreien Oberfläche Modelle realistisch wirken.

Ungewöhnliche Platten als Details für Gebäudedächer

Das Spiegelbild wirkt wie eine Spiegelung im Wasser.

BUCHGERECHT

Beginne den Bau deines Buches mit einer flachen Basis aus Platten für den hinteren Einband und füge weiße oder beige Steine für die Buchseiten hinzu – und zwar jeweils eine Noppe von drei Rändern der Basis entfernt und direkt am Rand einer langen Seite! Diese Seite wird den Buchrücken ergeben.

170

Baue ein LEGO Buch

Wand aus strukturierten Steinen wirkt wie der Seitenblock.

Kacheln verdecken die Noppen am vorderen und hinteren Einband.

PST, ICH LESE!

Mit einem LEGO Buch kannst du viele Dinge machen. Baust du es massiv, dient es als Bücherstütze – hohl ist es ein ideales Geheimversteck. Baue es so realistisch wie möglich, dann kannst du damit jemandem einen Streich spielen!

Baue aus glatten Kacheln einen eigenen Bucheinband.

Sitzen Platten unter vier der gebogenen Dachsteine, heben sie sich vom Rücken ab.

Buchrücken aus gebogenen Dachsteinen auf langer Platte

Der Buchrücken sitzt auf Steinen mit Seitennoppen.

171 Dein Lieblingsset

Erzähle allen, wie sehr du dein liebstes LEGO Set magst, und drehe ein Video darüber. Zeige all seine Merkmale und sage, was dir daran am besten gefällt. Lass dein Video von einem Erwachsenen ins Internet stellen – es könnte eine Sensation werden!

Baue eine Filmklappe aus LEGO Steinen für dein besonderes Video.

Streifen aus weißen Kacheln

Eine Scharnierplatte hält beide Teile der Klappe zusammen.

BUNTE MUSTER

Achte auf interessant gekachelte und gepflasterte Muster, wenn du unterwegs bist, und versuche sie mit LEGO Kacheln nachzubauen. Du könntest sogar Musterideen sammeln, indem du die besten, die du siehst, fotografierst.

Obere Kachellage liegt auf kleinen runden Platten.

An eingebauten Steckerplatten kannst du Details wie Möbel anbauen.

Versetzte Reihen grauer Kacheln wirken wie Bodenplatten.

Dieses Pflastermuster wirkt komplex, sitzt aber meist auf einer Lage.

Weiße Platten sitzen auf Steckerplatten.

Ein LEGO Modell kannst du noch realistischer bauen, wenn du den Noppenboden mit Kacheln verdeckst. Eine Art genügt schon, doch eine Mischung verschiedener Formen und Farben ergibt ein echt tolles Design.

Obere Lage von Kacheln verbirgt die Lücken um den Rand dieses Musters.

Schwarze Kacheln sitzen auf kleinen runden Platten.

172 Baue aus Kacheln einen coolen Fußboden

173 Toller Brief-beschwerer

Viele kleine Elemente wiegen mehr als einige große Teile.

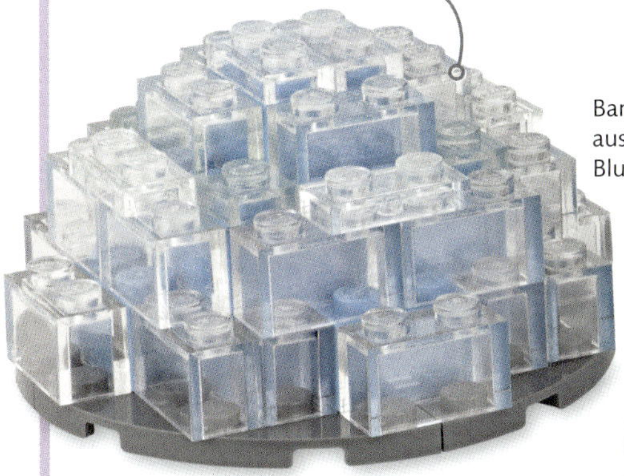

Transparente Steine über farbigen ergeben interessante Effekte.

Pandaaugen aus kleinen runden Platten

Baue den Panda von hinten auf dieser langen Platte auf.

Bambussprossen aus gestapelten Blumenstängeln

Briefbeschwerer benötigen eine stabile Basis.

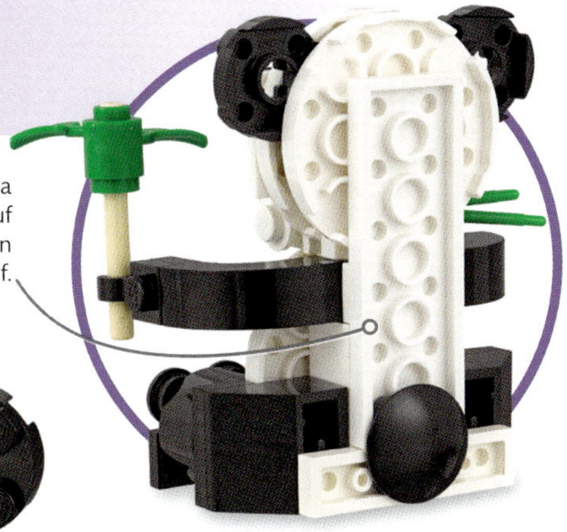

Ein Briefbeschwerer ist ein schönes Geschenk für den, der Ordnung auf dem Schreibtisch liebt. Er ist nicht nur eine Zierde, sondern erinnert ihn stets an dich, wenn er ihn sieht.

Spiele eine Partie Mikado

174

Werfe viele lange dünne Elemente auf einen Haufen. Stelle die Stoppuhr auf eine Minute. Die Spieler entfernen abwechselnd ein Element – ohne dass die anderen sich bewegen! Gelingt es dir, behältst du das Element, wenn nicht, wird es beiseite gelegt. Sieger ist, wer die meisten Elemente hat, wenn die Uhr abgelaufen ist.

Einzelne Elemente oder Farben könnten verschiedene Werte haben.

EINE FRAGE DER GEDULD!

Antennenelemente sind ideal, gut sind auch lange Schwerter, LEGO Technic Achsen oder eine Mischung davon.

175

Baue einen Tischaufsatz

Baue den Kopf der Figur auf eine Drehscheibe oder Steckerplatte, dann lässt er sich hin und her drehen.

Baue für einen speziellen Anlass etwas Besonderes. Braut und Bräutigam würden auf dem Tisch eines Hochzeitspaares toll wirken! Und vielleicht ähneln sie ja dem glücklichen Paar …

Hutkrempe aus zwei Winkel-platten

Kranz aus vier Silberkacheln

Dachsteine wirken wie polierte Schuhe.

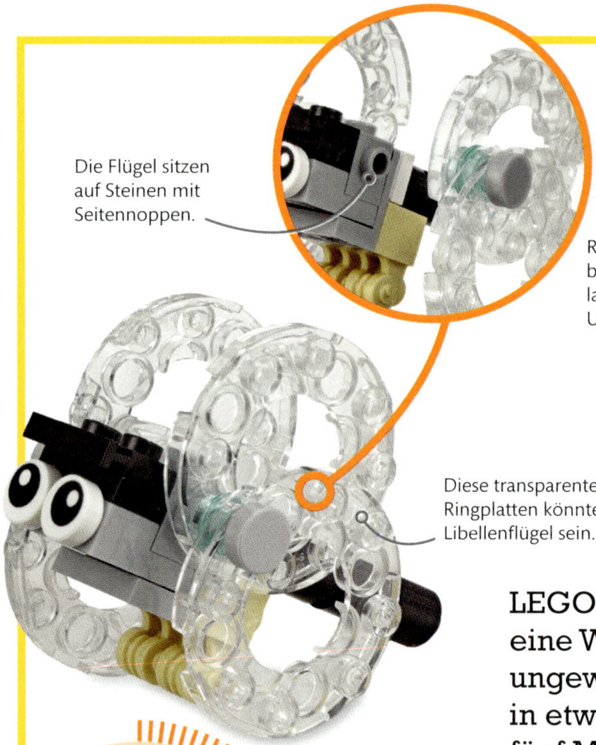

Kleid aus hohen Dachsteinen

Die Flügel sitzen auf Steinen mit Seitennoppen.

Runde Steine bilden die lange Nase des Ungeheuers.

Kleine Dachsteine laufen über den gan-zen Rücken.

Diese transparenten Ringplatten könnten Libellenflügel sein.

Ein einziges Treppen-element bildet den Rücken des Ungeheuers.

LEGO Elemente lassen sich auf mehr als eine Weise verwenden! Verwandle das ungewöhnlichste Element, das du hast, in etwas völlig Neues. Was fällt dir in fünf Minuten ein?

176

Spezielle Elemente neu nutzen

Wenn du deine Brettspiele etwas flach findest, baust du eines, das bis zum Mond reicht! In diesem Spiel zum Thema Weltall musst du als Erster bei der Rakete sein. Es funktioniert wie ein normales Brettspiel, ist aber eine coole Dekoration, wenn es nicht gespielt wird!

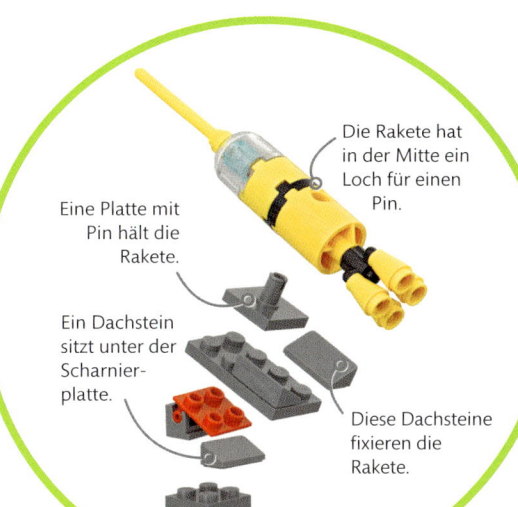

Die Rakete hat in der Mitte ein Loch für einen Pin.

Eine Platte mit Pin hält die Rakete.

Ein Dachstein sitzt unter der Scharnier-platte.

Diese Dachsteine fixieren die Rakete.

Steine mit Rillen als Details an der Turmspitze

Die roten Stufen sind glatte Kacheln, auf denen kein Spieler stehen darf.

Die grauen Stufen sind Steckerplatten, auf denen die Minifiguren stehen.

Platten mit Weltallmotiven sitzen auf Steinen mit Seitennoppen.

SO WIRD GESPIELT

1 Zwei Spieler würfeln abwechselnd und ziehen die gewürfelte Anzahl der Stufen hoch.

2 Landest du auf einer roten Stufe, ziehst du zwei Stufen zurück. Landest du beim anderen Spieler, ziehst du eine Stufe zurück. (Landest du dann auf einer roten Stufe, ziehst du noch zwei Stufen zurück!)

3 Gewinner ist, wer als Erster die Rakete auf der weißen Stufe erreicht, wo er die Rakete starten kann!

STUFENWEISE

Der bis oben hin massive Turm wird auf einer viereckigen Platte aufgebaut. Die ersten drei Treppen sind gleich groß, die nächsten beiden eine Stufe kürzer. Die sechste und letzte Treppe ist nur eine Stufe hoch.

177

Wettlauf zur Rakete

Eine Mikroweltraumbasis baust du auf S. 48.

178 Zielen üben

Größere Steine gelangen nicht leicht in die Mitte.

Alle Wände sind zwei Steine hoch.

Jeder Spieler bekommt eine Farbe und mehrere große und kleine Steine.

Jeder Spieler hat die gleiche Anzahl von jeder Steinart.

Das Spiel hat eine große Basisplatte.

Teste deine Geschicklichkeit und wirf aus fünf Schritten Abstand Steine in diesen Rahmen. Für jeden Stein im blauen Quadrat gibt es einen Punkt, im inneren dunkelroten Quadrat fünf Punkte.

Das Detektivspiel

179

Bei vielen Details sind die Hinweise schwerer zu finden.

Dein Tatort muss alle Hinweise enthalten, die zur Lösung führen.

Vergrößerungsglas aus einem Ring von Scharnieren

Pfotenspuren verraten: Es war der Hund!

Baue einen Tatort, an dem die Tat schon passiert ist, und teste die detektivischen Fähigkeiten deiner Freunde! Wer findet heraus, wer die Bonbons aus dem Küchenschrank geklaut hat? Welche Rätsel könnten deine Freunde noch lösen?

180

Enten angeln

Spiele dieses klassische Jahrmarkts-spiel – wie viele Gummienten kannst du in zwei Minuten fangen? Angle mit der Rute die Ringe am Rücken der Enten und versuche, alle in dieser Zeit zu erwischen! Schaffst du es oder gehst du selbst unter?

Anfänger sollten die Rute hier halten.

Experimentiere, um die ideale Schnurlänge zu finden.

Geübtere Spieler halten sie hier.

GUTE RUTE
Mehrere Lagen langer, sich überlappender Platten bilden eine stabile Rute mit Markierungen, an denen die Spieler sie halten sollen. Die Angelschnur wird durch ein Hakenelement gezogen und an einer Platte mit Ring am Rutenende befestigt. Stelle zu Beginn des Spiels die Enten auf den Boden oder einen Tisch – oder werfe sie in eine Schüssel, um das Spiel zu erschweren.

Erfahrene Spieler halten sie hier.

Runde Platte mit Ring

Die Augen sitzen auf kleinen Radar-schüsseln.

Die Flügel sitzen auf einem 1x4-Stein.

Ein gebogener Dachstein sitzt oben auf jedem Flügel.

Die Schnur geht durch diese Kugel.

Baue zunächst mindestens sechs Enten.

DIE SACHE HAT EINEN HAKEN!

Bringe Farbe auf den Schreibtisch mit einer coolen Notiz-Box. Baue sie so bunt, dass du sie rasch findest, wenn es eilt!

Durch die Lücke vorn kommst du leicht an einzelne Zettel.

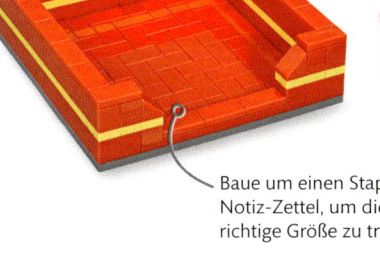

BESORGE DIR MEHR LEGO STEINE!

Baue um einen Stapel Notiz-Zettel, um die richtige Größe zu treffen.

Eine Notiz-Box

181

Baue ein Schaukeltier

Echte Tiere sind immer unterwegs – baue dir doch ein LEGO Tier, das sich auch bewegen kann! Du kannst jedes Tier bauen, das du magst. Dieser Buntspecht schaukelt hin und her mit einer realistischen Pickbewegung, während das fröhliche Hündchen vor Aufregung wackelt.

BAU DER WIPPEN

Der Specht mit seinem hohen Schwerpunkt benötigt eine große Basis, damit er nicht umfällt. Die zwei gebogenen Füße bestehen aus umgedreht und seitwärts angebauten Steinen und sind durch eine zentrale Platte verbunden. Das Hündchen ist niedriger und die Wippen aus zwei umgekehrten gebogenen Dachsteinen können kleiner als sein Körper sein.

Braune Scheinwerfersteine sind seitlich in den Körper gebaut.

Die Beine (graue Scheinwerfersteine) sitzen an den braunen Scheinwerfersteinen.

Schwanz aus einem Roboterarm-element

Kuppelelement als Schnauze

Der Hals sitzt auf einem Scharnier.

Umgekehrter gebogener 1x4-Dachstein

Blütennoppen-detail hinter dem Auge

Verleihe deinen Modellen mit Seitwärtsbauweise realistische Kurven.

Der Unterbauch sitzt auf Steinen mit Seitennoppen.

Der Specht steht auf dieser 1x2-Platte.

Eine 2x8-Platte verbindet beide Wippen.

182

Umgekehrte gebogene 2x4-Dachsteine

Steine mit Seitennoppen verbinden die Verbindungsplatte und Wippe oben mit der Basis.

SO WIRD GESPIELT

1 Zwei Teams stellen sich in einem Zimmer einander gegenüber auf. Zwischen ihnen liegt ein Haufen LEGO Steine.

2 Stelle eine Stoppuhr auf drei Minuten. Dann läuft der erste Spieler jedes Teams in die Mitte, holt sich einen Stein, läuft zurück zu seinem Team und legt den Stein auf einen Tisch.

3 Der zweite Spieler jedes Teams läuft in die Mitte, holt sich einen Stein, läuft zurück zu seinem Team und baut den zweiten Stein auf den ersten.

4 Die Spieler laufen abwechselnd hin und her und erhöhen ihren Turm um jeweils einen Stein. Nach Ablauf der Zeit hat das Team mit dem höchsten Turm gewonnen.

Baue einen LEGO Staffelläufer als Trophäe!

183
Wie groß bist du in LEGO Steinen?

Ermittle, wie groß du in LEGO Steinen bist. Du musst keinen Turm bauen, der so groß ist wie du, sondern nur zwei jeweils zehn Steine hohe Messstäbe. Lege dich hin und ein Freund versetzt die Stäbe abwechselnd hintereinander, beginnend von deinen Füßen bis ganz nach oben. Passt auf, dass ihr euch nicht verzählt!

Wechselnde Steinfarben erleichtern das Zählen der letzten Steine oben am Kopf.

ICH BIN VIER STEINE GROSS. UND DU?

Standardminifiguren sind vier Steine groß – ohne Haare. Teile deine Steingröße durch vier: So groß bist du in Minifiguren!

184
Veranstalte einen LEGO Staffellauf

Lust auf einen LEGO Staffellauf? Bildet zwei Teams – wer baut den höchsten Turm, während die Spieler abwechselnd zwischen den Steinen und ihrem LEGO Turm hin- und herlaufen? Lauft eine kurze oder lange Strecke – je nachdem, wie viel Energie ihr habt.

185 Was siehst du draußen?

Orangefarbene Kegelelemente als Karotten

Siehst du Vögel vor dem Fenster?

Alle grünen Elemente eignen sich für einen Gemüsegarten.

Baumäste aus braunen Halbbogensteinen

Draußen gibt es viele Anregungen für LEGO Modelle! Schaue aus dem Fenster und baue das erste Ding, das du siehst. Das könnte ein Vogel, ein Garten, ein Flugzeug, ein Schuppen oder sogar ein Wolkenkratzer sein!

Büsche und Sträucher aus kleinen grünen Steinen

Siehst du Menschen? Füge Minifiguren für sie ein!

Barbados

Dschibuti

China

Der Stern sitzt auf einem Stein mit Seitennoppe.

Großbritannien

Seychellen

Solche dreifarbigen Flaggen sind am Anfang leichter.

Irland

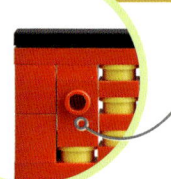

Informiere dich über die Flaggen anderer Länder und baue möglichst viele mit LEGO Steinen nach – vertikal aus Lagen von Platten und Steinen. Dann mache daraus ein Quiz für dich oder deine Familie und Freunde!

Kolumbien

Costa Rica

Erfinde eine eigene Flagge!

Baue die Flaggen der Welt

186

187 Baue eine Schatztruhe

Trage bei deinen Abenteuern deine Wertsachen in einer sicheren Box bei dir. Sie sieht wie eine Piratenschatzruhe aus, aber wenn du keine Piraten kennst, ergäbe sie auch eine tolle Schmuckschatulle für den Schminktisch einer Freundin.

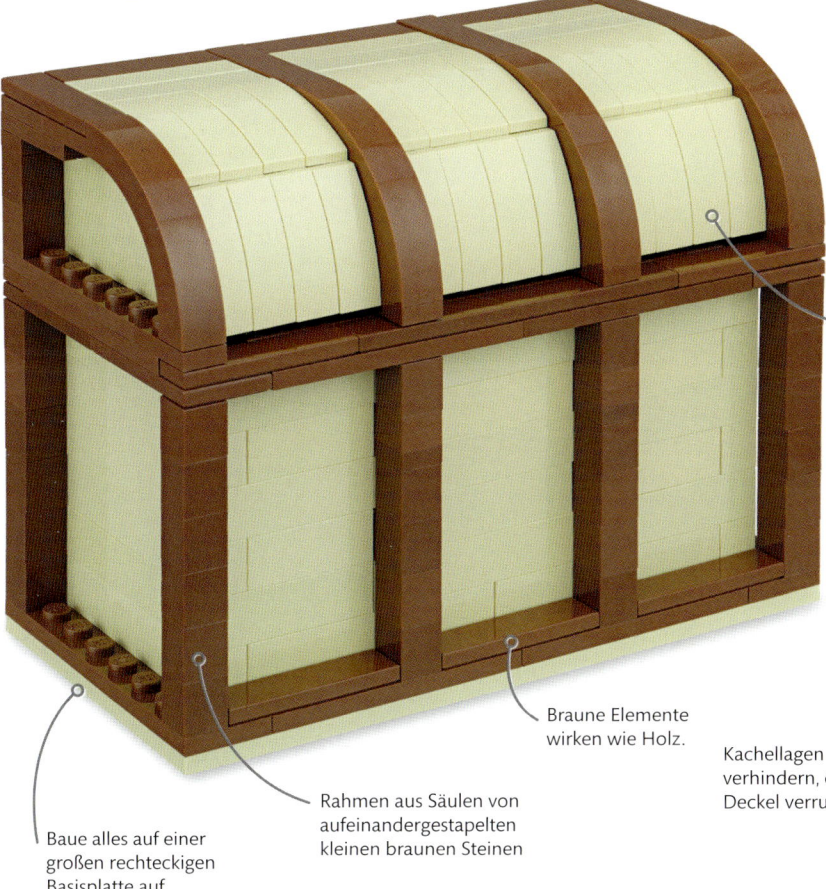

Die gebogenen Dachsteine des Deckels sitzen seitwärts an der Front und liegen flach obenauf.

Standardsteine bilden die drei geraden Ränder des Deckels.

Der Deckel ruht auf glatten Kacheln auf den Seiten der Box.

Braune Elemente wirken wie Holz.

Kachellagen verhindern, dass der Deckel verrutscht.

Rahmen aus Säulen von aufeinandergestapelten kleinen braunen Steinen

Baue alles auf einer großen rechteckigen Basisplatte auf.

DECKEL ZU!

Wenn du willst, kannst du einen flachen Deckel für deine Box bauen und ihn dann verzieren. Du könntest ihn auch mit Scharnieren an der Box befestigen oder ihn mit einem Riegel verschließen. Baue in deine Box eine Schale als separates Abteil für spezielle Dinge ein.

Seiten der Schale aus Paneelelementen

Handgriff zum Herausnehmen der Schale – hier aus runder Platte mit Ring

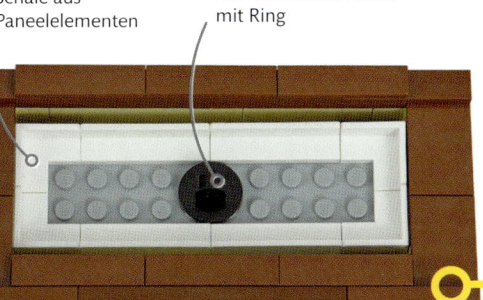

Schalenbasis aus einer großen Platte

Die Schale sitzt auf glatten Kacheln an den Seiten der Box.

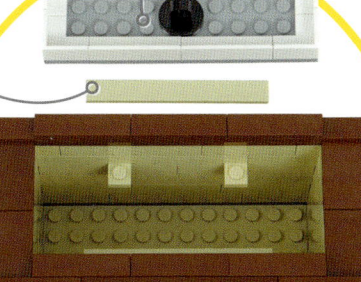

Erschließe die Geheimnisse eines Schlosses auf S. 174.

Wer zieht den letzten Stein?

SO WIRD GESPIELT

1 Anfangs sitzen die 2x4-Steine auf jeder weißen Steckerplatte. Zwei oder mehr Spieler nehmen abwechselnd Steine vom Brett.

2 Jeder Spieler darf einen oder zwei Steine wegnehmen. Die zwei Steine müssen unmittelbar nebeneinander in gerader Linie oder im rechten Winkel liegen.

3 Es gewinnt der Spieler, der den letzten Stein wegnimmt.

Die 2x4-Steine können jede Farbe haben.

Verteile die Steckerplatten in gleichen Abständen auf vertikale und horizontale Reihen.

Von Steckerplatten sind die 2x4-Steine leichter wegzunehmen.

Jeder Stein sitzt auf einer Steckerplatte.

189 Baue eine Parfümflasche

Transparente farbige Steine in der Flasche wirken wie eine Flüssigkeit.

Seiten aus gestapelten transparenten Platten

Der Verschluss passt in den Flaschenhals.

Für ein tolles Geschenk benötigst du kein echtes Parfüm! Ein LEGO Modell hält viel länger und sieht ebenso gut aus auf einem Schminktisch.

Ein solches Wiederholungsmuster heißt Parkettierung.

Die farbigen „H"-Formen sitzen lückenlos aneinander.

190

188

Dieses Spiel enthält viele klassische LEGO 2x4-Steine. Mit strategischem Denken und mit taktischem Geschick wirst du den letzten Stein nehmen und gewinnen. Du hast nur zwei Züge zur Wahl, doch das Spiel verläuft niemals gleich!

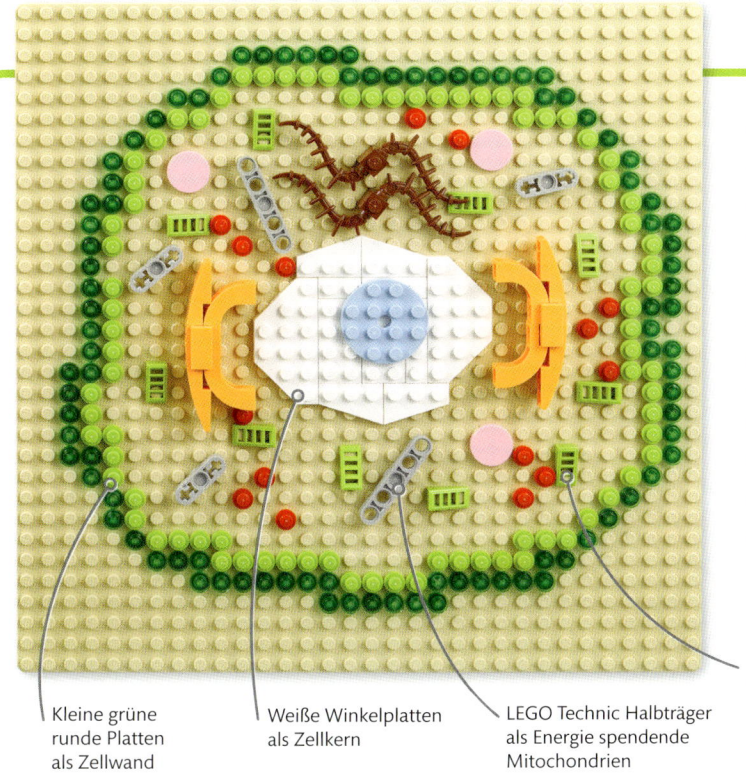

Kleine grüne runde Platten als Zellwand

Weiße Winkelplatten als Zellkern

LEGO Technic Halbträger als Energie spendende Mitochondrien

Rostdachsteine als Chloroplasten, die die Pflanze grün machen

Blick in eine Zelle

Baue das Modell einer mikroskopisch kleinen Zelle! Diese hier enthält alle Teile einer Pflanzenzelle – ein tolles Biologieprojekt! Es könnte dir sogar beim Lernen helfen: Betrachte das Bild einer Zelle und baue es aus dem Gedächtnis nach.

191

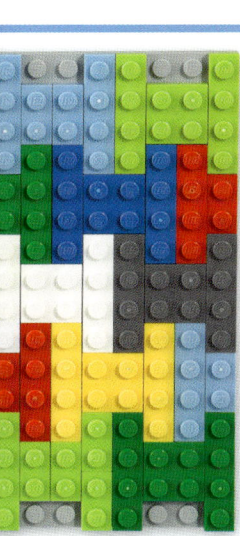

Baue aus Platten ein Wiederholungsmuster als Schmuck für dein Zimmer. Du kannst das Muster mit mehr Platten fortsetzen und die Dekoration vergrößern – wenn du genügend Steine hast!

Windmühlmuster aus Winkelplatten

Der Raum zwischen den Windmühlen hat stets die gleiche Form, aber nicht immer die gleiche Ausrichtung.

Baue ein sich wiederholendes Muster

BAUMEISTER-TIPP

Vervollkommne das Aussehen deiner Muster und finde heraus, wie die losen Teile zusammenpassen, bevor du sie auf die Basisplatte steckst.

192 Drehe deinen eigenen LEGO Film

BAUMEISTER-TIPP

Beleuchte dein Set mit Lampen. Natürliches Licht ändert sich ständig und dann sieht dein Film ungleichmäßig aus.

Mache deine LEGO Szenen mit einem Zeitrafferfilm lebendig. Du brauchst eine Digitalkamera, um viele Bilder zu machen – und viel Geduld, da du Teile der Szene zwischen jedem Foto ein bisschen bewegen musst! Die Mühe lohnt sich, wenn du die Bilder abspielst und deinen ersten Blockbuster siehst. Wird es ein Actionfilm, ein Liebesfilm oder eine Komödie?

Baue keine ganzen Gebäude, sondern nur das, was im Film zu sehen ist.

ZEITRAFFER

Für einen Zeitrafferfilm müssen Kamera und Hintergrund bei jeder Aufnahme exakt die gleiche Position haben. Die besten Ergebnisse erzielst du, wenn die Kamera auf einem Stativ sitzt. Hast du deine Fotos gemacht, lässt du sie als Diashow auf deinem Computer laufen und deine Minifiguren zum Leben erwachen!

Bewege die Basisplatte zwischen den Aufnahmen nicht!

Drehe zuerst einen Kurzfilm über eine gehende Minifigur.

Hebe ein Bein an und mache ein Bild.

Setze dann den Fuß auf und mache noch ein Bild.

Hebe das andere Bein an ... und so weiter.

Bewege für ein realistisches Aussehen auch die Arme!

Mache ein Zeitraffervideo auf S. 92.

193 Wer baut das erste Mikroschiff?

Brückenteil aus vier Elementen

Schornstein aus umgekehrtem Kegel

Montiere erst diese Platte, dann die Fracht.

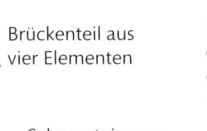

Nimm für dein Schiff Steine in deiner Lieblingsfarbe.

Jedes Schiff hat vier Frachtstücke.

Der Kegel steckt auf einer Platte mit vertikaler Stange. Baue diese Platte vor dem Brückenteil ein.

Jedes Schiff hat vorn und hinten Dachsteine.

Würfle oder drehe einen sechsseitigen LEGO Kreisel.

In diesem schnellen Bauspiel für zwei oder mehr Spieler geht es mit Volldampf voraus! Stichst du in See, wenn die anderen Kapitäne noch im Dock sind?

SO WIRD GESPIELT

1 Jeder Spieler baut aus allen Elementen ein Frachtschiff. Die Spieler würfeln abwechselnd.

2 Würfelt ein Spieler eine 1, 2, 3 oder 4, darf er ein Element anbauen. Man baut zuerst den 2x4-Stein auf die 2x6-Basisplatte.

3 Würfelt ein Spieler eine 5, entfernt er ein Element von seinem Schiff. Bei einer 6 darf er ein Element von einem anderen Schiff entfernen. Würfelt er beim ersten Wurf eine 5 oder 6, muss er erneut würfeln, bis er eine 1, 2, 3 oder 4 bekommt.

4 Gewinner ist, wer als Erster sein Frachtschiff fertig hat.

194 Baue einen Superhelden

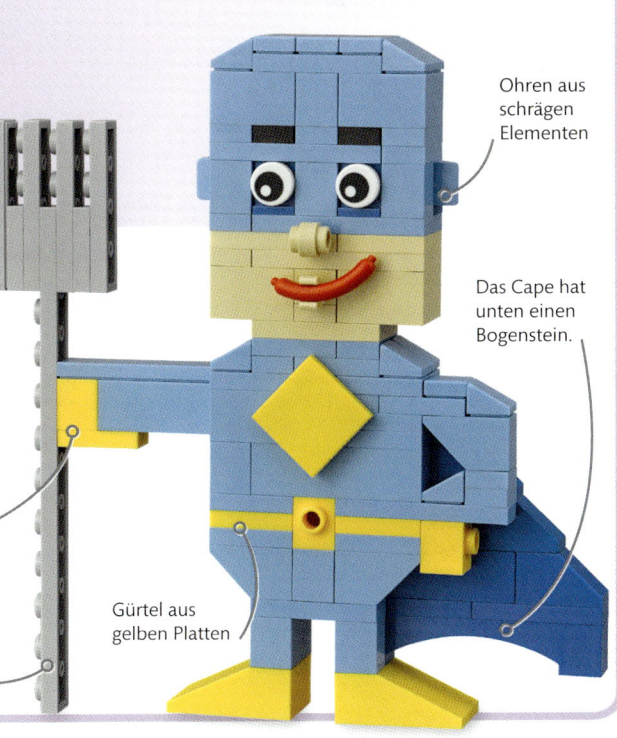

Wünschst du dir manchmal, einen Superhelden zum Freund zu haben? Hier kannst du dir einen bauen! Überlege, welche Werkzeuge und Geräte er hätte, und baue ihm ein cooles Kostüm. Dieser Held schützt dein Lieblingsessen vor deiner hungrigen Familie!

Vergiss nicht, deinem Superhelden einen Namen zu geben!

Ohren aus schrägen Elementen

Das Cape hat unten einen Bogenstein.

Hände aus Steinen mit Seitennoppen

Gürtel aus gelben Platten

Kapitän Kotelett trägt stets eine Gabel!

195 Wer überquert zuerst den Fluss?

Jeder Schritt muss gut überlegt sein in diesem rasanten Spiel für zwei – Trittsteine kommen und gehen und die Strömung kann sich ständig ändern! Denke immer zwei Schritte voraus – oder sogar zwei Schritte seitwärts und einen Schritt rückwärts!

Wenn du keinen bunten Würfel hast, nimmst du einen normalen.

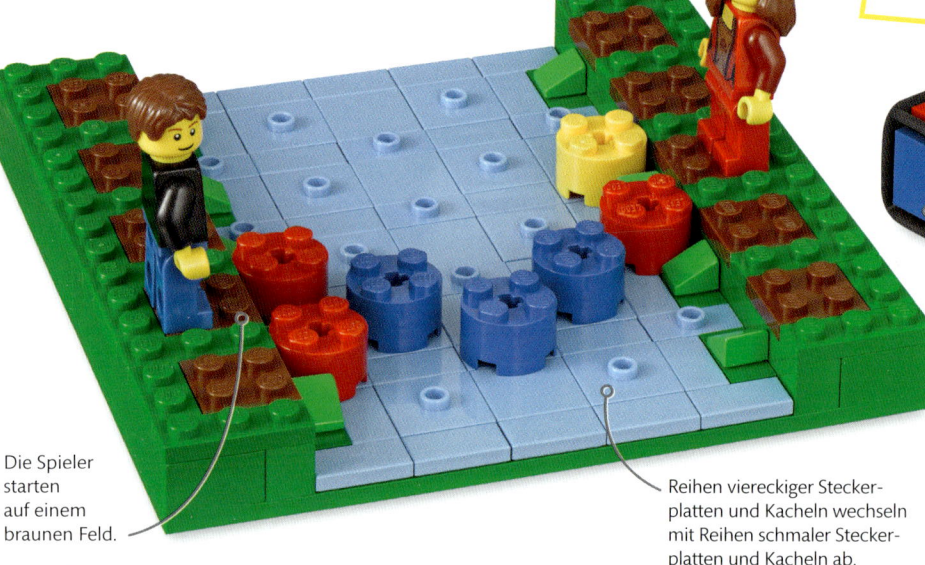

Die Spieler starten auf einem braunen Feld.

Reihen viereckiger Stecker-platten und Kacheln wechseln mit Reihen schmaler Stecker-platten und Kacheln ab.

Ordne die Zahlen normaler Würfel den Farben zu (1, 2 = rot, 3, 4 = blau, 5, 6 = gelb).

Trittsteine aus runden Steinen

SO WIRD GESPIELT

 **1** Die Spieler stellen ihre Minifigur auf den gegenüberliegenden Seiten des Flusses auf und werfen abwechselnd einen Würfel mit roten, blauen und gelben Seiten.

 **2** Wenn ein Spieler eine Farbe gewürfelt hat, darf er einen Trittstein dieser Farbe irgendwo auf dem Brett einbauen, einen unbesetzten Stein dieser Farbe wegnehmen oder seine Minifigur auf einen Stein dieser Farbe neben seiner aktuellen Position setzen.

 **3** Ein Spieler darf mehrere Steine überqueren, die eine Linie der gewürfelten Farbe bilden. Er darf aber nicht auf einem Stein landen oder ihn überspringen, auf dem die andere Minifigur steht.

 **4** Gewinner ist, wer als Erster das Ufer gegenüber erreicht.

Das Überqueren erfordert mindestens fünf Steine.

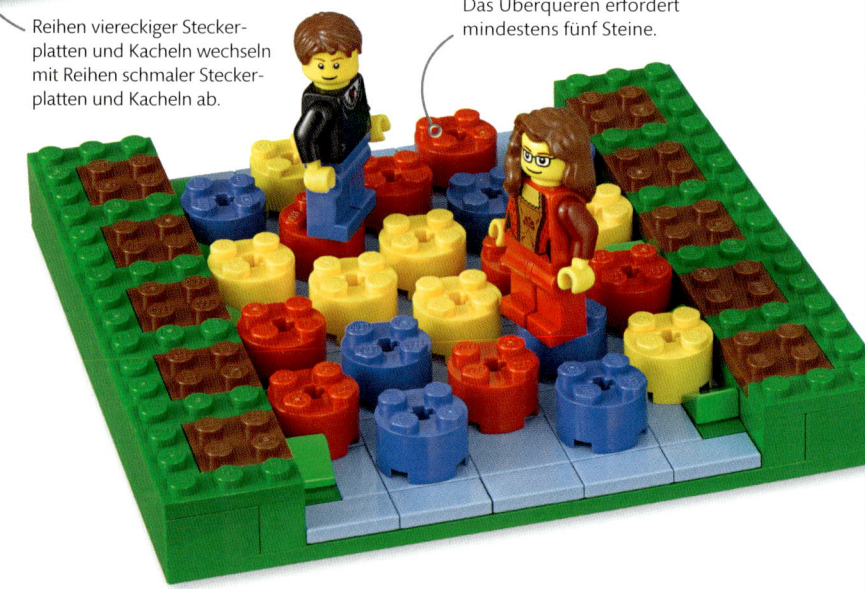

STEINE UND TRITTSTEINE
Ein Fluss aus Steckerplatten und Kacheln erleichtert das Hinzufügen und Entfernen der Trittsteine und es ist klar, wo jeder Trittstein genau hingehört.

Hänge auf den Bügel nur T-Shirts und leichte Tops, sonst verbiegen sich die Träger!

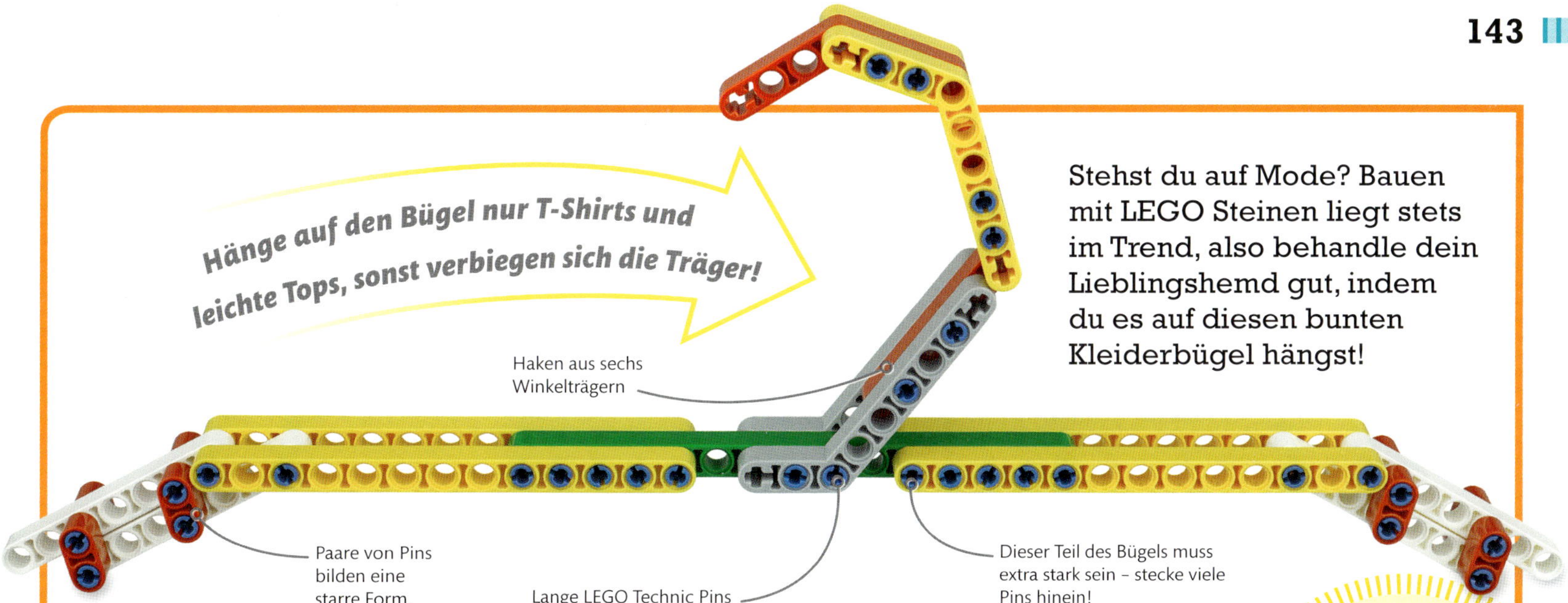

Stehst du auf Mode? Bauen mit LEGO Steinen liegt stets im Trend, also behandle dein Lieblingshemd gut, indem du es auf diesen bunten Kleiderbügel hängst!

Haken aus sechs Winkelträgern

Paare von Pins bilden eine starre Form.

Lange LEGO Technic Pins verbinden drei Trägerlagen.

Dieser Teil des Bügels muss extra stark sein – stecke viele Pins hinein!

Konstruiere einen coolen Kleiderbügel

196

LOS! WIR MÜSSEN UNS VERSTECKEN!

Schreibe eigene Bildtexte.

Diese Minifiguren befinden sich in London.

BAUMEISTER-TIPP

Halte eine Minifigur nahe vor die Kamera – so taucht sie überraschend in der Szene dahinter auf!

Lass deine Minifiguren für eine Story posieren.

Minifiguren erkunden so gern die Welt. Mache mit ihnen einen Ausflug und halte ihre Abenteuer mit der Kamera fest! Bald hast du eine tolle Galerie der fantastischen Orte, an denen sie waren.

Gehe mit deinen Minifiguren auf Fototour

197

BAUMEISTER-TIPP

Nimm große, kühne Formen und kümmere dich nicht um Details – hier geht es nur um Monsterschatten!

Verwandle ein kleines Modell in ein Megamonster, indem du eine Taschenlampe darauf richtest, damit es einen Riesenschatten wirft! Die Farben sind egal – baue aus deinen riesigsten Formen supergruselige Schatten!

199

Ob glatte Elemente oder mit Noppen – alles klappt!

Jedes Familienmitglied hat eine Spalte für seine Aktivitäten.

Nimm Minifiguren, die deiner Familie ähneln.

Drachenflügel erzeugen besonders gruselige Schatten.

Kugelgelenke für unterteilte Körper

Baue aufrecht stehende Modelle, um die Hände für die Lampe frei zu haben.

Das Riesenauge ist eine Lupe.

Gruselige Zähne aus LEGO Technic Zahnstange

Beine aus gestapelten Kegeln

SCHATTENSPIELE

Für einen tollen Schatten richtest du eine helle Taschenlampe auf dein Monster vor einer nackten weißen Wand. Lerne, dein Monster zu verdrehen, damit der Schatten seine Form ändert – und dann schleiche dich an, um jemanden zu erschrecken!

198 Wirf einen Monsterschatten

Baue einen Wochenplaner

Bilde Spalten für die Minifiguren und die Wochentage.

Mit Zahlen bedruckte Kacheln für Termine

Nimm Elemente für Aktivitäten – die Staffelei steht für den Kunstkurs!

Farbige Platten stehen für Wochentage.

STEHEN WIR HIER DIE GANZE WOCHE?

Mit dem Wochenplaner versäumst du nie wieder die Klavierstunde! Von Mamas Kunstkurs am Montag bis zum Fußballtraining am Sonntag – alle wichtigen Daten und Termine sind mit Minifiguren und LEGO Elementen markiert.

Halte die Lampe an die Füße des Monsters für einen richtig langen Schatten.

IIIH! WAS IST DAS? ACH, ICH BIN'S.

Einfache, klare Formen erzielen große Wirkung.

Kurze Beine wirken als Schatten viel größer.

BAUMEISTER-TIPP

Wenn du keine Zahlenplatten hast, dann baust du Reihen kleiner runder Platten – drei stehen für 15 Uhr.

200 Baue eine tolle Zeichenmaschine

Mit dieser großartigen Maschine machst du alle Arten von Mustern – du musst nur die Kurbel drehen! Die Zahnräder bewegen Stift und Papier und vor deinen Augen erscheinen fantastische Wirbel.

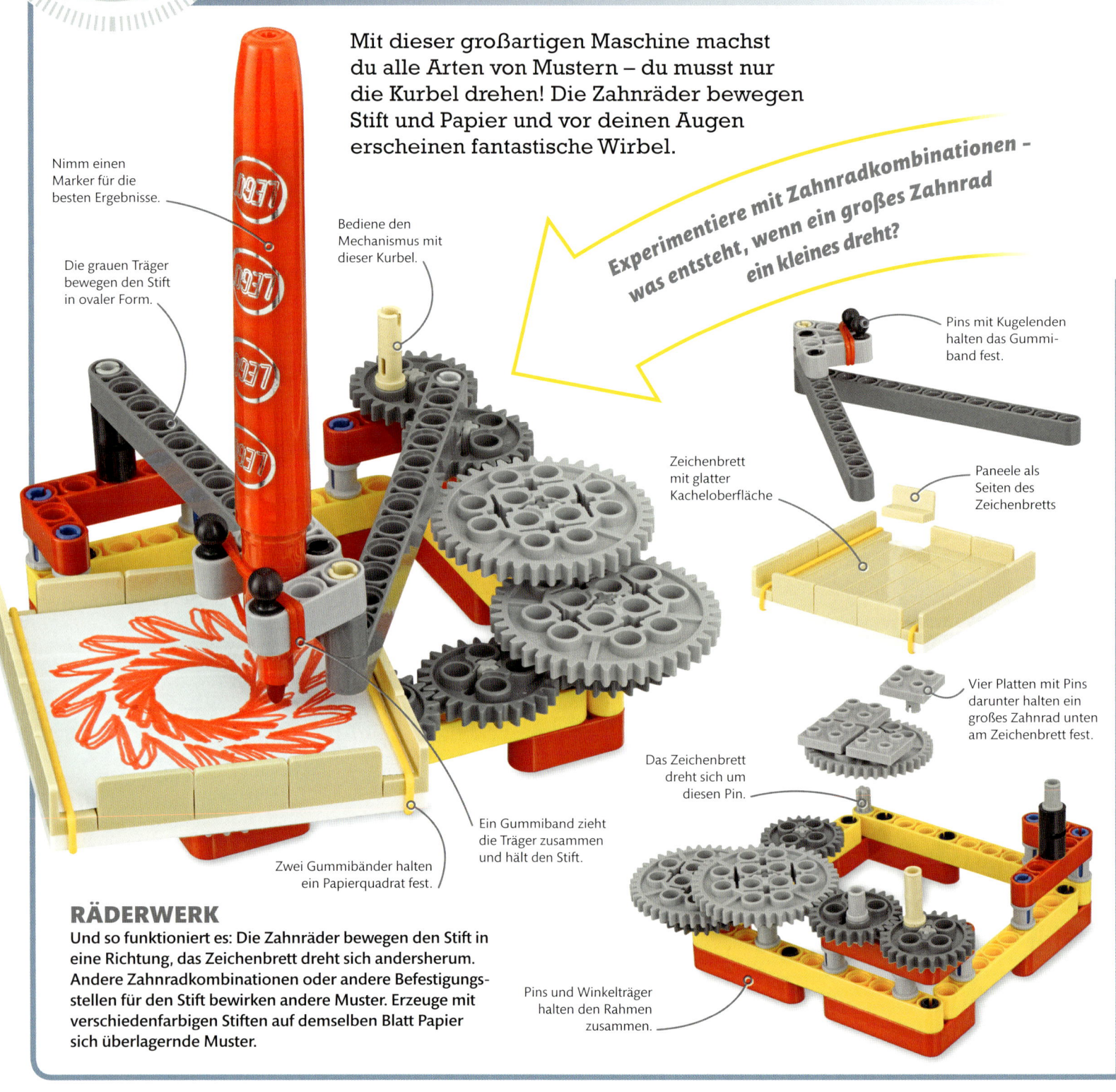

Nimm einen Marker für die besten Ergebnisse.

Die grauen Träger bewegen den Stift in ovaler Form.

Bediene den Mechanismus mit dieser Kurbel.

Experimentiere mit Zahnradkombinationen – was entsteht, wenn ein großes Zahnrad ein kleines dreht?

Pins mit Kugelenden halten das Gummiband fest.

Zeichenbrett mit glatter Kacheloberfläche

Paneele als Seiten des Zeichenbretts

Vier Platten mit Pins darunter halten ein großes Zahnrad unten am Zeichenbrett fest.

Das Zeichenbrett dreht sich um diesen Pin.

Ein Gummiband zieht die Träger zusammen und hält den Stift.

Zwei Gummibänder halten ein Papierquadrat fest.

Pins und Winkelträger halten den Rahmen zusammen.

RÄDERWERK

Und so funktioniert es: Die Zahnräder bewegen den Stift in eine Richtung, das Zeichenbrett dreht sich andersherum. Andere Zahnradkombinationen oder andere Befestigungsstellen für den Stift bewirken andere Muster. Erzeuge mit verschiedenfarbigen Stiften auf demselben Blatt Papier sich überlagernde Muster.

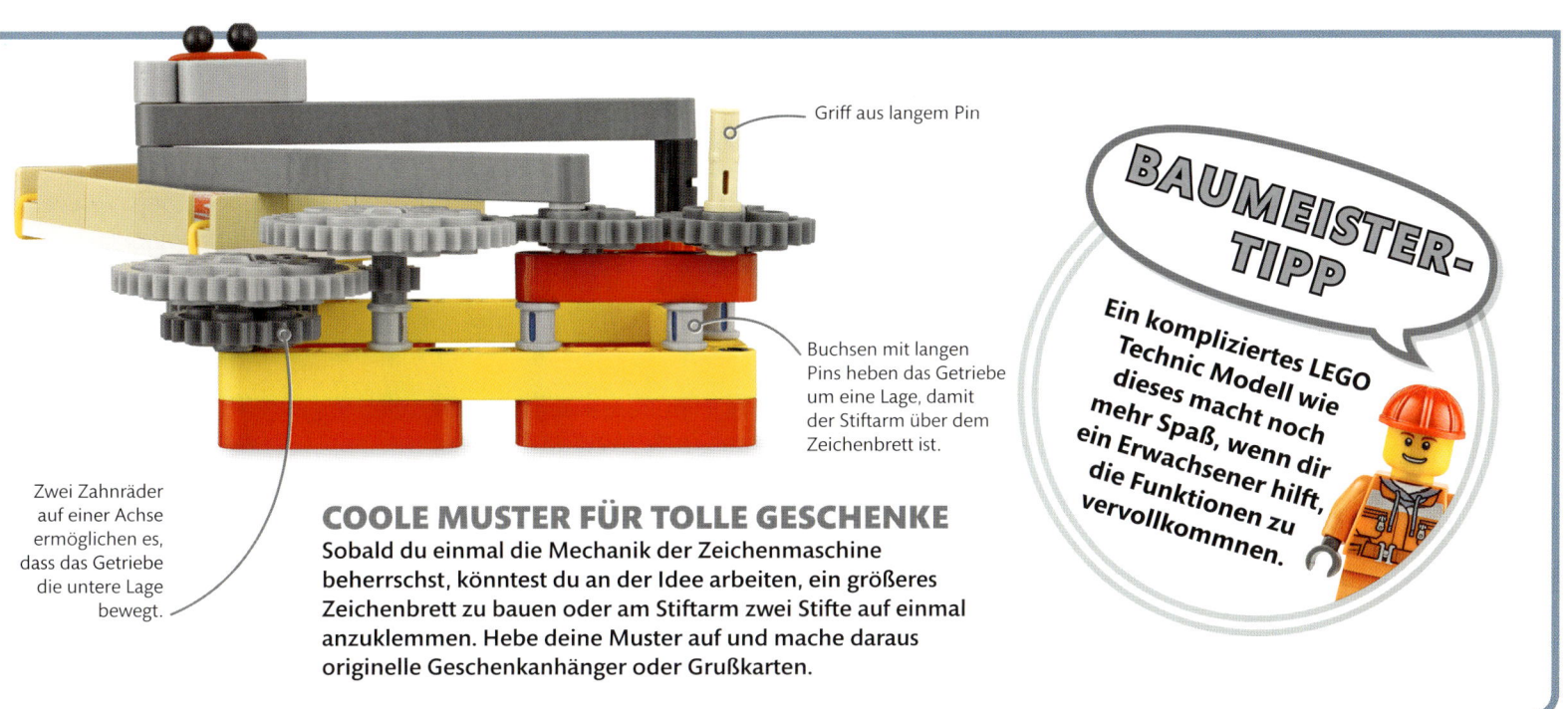

Griff aus langem Pin

Buchsen mit langen Pins heben das Getriebe um eine Lage, damit der Stiftarm über dem Zeichenbrett ist.

Zwei Zahnräder auf einer Achse ermöglichen es, dass das Getriebe die untere Lage bewegt.

COOLE MUSTER FÜR TOLLE GESCHENKE

Sobald du einmal die Mechanik der Zeichenmaschine beherrschst, könntest du an der Idee arbeiten, ein größeres Zeichenbrett zu bauen oder am Stiftarm zwei Stifte auf einmal anzuklemmen. Hebe deine Muster auf und mache daraus originelle Geschenkanhänger oder Grußkarten.

BAUMEISTER-TIPP

Ein kompliziertes LEGO Technic Modell wie dieses macht noch mehr Spaß, wenn dir ein Erwachsener hilft, die Funktionen zu vervollkommnen.

Fünf von jeder Steinart

201

Nimm je fünf Stück von fünf verschiedenen Steinarten – was kannst du aus allen 25 Steinen in fünf Minuten bauen? Diese Modelle bestehen aus fünf runden 1x1-Platten, fünf 1x1-Steinen, fünf 1x2-Steinen, fünf 2x3-Steinen und fünf 2x4-Steinen.

Kümmere dich nicht um die Farbe der Steine.

Gib einem Freund die gleiche Steinmischung für ein Wettspiel.

An diesem Haus bilden alle runden Platten einen Schornstein.

Der Schwanz des Pudels sitzt auf einer runden Platte.

BAUMEISTER-TIPP

Hab keine Angst, dein Modell mittendrin in etwas anderes umzubauen. Fünf Minuten sind eine lange Zeit!

202 Papierrollen-halter

Dünnere Endabschnitte sitzen in den Seiten.

Dieses Modell ist nicht nur fröhlich und attraktiv, sondern auch nützlich! Mit diesem praktischen Papierrollenhalter hältst du deine Küche flott und bequem sauber – der LEGO Rahmen selbst ist mit etwas warmem Wasser leicht zu reinigen.

Die Einzelnoppen-verbindung macht die Rolle leicht auswechselbar.

Acht Lagen langer überlappender Platten bilden eine starke Leiste.

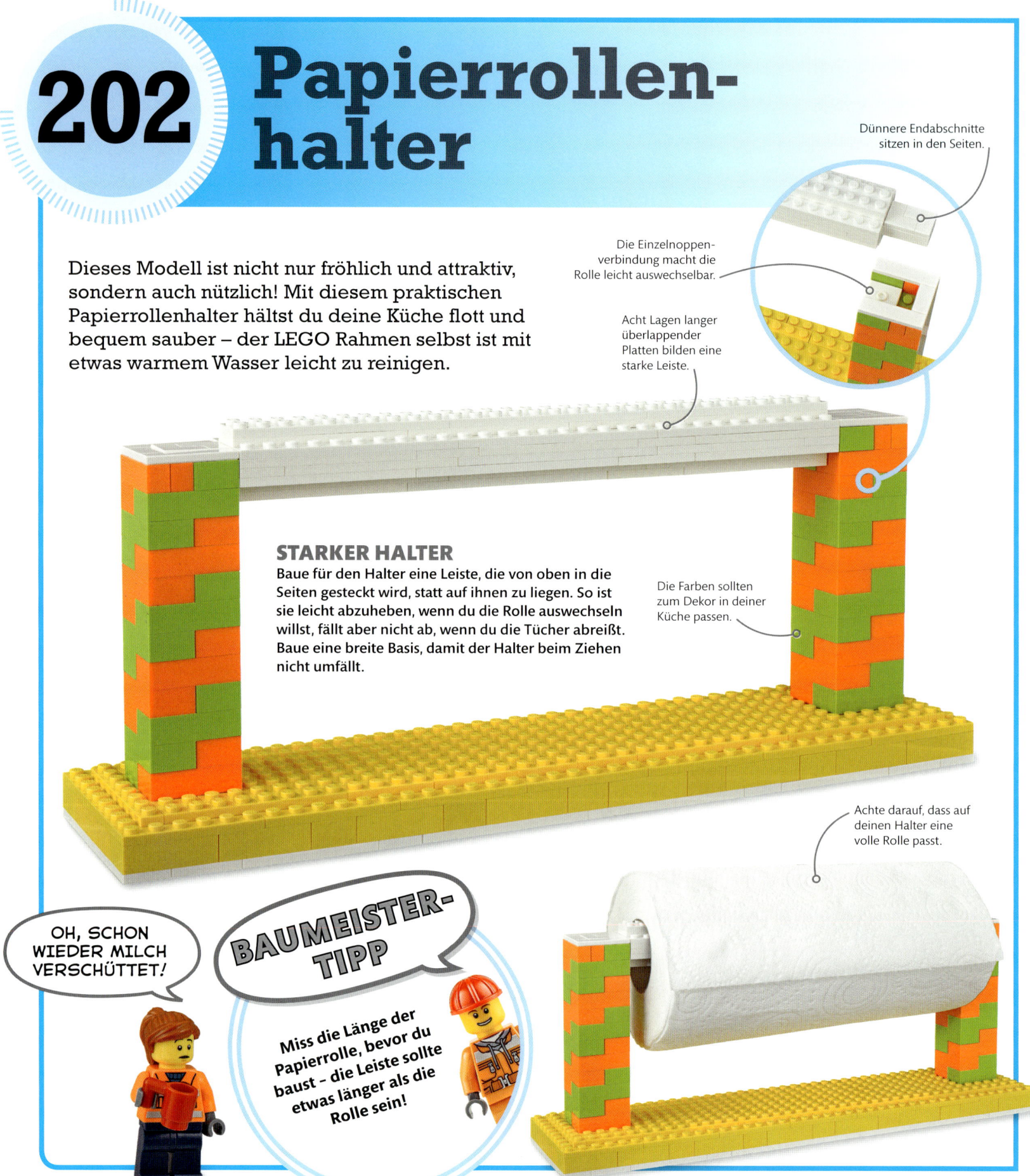

STARKER HALTER

Baue für den Halter eine Leiste, die von oben in die Seiten gesteckt wird, statt auf ihnen zu liegen. So ist sie leicht abzuheben, wenn du die Rolle auswechseln willst, fällt aber nicht ab, wenn du die Tücher abreißt. Baue eine breite Basis, damit der Halter beim Ziehen nicht umfällt.

Die Farben sollten zum Dekor in deiner Küche passen.

Achte darauf, dass auf deinen Halter eine volle Rolle passt.

OH, SCHON WIEDER MILCH VERSCHÜTTET!

BAUMEISTER-TIPP

Miss die Länge der Papierrolle, bevor du baust – die Leiste sollte etwas länger als die Rolle sein!

Ziehe eine Bauidee aus dem Hut

Jemand hatte die Idee, einen Hummer zu bauen!

RATET MAL, WAS DAS IST!

MIR LÄUFT DIE ZEIT DAVON!

Halte eine beliebige Auswahl an Steinen bereit.

Bei diesem Spiel kommst du auf tolle Ideen und kannst Anregungen mit Freunden teilen! Die Spieler schreiben fünf Bauideen auf Zettel und falten sie zusammen. Lege sie in einen Beutel und dann ziehen alle einen Zettel heraus – ohne ihn den anderen Spielern zu zeigen. Jeder hat fünf Minuten Zeit, die gezogene Idee zu bauen. Versucht nach Ablauf der Zeit zu raten, was jeder gebaut hat!

204 Baue einen Messschieber

Baue ein Werkzeug, mit dem du deine LEGO Steine messen kannst! Dieser Messschieber sagt dir, wie viele Platten nötig sind, um einen Stein zu umfassen – was gerade fürs Seitwärtsbauen wichtig ist.

Baue das bewegliche Teil separat und schiebe es von unten auf.

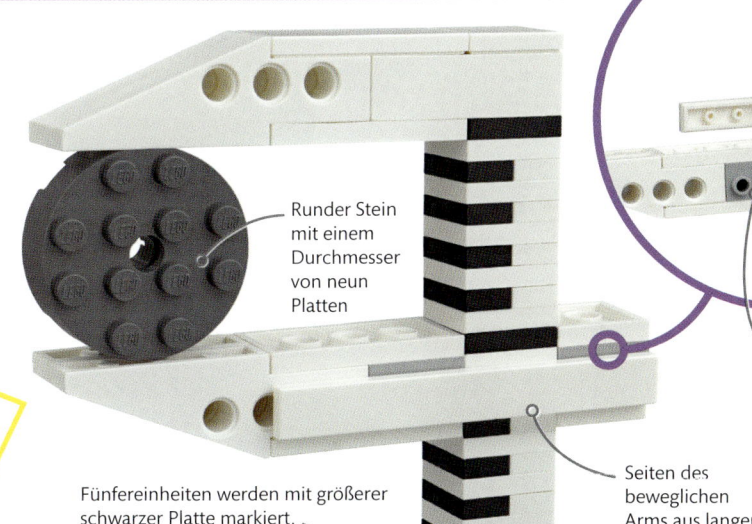

Runder Stein mit einem Durchmesser von neun Platten

Steine mit Seitennoppen halten die Kacheln.

Fünfereinheiten werden mit größerer schwarzer Platte markiert.

Seiten des beweglichen Arms aus langen Kacheln

Miss mit einem Lineal auf S. 242.

205 Spiele Ritter, Zauberer, Schmied

Der Zauberer sitzt tiefer, damit er durch das Gewicht seines Hutes nicht umkippt.

Baue Details an, die zu deinen Minifiguren passen.

Dieses Spiel geht genau wie Schere, Stein, Papier. Beide Spieler haben das gleiche Modell mit drei Minifiguren, die verdeckt an Hebeln sitzen. Zählt bis drei, dann klappen die Spieler eine Minifigur hoch, mit der sie den Gegner schlagen wollen. Ritter schlägt Schmied, Schmied schlägt Zauberer, Zauberer schlägt Ritter.

WECHSLE DAS THEMA
Statt des Mittelalterthemas könntest du Fledermaus, Tiger, Mammut mit Stämmen aus LEGO® Legends of Chima™ spielen. Versuche alle Kombinationen von Minifiguren! Das Spiel funktioniert immer, wenn eine Minifigur gegen einen Gegner gewinnt, aber verliert, wenn sie gegen den anderen antritt.

Die Hebel drehen sich um Technic Pins zwischen 2x2-Platten mit Ringen.

Drücke nach unten, um die gewählte Minifigur zu zeigen.

WO SIND DIE ANDEREN HIN?

Die Minifigur steht auf einer Winkelplatte.

Die Planke hat acht Felder.

206

207 Fernbedienungs-Behälter

Mit dieser praktischen Box für deine Fernbedienungen wirst du nie die Kontrolle über sie verlieren! Dieses Modell hat Platz für drei verschieden große Exemplare, aber du kannst es auch höher bauen.

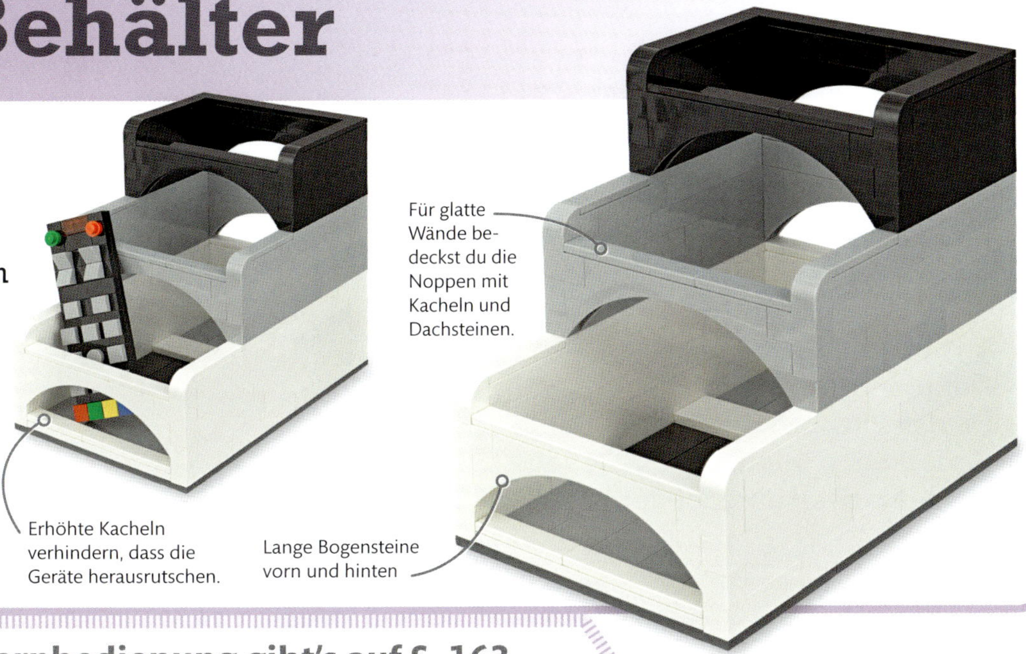

Für glatte Wände bedeckst du die Noppen mit Kacheln und Dachsteinen.

Erhöhte Kacheln verhindern, dass die Geräte herausrutschen.

Lange Bogensteine vorn und hinten

Einen Streich mit der Fernbedienung gibt's auf S. 163.

DIESES SPIEL GEFÄLLT MIR GAR NICHT!

Rote Zone heißt Gefahr!

Gestapelte Dachsteine als größerer Hai

Einzelne Dachsteine als Haiflossenspitzen

Was für ein gefährliches Ratespiel! Für jede falsche Antwort, die du gibst, muss die arme Minifigur weiter auf der Planke zu einem Meer voller Haie ziehen. Mache die Planke so lang, wie du willst, aber falle nicht ins Wasser!

SO WIRD GESPIELT

1 Zu Beginn sind zwei Minifiguren im Boot. Der erste Spieler denkt sich ein Wort aus, sagt dem anderen, was für ein Ding es ist, und nennt den ersten Buchstaben (z.B.: „Etwas zu essen, beginnt mit ‚P'").

2 Der zweite Spieler versucht durch Fragen herauszufinden, woran der andere denkt. Der erste Spieler darf nur mit „Ja" oder „Nein" antworten. Der zweite Spieler kann jederzeit raten, was es ist.

3 Immer wenn Spieler eins „Nein" sagt oder Spieler zwei falsch rät, zieht dessen Minifigur ein Feld auf der Planke weiter vom Boot weg.

4 Ziel des Spiels ist es, das Wort richtig zu erraten, bevor die Minifigur ins Wasser fällt! Wiederholt das Spiel mit vertauschten Rollen – nun zieht die Minifigur von Spieler eins auf der Planke zum Meer.

Falle nicht ins Wasser!

208 Baue einen Themenfotorahmen

Füge ein Lieblingsfoto in ein Märchenschloss für eine Dekoration ein, mit der du auch spielen kannst! Dieser Rahmen hat einen Turm mit zwei Innenräumen und einen Wehrgang, der sich anheben lässt, um das Bild auszuwechseln. Das Modell passt leicht auf ein Regal – fürs Ausstellen und Spielen!

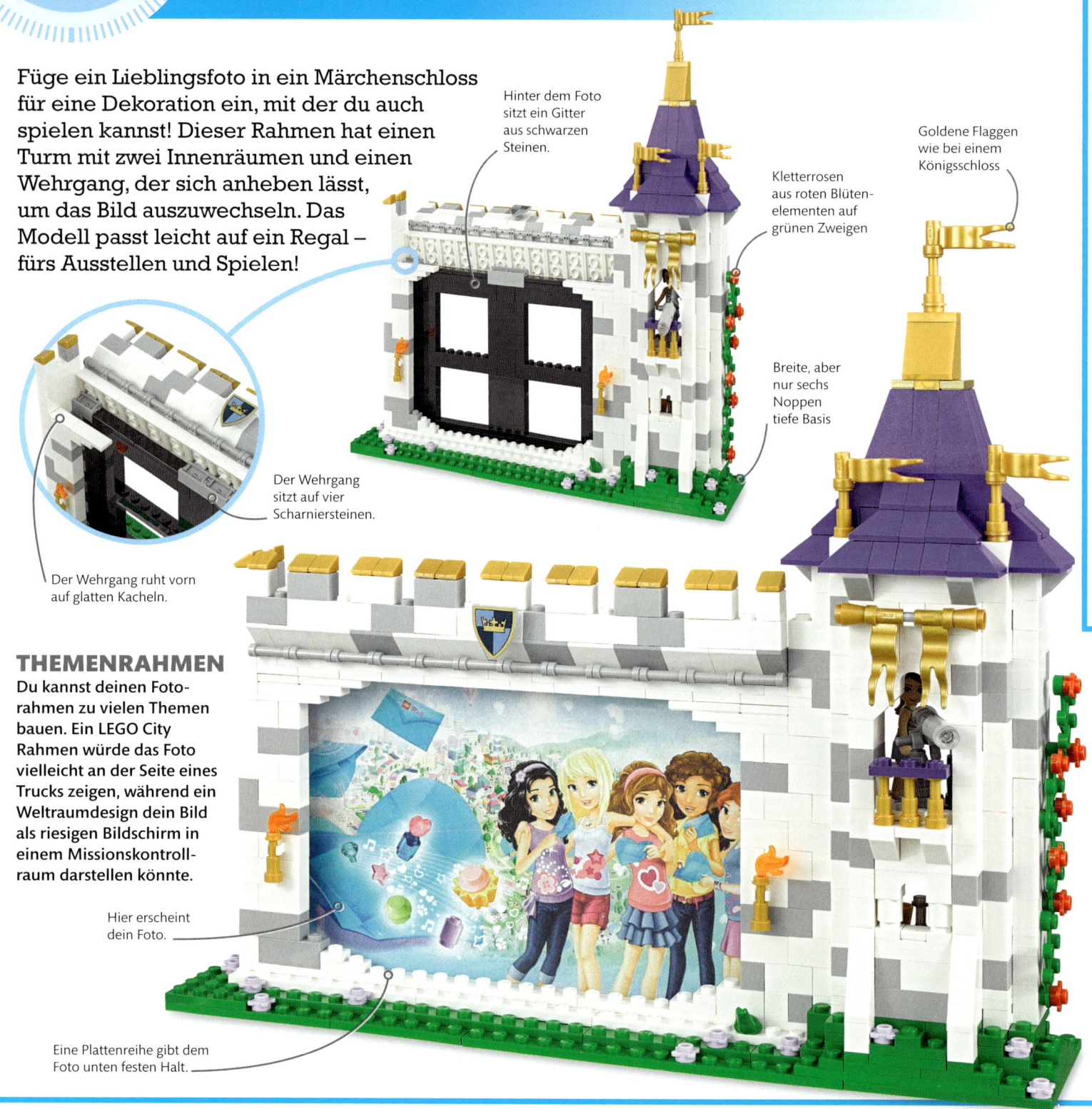

Hinter dem Foto sitzt ein Gitter aus schwarzen Steinen.

Goldene Flaggen wie bei einem Königsschloss

Kletterrosen aus roten Blütenelementen auf grünen Zweigen

Breite, aber nur sechs Noppen tiefe Basis

Der Wehrgang sitzt auf vier Scharniersteinen.

Der Wehrgang ruht vorn auf glatten Kacheln.

THEMENRAHMEN

Du kannst deinen Fotorahmen zu vielen Themen bauen. Ein LEGO City Rahmen würde das Foto vielleicht an der Seite eines Trucks zeigen, während ein Weltraumdesign dein Bild als riesigen Bildschirm in einem Missionskontrollraum darstellen könnte.

Hier erscheint dein Foto.

Eine Plattenreihe gibt dem Foto unten festen Halt.

Baue einen Esstischzug auf S. 96.

Baue eine Einschienen-Rennstrecke

209

Diese Minizüge fahren auf glatten Kachelschienen. Fahre mit einem Freund um die Wette: Wer ist schneller am Schienenende – der futuristische Hochgeschwindigkeitszug oder die altmodische Dampflok?

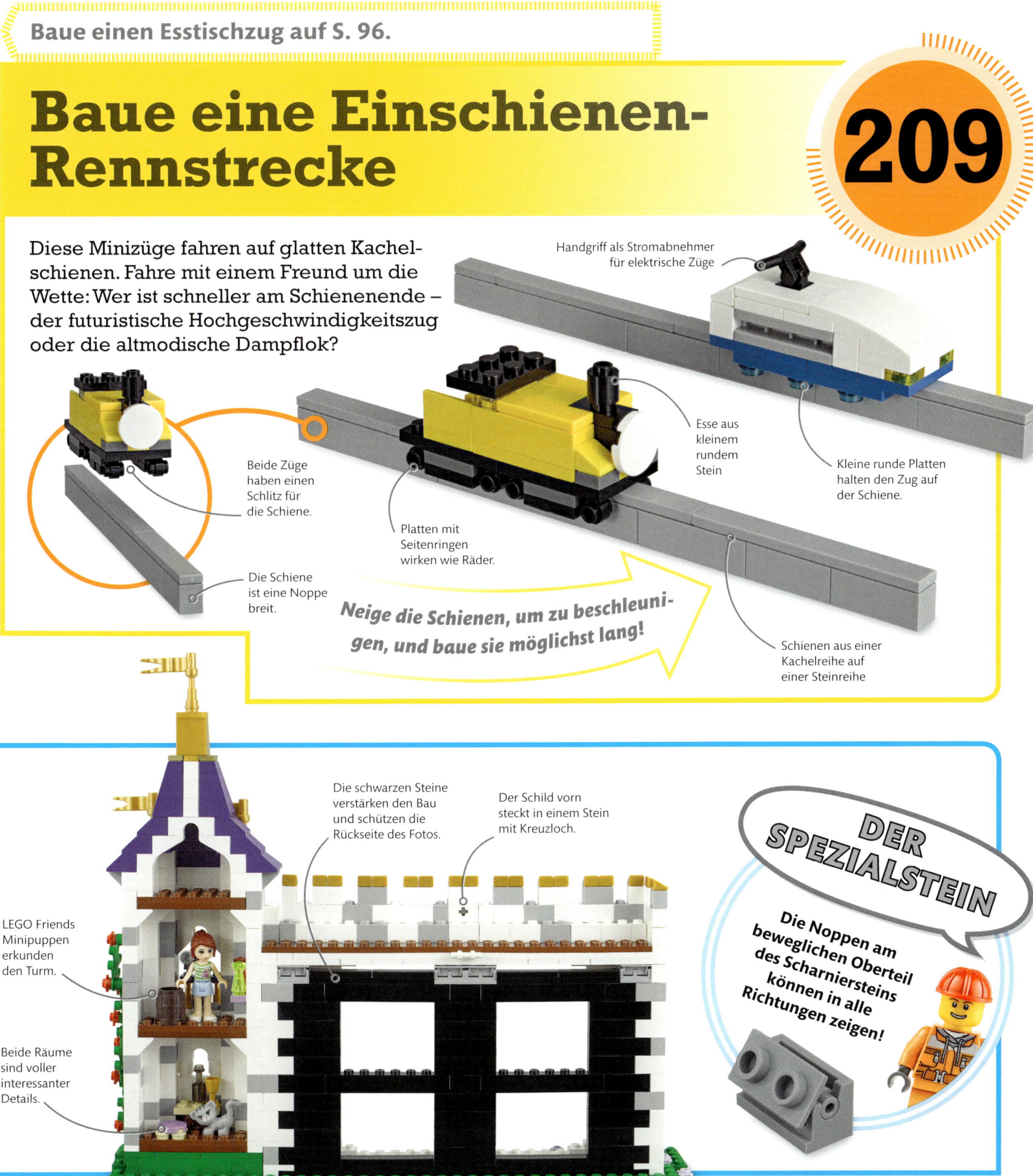

Handgriff als Stromabnehmer für elektrische Züge

Beide Züge haben einen Schlitz für die Schiene.

Die Schiene ist eine Noppe breit.

Platten mit Seitenringen wirken wie Räder.

Esse aus kleinem rundem Stein

Kleine runde Platten halten den Zug auf der Schiene.

Neige die Schienen, um zu beschleunigen, und baue sie möglichst lang!

Schienen aus einer Kachelreihe auf einer Steinreihe

Die schwarzen Steine verstärken den Bau und schützen die Rückseite des Fotos.

Der Schild vorn steckt in einem Stein mit Kreuzloch.

LEGO Friends Minipuppen erkunden den Turm.

Beide Räume sind voller interessanter Details.

DER SPEZIALSTEIN

Die Noppen am beweglichen Oberteil des Scharniersteins können in alle Richtungen zeigen!

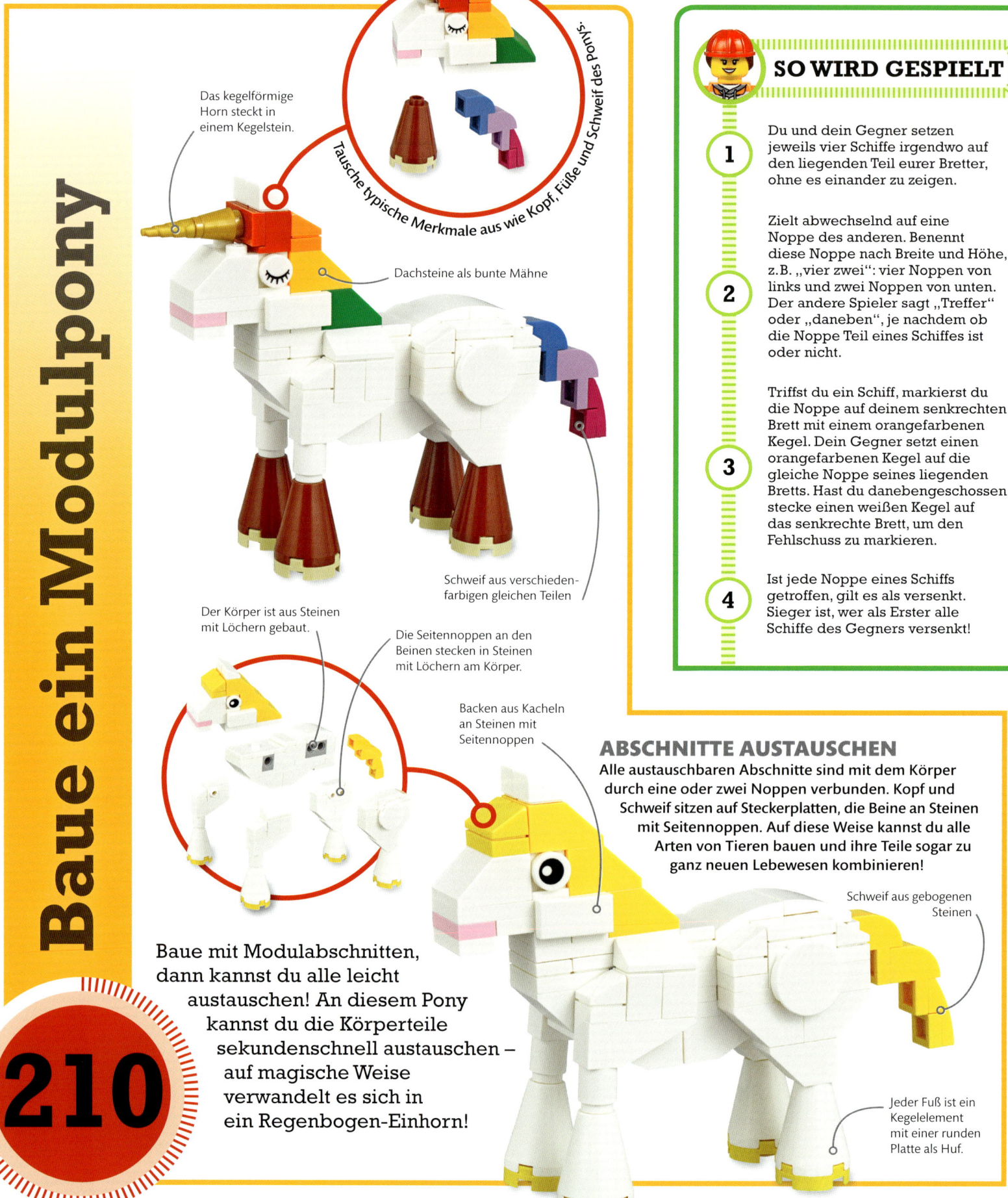

Baue ein Modulpony

Das kegelförmige Horn steckt in einem Kegelstein.

Tausche typische Merkmale aus wie Kopf, Füße und Schweif des Ponys.

Dachsteine als bunte Mähne

Schweif aus verschieden-farbigen gleichen Teilen

Der Körper ist aus Steinen mit Löchern gebaut.

Die Seitennoppen an den Beinen stecken in Steinen mit Löchern am Körper.

Backen aus Kacheln an Steinen mit Seitennoppen

Baue mit Modulabschnitten, dann kannst du alle leicht austauschen! An diesem Pony kannst du die Körperteile sekundenschnell austauschen – auf magische Weise verwandelt es sich in ein Regenbogen-Einhorn!

210

SO WIRD GESPIELT

1 Du und dein Gegner setzen jeweils vier Schiffe irgendwo auf den liegenden Teil eurer Bretter, ohne es einander zu zeigen.

2 Zielt abwechselnd auf eine Noppe des anderen. Benennt diese Noppe nach Breite und Höhe, z.B. „vier zwei": vier Noppen von links und zwei Noppen von unten. Der andere Spieler sagt „Treffer" oder „daneben", je nachdem ob die Noppe Teil eines Schiffes ist oder nicht.

3 Triffst du ein Schiff, markierst du die Noppe auf deinem senkrechten Brett mit einem orangefarbenen Kegel. Dein Gegner setzt einen orangefarbenen Kegel auf die gleiche Noppe seines liegenden Bretts. Hast du danebengeschossen, stecke einen weißen Kegel auf das senkrechte Brett, um den Fehlschuss zu markieren.

4 Ist jede Noppe eines Schiffs getroffen, gilt es als versenkt. Sieger ist, wer als Erster alle Schiffe des Gegners versenkt!

ABSCHNITTE AUSTAUSCHEN

Alle austauschbaren Abschnitte sind mit dem Körper durch eine oder zwei Noppen verbunden. Kopf und Schweif sitzen auf Steckerplatten, die Beine an Steinen mit Seitennoppen. Auf diese Weise kannst du alle Arten von Tieren bauen und ihre Teile sogar zu ganz neuen Lebewesen kombinieren!

Schweif aus gebogenen Steinen

Jeder Fuß ist ein Kegelelement mit einer runden Platte als Huf.

Spiele Schiffe versenken

Baue zwei Bretter mit Scharnieren und versenke die Schiffe des Gegners, bevor er in diesem Taktikspiel deine eigenen versenkt! Finde heraus, wo sich die feindlichen Schiffe verstecken – durch das Ausschlussverfahren und ein wenig Glück!

Markiere Treffer und Fehlschüsse mit Kegeln, Zylindern oder runden Steinen.

Ein schiffförmiges Abteil enthält die Kegel.

Markiere deine Treffer und Fehlschüsse auf dem senkrechten Brett.

Klickscharniere halten das senkrechte Brett.

Platziere deine Schiffe auf diesem Brett.

Jeder Spieler hat ein großes Schiff und drei kleine Schiffe.

Wie viele Daten passen in eine Box? Trillionen, wenn sie auf digitalen Speicherkarten sind! Diese kleinen Boxen enthalten Speicherkarten voller Fotos – ein wunderbares Geschenk!

Kacheln auf den Rändern unter jedem Deckel

Box mit Klemmscharnieren an einer Stange

Herzform aus zwei gebogenen Platten mit Löchern

Boxdeckel aus vier gebogenen Platten

Der Boxdeckel sitzt auf einem Scharnierstein.

Minibox für Speicherkarten

Hänge ein Mobile auf

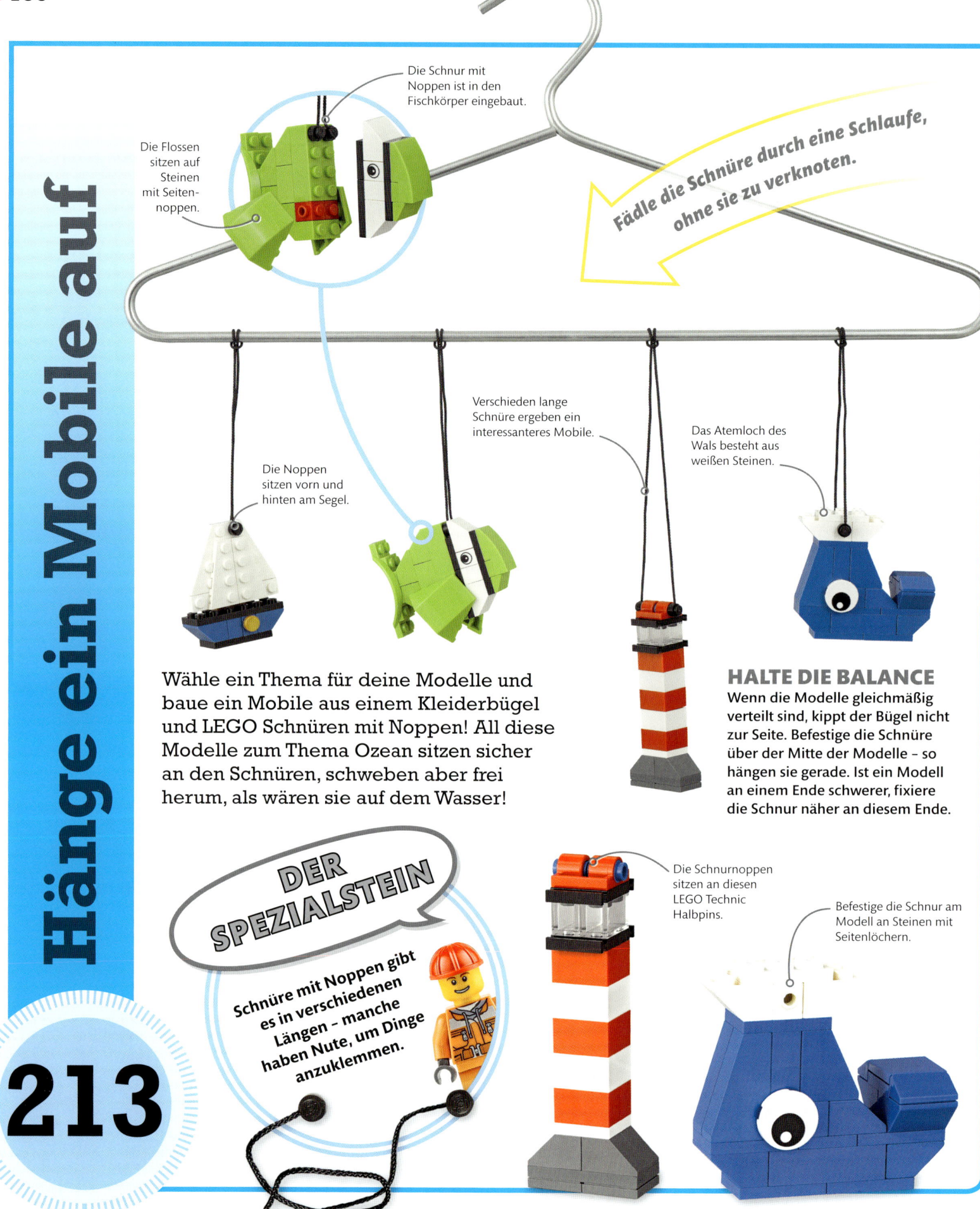

Die Schnur mit Noppen ist in den Fischkörper eingebaut.

Die Flossen sitzen auf Steinen mit Seitennoppen.

Fädle die Schnüre durch eine Schlaufe, ohne sie zu verknoten.

Verschieden lange Schnüre ergeben ein interessanteres Mobile.

Das Atemloch des Wals besteht aus weißen Steinen.

Die Noppen sitzen vorn und hinten am Segel.

Wähle ein Thema für deine Modelle und baue ein Mobile aus einem Kleiderbügel und LEGO Schnüren mit Noppen! All diese Modelle zum Thema Ozean sitzen sicher an den Schnüren, schweben aber frei herum, als wären sie auf dem Wasser!

HALTE DIE BALANCE
Wenn die Modelle gleichmäßig verteilt sind, kippt der Bügel nicht zur Seite. Befestige die Schnüre über der Mitte der Modelle – so hängen sie gerade. Ist ein Modell an einem Ende schwerer, fixiere die Schnur näher an diesem Ende.

DER SPEZIALSTEIN
Schnüre mit Noppen gibt es in verschiedenen Längen – manche haben Nute, um Dinge anzuklemmen.

213

Die Schnurnoppen sitzen an diesen LEGO Technic Halbpins.

Befestige die Schnur am Modell an Steinen mit Seitenlöchern.

214 Spiele
Fünf in einer Reihe

Der Spieler mit den weißen Pflöcken gewinnt nach 10 Runden.

Glatte Kacheln als Rand für die Basisplatte

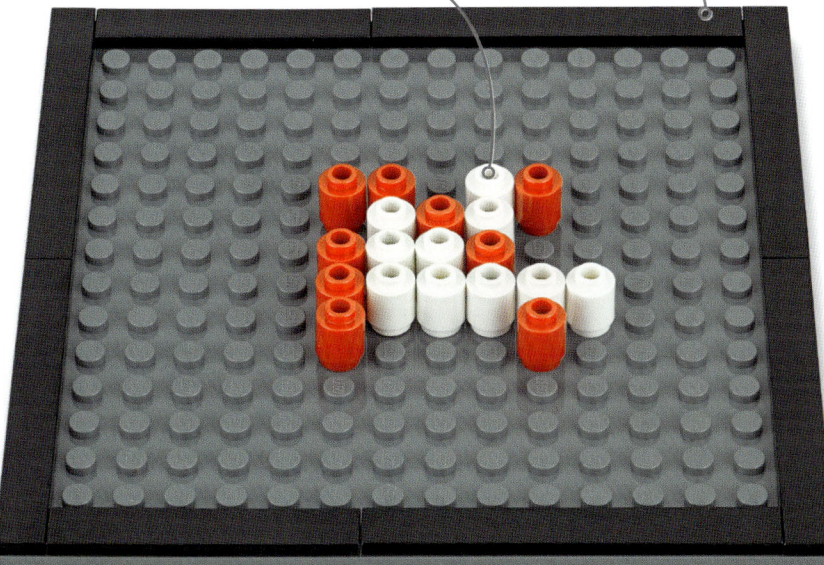

Dieses Spiel ist leicht zu bauen, aber schwer zu gewinnen! Du brauchst ein großes viereckiges Brett und viele kleine runde Steine – vor allem aber ein scharfes Auge und taktisches Geschick!

SO WIRD GESPIELT

1 Der eine Spieler hat weiße, der andere rote Pflöcke. Beide Spieler setzen abwechselnd ihre Pflöcke irgendwohin aufs Brett.

2 Ziel des Spiels ist es, eine Reihe von fünf Pflöcken einer Farbe zu setzen – vertikal, horizontal oder diagonal – und den Gegner daran zu hindern, dies zu tun, indem man ihn mit den eigenen Pflöcken blockiert.

3 Sieger ist, wer als Erster eine Fünferreihe bildet.

Mache ein Musikvideo

215

Becken aus Radarschüsseln

Baue deine Lieblingsband aus Minifiguren und mache ein eigenes Musikvideo! Arbeite mit Zeitraffer-animation oder vielen coolen und fantasievollen Standbildern, die zu deinem Lieblingssong passen!

Gitarrenhals aus einer Stange an einer Platte mit oberer Klemme

Körper der Gitarre aus einer Platte mit Seitenring und zwei kleinen Dachsteinen

Die Bassdrum ist seitwärts gebaut und sitzt an Wasserhahnelementen.

Wie du ein Zeitraffervideo drehst, erfährst du auf S. 140.

216

Das Turmbaurätsel

Dieser knifflige Turm gibt Menschen seit über 100 Jahren Rätsel auf! Ziel ist es, alle fünf Teile des Turms Stück für Stück von der linken auf die rechte Seite des Bretts zu versetzen. Hört sich einfach an, doch da gibt es Regeln! Und du musst die Aufgabe in höchstens 31 Zügen lösen. Wie viele Züge benötigst du?

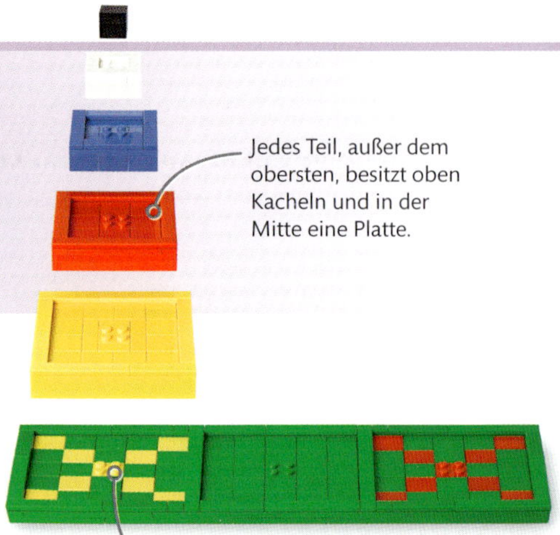

Jedes Teil, außer dem obersten, besitzt oben Kacheln und in der Mitte eine Platte.

Alle fünf Teile starten vom gelben „X".

Das Brett bedecken glatte Kacheln. In der Mitte jedes Feldes ist eine Platte.

Das Ziel: Baue den Turm auf dem roten „X" auf!

Hier siehst du vier Gesichter – aber nur zwei Modelle! Kannst du ein Gesicht bauen, das völlig anders aussieht, wenn es umgedreht wird?

Runzeln auf der Stirn aus schwarzen Platten

Baue Augen und Nase mitten ins Gesicht.

Würstchen-schnurrbart wird zu Augenbrauen.

Kleiner Bart wird zur Haar-strähne auf der Glatze.

Schnurrbart aus zwei Bananen

Mund aus umgedrehten Runzeln

217

Zwei Gesichter in einem

SO WIRD GESPIELT

1. Zu Beginn sind alle fünf Teile auf dem gelben „X" aufgestapelt.

2. Die Teile dürfen auf jedes größere Teil gestapelt werden, aber nicht auf ein kleineres. Die Teile dürfen auf jedes der drei Felder auf dem Brett bewegt werden.

3. Es darf nur das oberste Teil eines Stapels bewegt werden.

4. Das Rätsel ist gelöst, wenn der gleiche Turm auf dem Feld mit dem roten „X" steht.

Mache Musik mit einem Shaker auf S. 84.

Manche LEGO Steine sind lauter als andere! Finde heraus, welche die besten Klänge erzeugen, indem du aus ihnen Musikinstrumente baust. Spiele mit einigen coolen neuen Klängen eine Melodie und gründe deine eigene Band!

Schiebe eine lange LEGO Technic Achse längs durchs ganze Instrument.

Griff aus LEGO Technic Achsverbindern

Reiben diese Ketten an den runden Struktursteinen, entsteht ein Raspelklang.

KLANGEMPFEHLUNGEN

Schlaginstrumente klingen anders, je nach Größe und Form und dem, womit du sie bearbeitest. Ein großer Halbzylinder erzeugt einen tieferen Ton als ein kleiner und ein Schlägel aus einer LEGO Technic Achse macht mehr Lärm mit einem runden Stein am Ende. Berührst du einen Stein, wenn du ihn schlägst, so wird der Ton dumpfer, also baue Instrumente mit Griffen.

Die Halbzylinder sitzen auf grauen Winkelplatten.

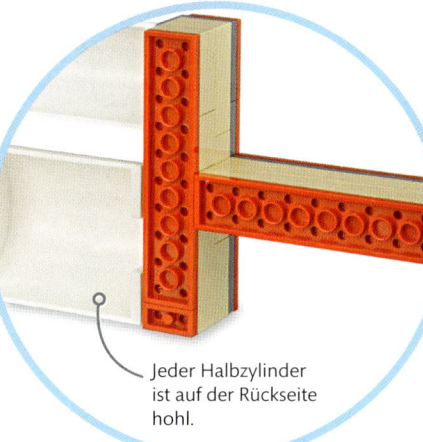

Jeder Halbzylinder ist auf der Rückseite hohl.

Der Schlägel für die Halbzylinder besteht aus runden Elementen und einem LEGO Technic Pin.

218 Baue LEGO Instrumente

219 Spiele Tombola

Schreibe Zahlen auf gleich große Zettel und gib sie in die Trommel.

Fülle diese Trommel mit Zahlen auf Zetteln, dann kannst du Tombola oder Bingo spielen! Wenn du mit der Kurbel die Trommel drehst, werden alle Zahlen gemischt, damit das Spiel Spaß macht und fair ist. Öffne die Klappe, ziehe Zahlen und verkünde sie, damit deine Freunde ihre Lose oder Bingokarten überprüfen können!

Schiebe die linke Achse durch Steine mit Löchern und befestige am Ende eine Kurbel.

Ein runder Stein sichert die Trommel an diesem Ende.

Durch die Fenster siehst du in die sich drehende Trommel.

Stabiles Gestell für die schwere Trommel

Lange Platten halten die Basis des Gestells zusammen.

LEGO Technic Pins halten die langen Träger oben und unten am Gestell.

DER AUFBAU
Eine Bingotrommel ist ein komplexes Gebilde, also lass dir Zeit beim Bauen. Baue die rechts gezeigten einzelnen Abschnitte und schließe die Enden mit großen Radarschüsseln ab. Schiebe lange Achsen an beiden Enden in Steine mit Löchern auf dem Gestell, auf dem die Trommel sitzt. Schließe auch die Basis des Gestells mit Steinen mit Löchern ab, um die Seiten mit LEGO Technic Trägern zu verstärken.

DER SPEZIALSTEIN

Achsen mit Endstoppern können nicht durch Steine mit Löchern schlüpfen.

Spiele Scharade mit Minifiguren

220

Wenn du eine Minifigur wärst, wer wolltest du sein? Agiere in diesem Spiel als deine Lieblingsminifigur und lass die Mitspieler raten, wer du bist. Du darfst nicht sprechen, sondern nur spielen, und die anderen müssen in einer Minute richtig raten!

Stelle ein Reihe von Minifiguren auf, aus der die Mitspieler eine wählen.

WIE SPIELST DU EINE SCHLANGE?

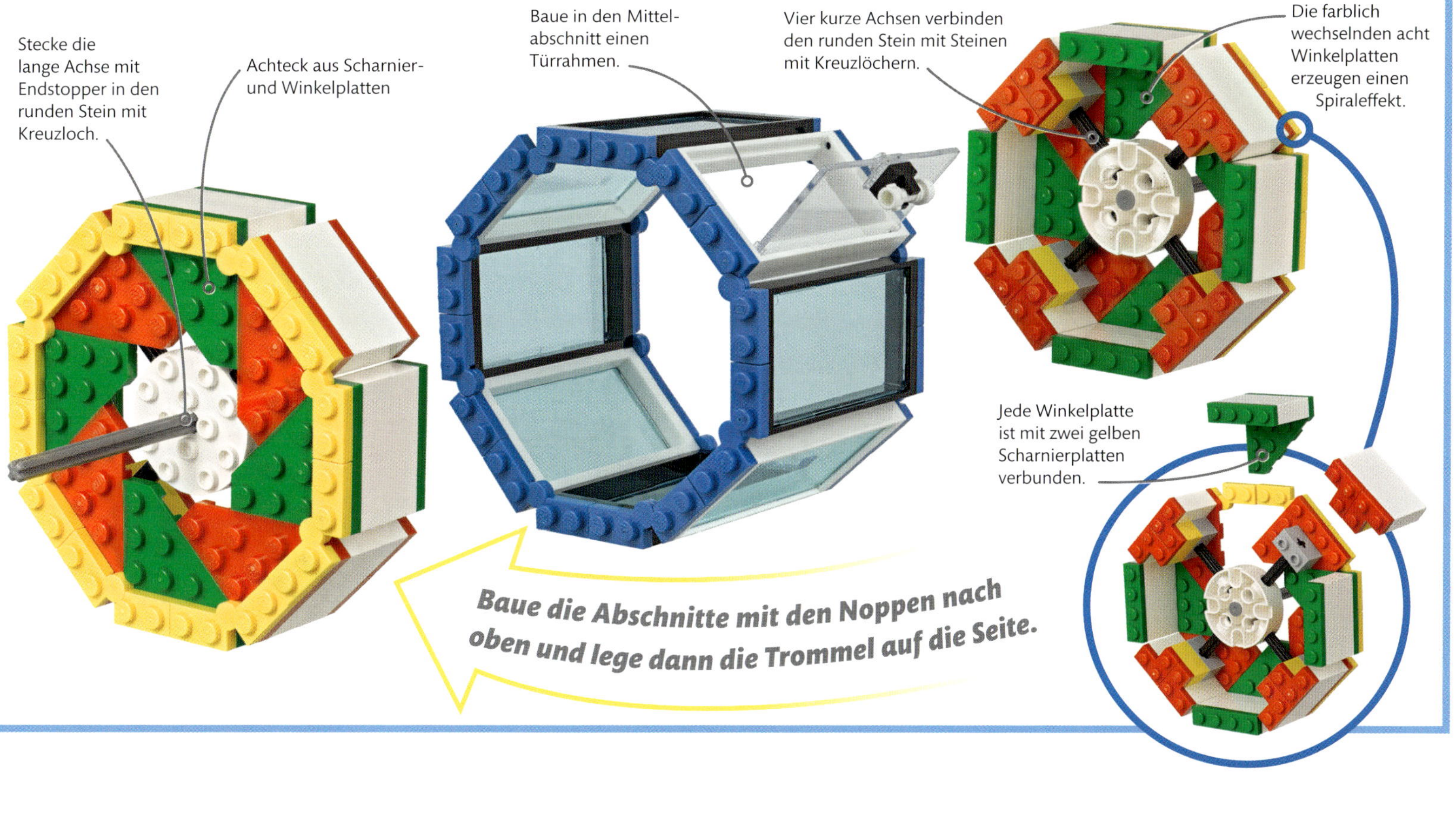

Stecke die lange Achse mit Endstopper in den runden Stein mit Kreuzloch.

Achteck aus Scharnier- und Winkelplatten

Baue in den Mittelabschnitt einen Türrahmen.

Vier kurze Achsen verbinden den runden Stein mit Steinen mit Kreuzlöchern.

Die farblich wechselnden acht Winkelplatten erzeugen einen Spiraleffekt.

Jede Winkelplatte ist mit zwei gelben Scharnierplatten verbunden.

Baue die Abschnitte mit den Noppen nach oben und lege dann die Trommel auf die Seite.

221 Wer ist als Erster auf der Burg?

ICH BIN DER KÖNIG DIESER BURG!

SO WIRD GESPIELT

1 Die Spieler würfeln abwechselnd und ziehen die angezeigte Zahl der Felder. Start ist auf dem blauen Feld.

2 Landet ein Spieler auf einem roten Feld, muss er drei Felder zurückgehen. Landet er auf einem von einem anderen Spieler besetzten Feld, muss dieser andere Spieler zum Start zurückgehen.

3 Beim letzten Zug muss der Spieler die genaue Zahl von Feldern würfeln, um die Burg zu erreichen. Sieger ist, wer sie als Erster erstürmt.

BAUMEISTER-TIPP

Jede Reihe der braunen Stufenbasis ist drei Noppen tief. Jede neue Reihe ist einen Stein höher als die vorherige.

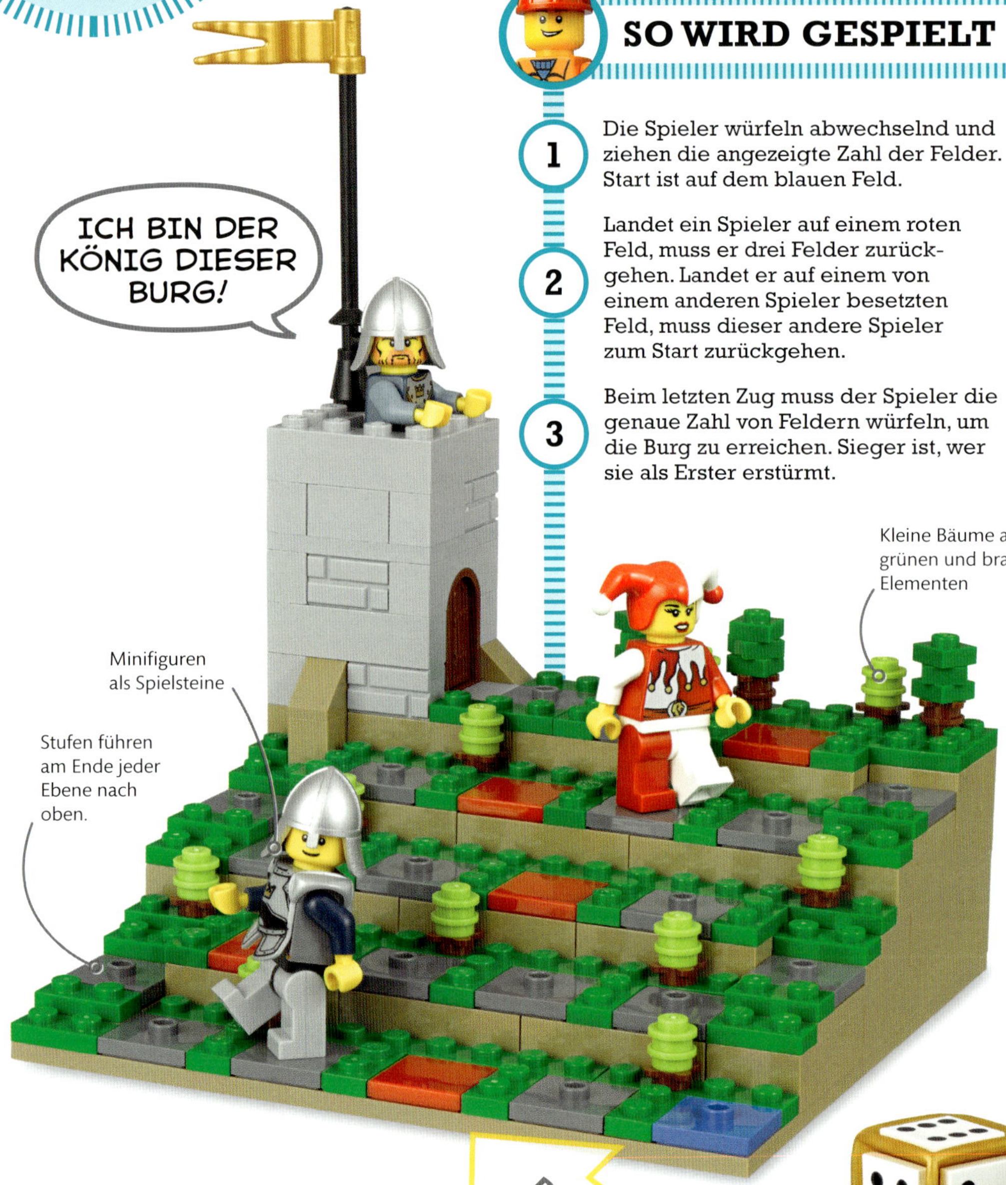

Minifiguren als Spielsteine

Stufen führen am Ende jeder Ebene nach oben.

Kleine Bäume aus grünen und braunen Elementen

Erinnere dich an wichtige Zahlen mit einem codierten LEGO Muster, das niemand knackt! Die Noppen an jedem Stein stehen für einzelne Ziffern, die zusammen eine längere Zahl ergeben. Bewahre einen Teil separat von der übrigen Zahlenfolge auf, um sie noch sicherer zu machen!

Stürme mit deinen Freunden auf die Burg im Minifigurenmarathon für bis zu vier Spieler. Klettere schnell, aber hüte dich vor den roten Feldern – und vor anderen Spielern, die dich zum Start zurückjagen!

Baue weitere Farbfelder und Hindernisse für deine eigene Version des Spiels ein!

222

223 Lege eine Spur für eine Schatzsuche

Erster Hinweis führt ins Schlafzimmer.

DIE JAGD BEGINNT!

Unter dem Bücherschrank lag eine Couch.

Dieser Hinweis unter einem Sofakissen führt ins Bad, wo sich der nächste Hinweis befindet.

Für eine Schatzsuche versteckst du kleine Modelle und lässt sie von deinen Freunden suchen. Jedes Modell gibt einen Hinweis, wo sich das nächste befindet, bis der beharrliche Schatzsucher schließlich einen wohlverdienten Preis bekommt!

Geheimzahlencode

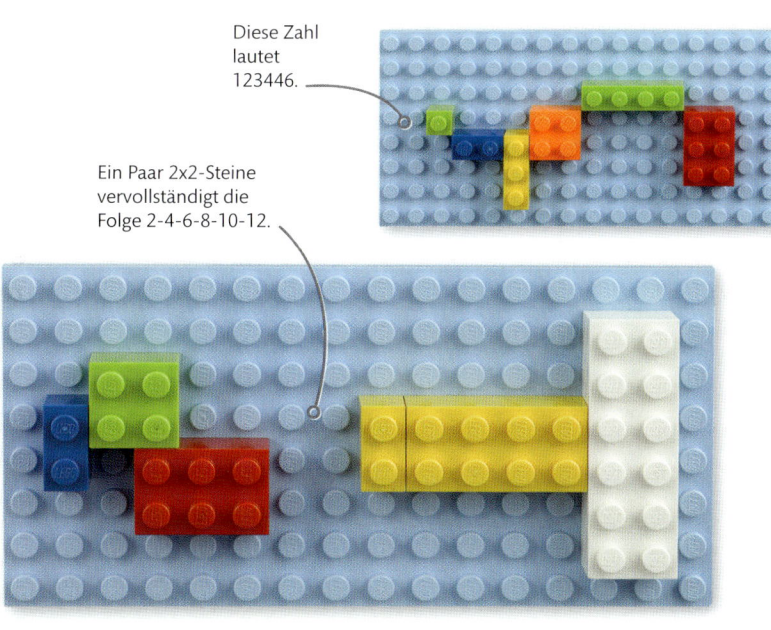

Diese Zahl lautet 123446.

Ein Paar 2x2-Steine vervollständigt die Folge 2-4-6-8-10-12.

224 Die falsche TV-Fernbedienung

Spiele einen harmlosen Streich und tausche eine echte Fernbedienung gegen eine LEGO Nachbildung aus! Nimm den Tausch vor, wenn alle fernsehen, und warte, bis jemand den Sender ändern will!

Versuche mit deinen kleinsten Elementen die Fernbedienung möglichst genau nachzubauen.

SIND DIE BATTERIEN LEER?

Baue einen Kerzenständer

BAUMEISTER-TIPP

Stecke eine LEGO Technic Achse in einen Stapel runder Steine, damit er nicht auseinanderbricht. So sind deine Kerzenmodelle stabiler.

Flamme aus orangefarbenem Zahnelement

Eine Stange verbindet die Kerze mit dem Ständer.

KERZENTRICK

Für noch mehr Realismus machst du die weiße Kerze im Lauf der Zeit kürzer, als würde sie langsam schmelzen. Schaffst du das, ohne dass dich jemand dabei sieht, wird das alle sehr verwirren!

Oberteil jedes Ständers aus umgedrehter Radarschüssel

Eine quadratische Platte hält die Basis zusammen.

Runde Struktursteine als Detail dieses Ständers

Ständer aus runden Platten und einer Kuppel

Schmücke dein Zimmer oder den Esstisch mit einer dekorativen altmodischen Kerze! Sie erzeugt weder Rauch noch Wachsflecke und geht vor allem nie aus – selbst wenn du noch so heftig bläst!

226

SO WIRD GESPIELT

1. Alle 28 Steine liegen verdeckt da. Jeder Spieler nimmt sieben Steine und stellt sie so auf, dass die anderen ihre Vorderseite nicht sehen.

2. Der erste Spieler legt einen Stein offen hin und die anderen legen abwechselnd an einem der beiden Enden der Reihe einen Stein an, dessen Wert oder Farbe an das Ende des vorherigen Steins passt.

3. Legt ein Spieler einen Pasch an (Stein, dessen Wert oder Farbe auf beiden Enden gleich ist), wird er quer zur Reihe angelegt. Die Spieler dürfen einen Stein an beiden Enden des Pasches anlegen.

4. Kann ein Spieler nicht anlegen, muss er einen weiteren Stein nehmen. Sieger ist, wer als Erster keine Steine mehr hat.

Sichere deine Geheimnisse mit einem Code aus LEGO Elementen, den nur dein bester Freund kennt! Tauscht ihr Geheimnachrichten aus, kann niemand sie lesen! Baue deinen Geheimcode aus deinen kleinsten Elementen in den verschiedensten Farben.

227

Baue eine Box mit Dominosteinen

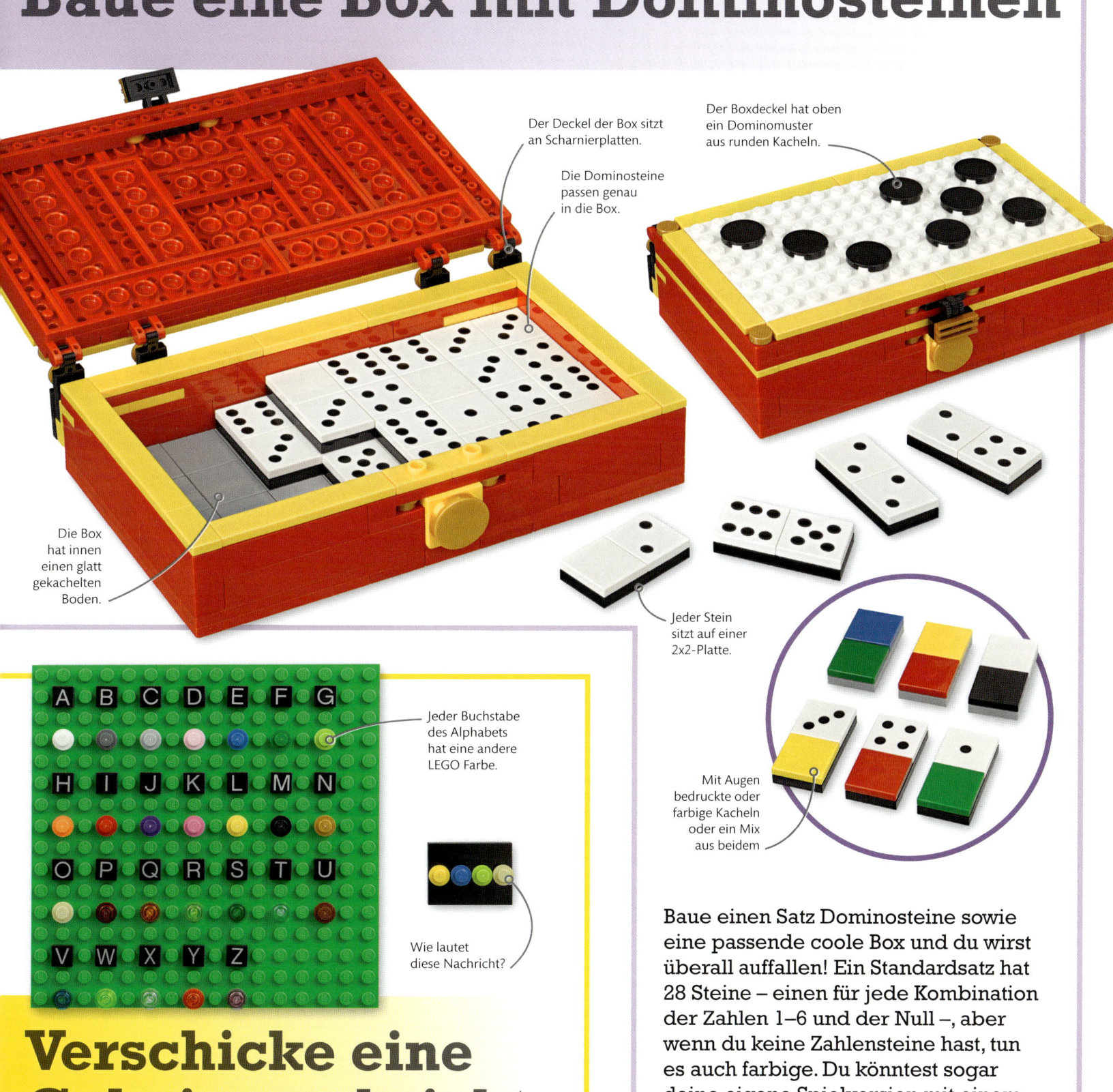

Der Deckel der Box sitzt an Scharnierplatten.

Die Dominosteine passen genau in die Box.

Der Boxdeckel hat oben ein Dominomuster aus runden Kacheln.

Die Box hat innen einen glatt gekachelten Boden.

Jeder Stein sitzt auf einer 2x2-Platte.

Jeder Buchstabe des Alphabets hat eine andere LEGO Farbe.

Mit Augen bedruckte oder farbige Kacheln oder ein Mix aus beidem

Wie lautet diese Nachricht?

Verschicke eine Geheimnachricht

Baue einen Satz Dominosteine sowie eine passende coole Box und du wirst überall auffallen! Ein Standardsatz hat 28 Steine – einen für jede Kombination der Zahlen 1–6 und der Null –, aber wenn du keine Zahlensteine hast, tun es auch farbige. Du könntest sogar deine eigene Spielversion mit einem Mix aus beidem erfinden!

228 Greife nach den Sternen

Die fünf Kacheln (1–5) sind in drei Ebenen angeordnet.

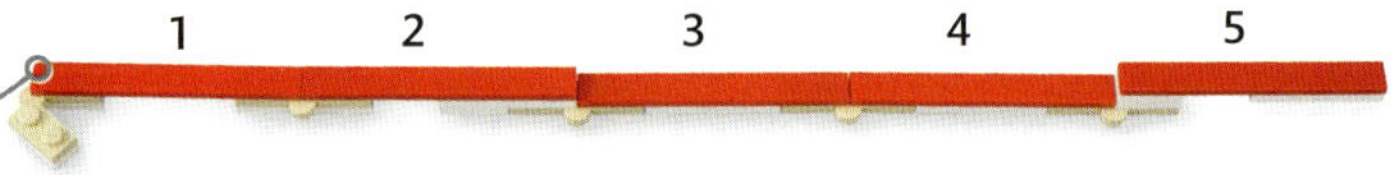

1 2 3 4 5

Diese dekorativen Sterne sind zwar nicht aus Sternenstaub, doch wenn du sie in einem Zimmer verteilst, strahlen sie ein wenig außerirdische Magie aus. Sie bestehen nur aus einer Handvoll Steine, sodass du einen ganzen LEGO Sternhimmel bauen kannst!

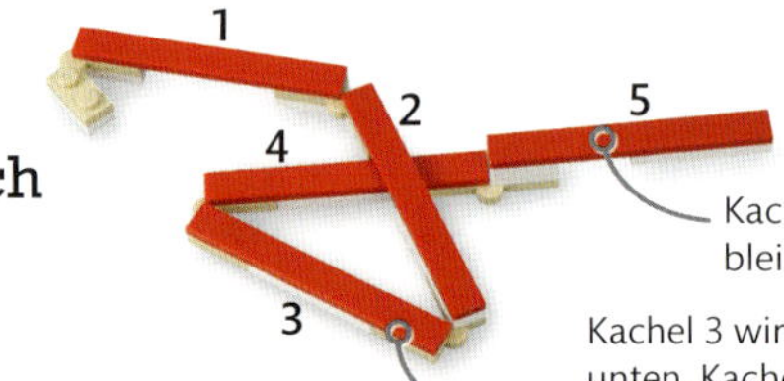

Kachel 4 und 5 bleiben, wo sie sind.

Kachel 3 wird nach unten, Kachel 2 und 1 nach oben ausgelegt.

Scharnierplatten verbinden die Ecken.

Kachel 5 ist am höchsten und liegt ganz oben auf dem Stern.

Baue coole Untersetzer

Die Kacheln sitzen auf Seitennoppen und halten alles zusammen.

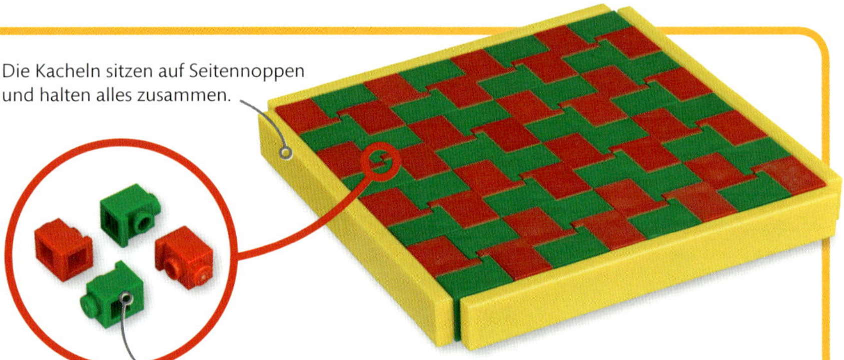

230

Scheinwerfersteine bilden ein kariertes Hahnentrittmuster.

Der rote und der weiße Streifen sind entgegengesetzt zum gelben und blauen ausgerichtet.

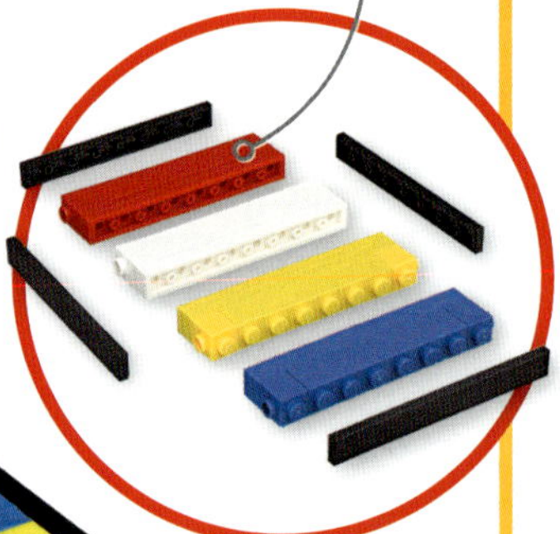

Feiere den gelungenen Bau eines LEGO Modells mit einem Eisdrink auf einem bunten LEGO Untersetzer! Diese Designs sind mit glatten Kacheln eingerahmt, dank Steinen mit Seitennoppen und cleverem Bauen von oben nach unten.

Deine Minifiguren bekommen einen Adrenalinschub durch eine coole Skipiste! Baue sie eiskalt in einem Winkel mit gekachelter Oberfläche und lass die Skier über den Schnee für einen neuen Rekord nach unten sausen. Du könntest am Ende sogar eine Sprungkurve anbauen und deine Skifahrer fliegen lassen!

Jeder Farbstreifen ist einen Stein und eine Platte hoch.

229

Die Kacheln auf diesem Stern leuchten im Dunkeln.

STERNSYSTEME

Der rote Stern hat oben 1x8-Kacheln. Die Kacheln werden in verschiedenen Ebenen aufgebaut und kleine Platten sitzen auf den Scharnieren. Jede Seite des im Dunkeln leuchtenden Sterns ist elf Noppen lang. Alle Strahlen liegen auf einer Ebene und haben an den Kreuzungen zwei Noppen breite Lücken.

Wer baut am schnellsten?

231

AUF DIE PLÄTZE ... FERTIG ...

Finde mit der Stoppuhr heraus, wer von deinen Freunden am schnellsten das gleiche LEGO Set baut. Notiere die Zeiten, damit jeder sieht, ob er sie schlagen und in Führung gehen kann. Bei einem kleinen Set zählt jede Sekunde! Und der Champion bekommt einen Preis.

... LOS!

Baue einen Preis mit dem Thema Zeit für den Sieger!

Baue eine Anzeigetafel für die Ergebnisse auf S. 182.

Baue eine Skipiste

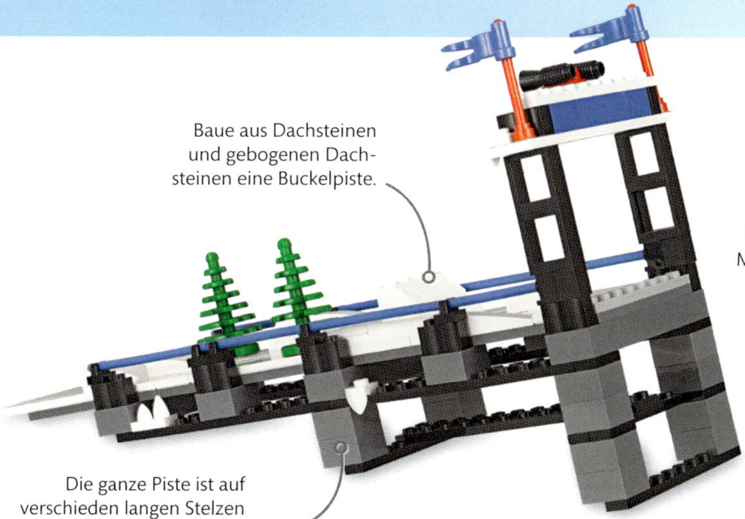

Baue aus Dachsteinen und gebogenen Dachsteinen eine Buckelpiste.

Überhängender Schnee und Eiszapfen aus weißen Zahnplatten

Rostelement als Skispuren im Schnee

Wenn du keine Minifigurenskier hast, baust du welche!

Die ganze Piste ist auf verschieden langen Stelzen geneigt.

SKIFAHREN AUF STELZEN!

Baue einen stabilen Hang mit Stelzen in der Mitte, die halb so lang sind wie die am oberen Ende, und ohne Stelzen unten. Auf diese Weise wird die Piste unten, in der Mitte und oben sicher gestützt. Mache sie nicht zu steil, sonst fallen die Skifahrer einfach nur hinunter!

Alle Buntstifte sind herausnehmbar, genau wie die echten!

Der Deckel öffnet sich an Scharnier-steinen.

Teste deine Geschicklichkeit und baue Gegenstände deiner Umgebung in Originalgröße nach. Wähle kleine Dinge, damit du nicht so viele Elemente benötigst, und füge möglichst viele Details hinzu. Wenn du fertig bist, stellst du deinen Nachbau hinter den echten Gegenstand – ob jemand den Unterschied bemerkt?

Ein zu einer Minifigur passender Park sollte so klein sein, dass du ihn mitnehmen kannst. Er muss nicht realistisch sein – baue einen Antischwerkraftgarten für Raumfahrer oder einen Pizzapark für einen Koch!

Buntstift aus einem Stapel runder Steine und einem Kegel

KUNSTWERKE
Der Malkasten und die Buntstiftbox haben die gleiche Größe wie die echten Versionen, hinterlassen aber keine Farbflecken! Schaue dir die Originale genau an und stelle sie beim Bauen gleich in Reichweite.

DER SPEZIALSTEIN
Paneelelemente mit dünnen Seiten und ohne Noppen sind ideal für den Bau realistischer Wände und Seitendetails.

ICH KÖNNTE MEIN HAUS DAMIT STREICHEN!

Pinselspitze aus Besenelement

Extrareihe von Paneelelementen für ein Pinselfach

Eckpaneele verbinden die Seiten in allen vier Ecken.

232 Baue in Originalgröße

233 Baue einen Minipark

Kleine Kachel als perfekter Tisch

Die Blumen sitzen auf einem braunem Stein mit Seitennoppen.

OB ICH DEN RASEN BETRETEN DARF?

Weiße Blüten-elemente wirken wie Kirschblüten.

Zengärten zieren hübsche Steine und Skulpturen.

Kleiner Brunnen aus umgedrehter Kuppel

Pflasterweg aus seitlich strukturierten Steinen

Baue eine Basis mit ein paar Steinen mit Seitennoppen für Details.

Spiele Steine schnappen

234

Verteile für dieses Spiel Steine auf dem Boden – abseits von zerbrechlichen Dingen! Wirf abwechselnd mit deinen Freunden einen LEGO Ball in die Luft und schnappe dir möglichst viele Steine, bevor der Ball landet.

Wenn du keinen LEGO Ball hast, nimmst du einen Tischtennisball.

Erfinde eine eigene Zählweise für verschiedenfarbige Steine.

Wähle eine Minifigur, die dich darstellt.

Der Streifen sitzt diagonal auf einer Steckerplatte.

Dieses Wappen gehört einem Fan von Autos, der Natur und der Ninja!

Dekoriere einen Schild mit Lieblingsdingen für ein Wappen, das eines edlen Ritters würdig ist! Das könnten Bilder deiner Hobbys, von Menschen, die du magst, oder von essbaren Dingen sein.

Der Ritter sitzt auf einer Winkelplatte.

Schild eines Pizza liebenden Schwertkämpfers!

Entwirf dein Wappen

235

236 # Serviettenhalter für deinen Esstisch

Die runden Blütenblätter klemmen an einer Platte mit einem Ring aus Stangen.

Baue für jeden Gast einer andersartige Blüte.

Erfreue deine Gäste mit themenbezogenen LEGO Serviettenringen neben jedem Teller am Esstisch. Eine Handvoll Steine genügt für einfache Serviettenhalter – das erleichtert es dir, wenn du mehrere Halter für eine große Party bauen musst.

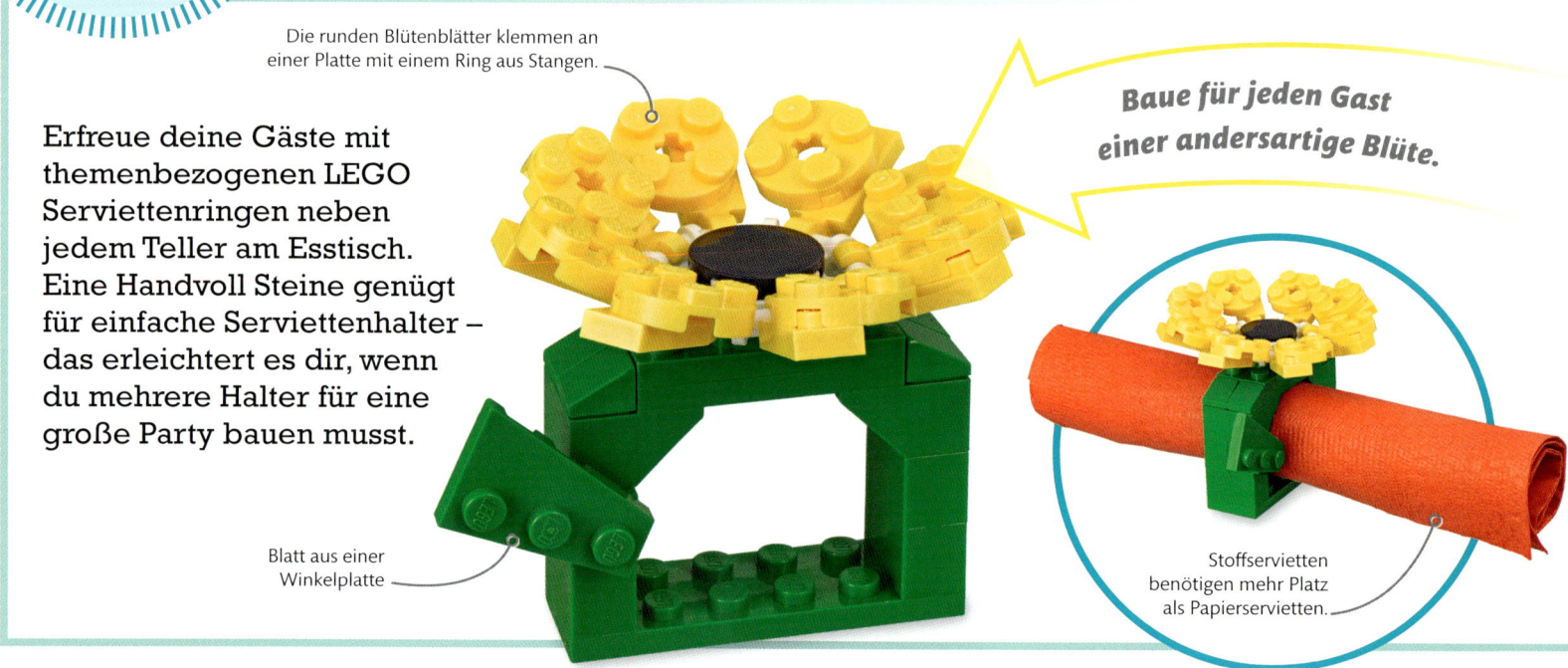

Blatt aus einer Winkelplatte

Stoffservietten benötigen mehr Platz als Papierservietten.

237 Das LEGO Labyrinth

Diese LEGO Kugel passt in zwei Noppen breite Gänge.

Übe den Weg durchs Labyrinth und probiere es dann mit geschlossenen Augen!

Wie rasch bekommst du eine Kugel durch ein LEGO Labyrinth, indem du die Basisplatte hin und her neigst? Versetze wenige Steine – schon hast du einen ganz neuen Irrgarten!

Lass Lücken für Eingang und Ausgang.

Der mit einem Auge bedruckte Stein sitzt seitwärts an einem Lampenstein.

Ring aus Halbbogensteinen

BAUMEISTER-TIPP

Baue die Serviettenringe nicht zu eng, sonst zerbrechen sie beim Herausnehmen der Serviette.

Bogensteine bilden den Serviettenring.

Tolle Dekoration für eine Party zum Thema „unter Wasser"

RINGE MIT DINGEN

Baue Themenringe für besondere Anlässe oder personalisiere sie für jeden Gast. Das Eichhörnchen wäre eines von mehreren Waldtieren für Tierliebhaber und die Unterwasserszene könnte für jemanden sein, der gern taucht.

238 Das Becherballspiel

Ball aus zwei Kuppelelementen

Eine Schnur mit Noppen wird unter dem Becher eingebaut.

Becher aus Fasselement

Griff aus zwei Lagen sich überlappender Platten

Keine Angst, dass der Ball davonfliegt – er ist mit einer Schnur am Becher befestigt! Stoppe die Zeit, wie lange du brauchst, um ihn im Becher zu fangen, und schlage dann deine Bestzeit.

Baue einen Schaukasten für Minifiguren

239

Der Deckel sitzt nur auf vier Noppen und ist leicht abzunehmen.

Der Kasten ist hoch genug für große Minifiguren wie den Hot-Dog-Mann.

Front aus großem transparentem Wandelement

Transparente Seiten zeigen die Minifiguren aus jedem Winkel.

Baue für deine wertvollsten Minifiguren einen Schaukasten, damit jeder sie bewundern kann – und garantiert nicht in die Hände bekommt! Aber lass sie auch zum Spielen heraus, damit sie der vielen Aufmerksamkeit nicht überdrüssig werden!

240

Baue einen Windmesser

Hahnenkamm
aus Dachsteinen

ICH KRIEGE NOCH EINEN DREHWURM!

Eine Wetterfahne zeigt, woher der Wind weht! Bei einer Böe dreht sich der Pfeil und weist in die Richtung, aus der der Wind kommt. Ein Hahn ist eine traditionelle Form für eine Wetterfahne, du kannst aber auch andere Formen bauen.

LEICHTE BRISE
Stelle die Wetterfahne so auf, dass der rote Zeiger nach Norden weist (dann ist Grün Osten, Blau Süden und Gelb Westen). Der Pfeil zeigt in die Richtung, aus der der Wind weht.

Ist die Fahne hinten größer als vorn, erfasst sie auch leichten Wind.

Um Kacheln mit Löchern dreht sich die Fahne leicht.

Eine glatte runde Kachel mit Loch sitzt auf dem Mittelteil der Säule.

Die Zeiger für die Himmelsrichtungen sind starr.

Die Farben zeigen die vier Himmelsrichtungen an.

Stecke eine lange LEGO Technic Achse durch die Säule.

Die runden Steine der Säule über und unter dem Rost werden durch eine LEGO Technic Achse stabilisiert.

241 Baue ein Schloss

Sichere deine Schätze mit einem LEGO Schloss mit Schlüssel! Baue es in eine Box mit Tür oder einfach so, um zu sehen, wie ein Schloss eigentlich funktioniert.

Glatte Kacheln sitzen auf dem Riegel.

Ein seitlich versetzter Bogen lässt den längeren Abschnitt aus der Box gleiten.

Dieses LEGO® NINJAGO® Element verziert das Schloss.

Der Riegel gleitet durch einen Schlitz in der Seite in die Schließstellung.

Drehen des Schlüssels schiebt den Riegel ein und aus.

Der Riegel gleitet auf einer Lage Kacheln.

DER SCHLÜSSEL

Der Schlüssel besteht ausschließlich aus LEGO Technic Elementen. Die Halbträger am Ende müssen so kurz sein, dass sie aufrecht ins Schloss passen, aber lang genug, um es beim Drehen zu bewegen.

LEGO Technic Elemente bilden einen robusten Schlüsselgriff.

Die Schlüsselspitze passt in diese Platte mit Ringen.

Die Halbträger sitzen eine Noppe vom Ende entfernt.

Die Halbträger besitzen Kreuzlöcher, durch die die Achse passt.

Auch wenn es zunächst nicht so aussieht: Diese sechs Formen ergeben zusammen einen Würfel! Baue sie genau nach und versuche sie dann zusammenzusetzen, ohne das Bild anzusehen. Stoppe deine Zeit – wer kann deinen Rekord unterbieten?

Jeder Abschnitt besteht aus zwei Plattenlagen und einer oberen Kachellage.

242 Der Zauberwürfel

243 Verreise mit einer Ansichtskarte

Wärst du gern verreist? Baue eine Ansichtskarte aus LEGO Steinen und fühle dich wie in den Ferien, ohne zu verreisen! Baue deine Szene flach auf eine Basisplatte und zeige sie her, damit alle ihren Spaß daran haben.

Baue deine Postkarten größer als echte, um mehr Details einzufügen.

Weiße runde Platten als Wolken

Winkelplatte sitzt auf glatten Kacheln.

Sonne aus gelber runder Platte

Die Sonne sitzt auf einer Eckplatte.

Weiße Kacheln als Wasserfall

244 Baue ein buntes Stillleben

Folge dem Vorbild berühmter Maler mit Stilllebenstudien verschiedener Früchte! Baue sie flach oder in 3-D und stelle sie auf einer Platte zur Schau.

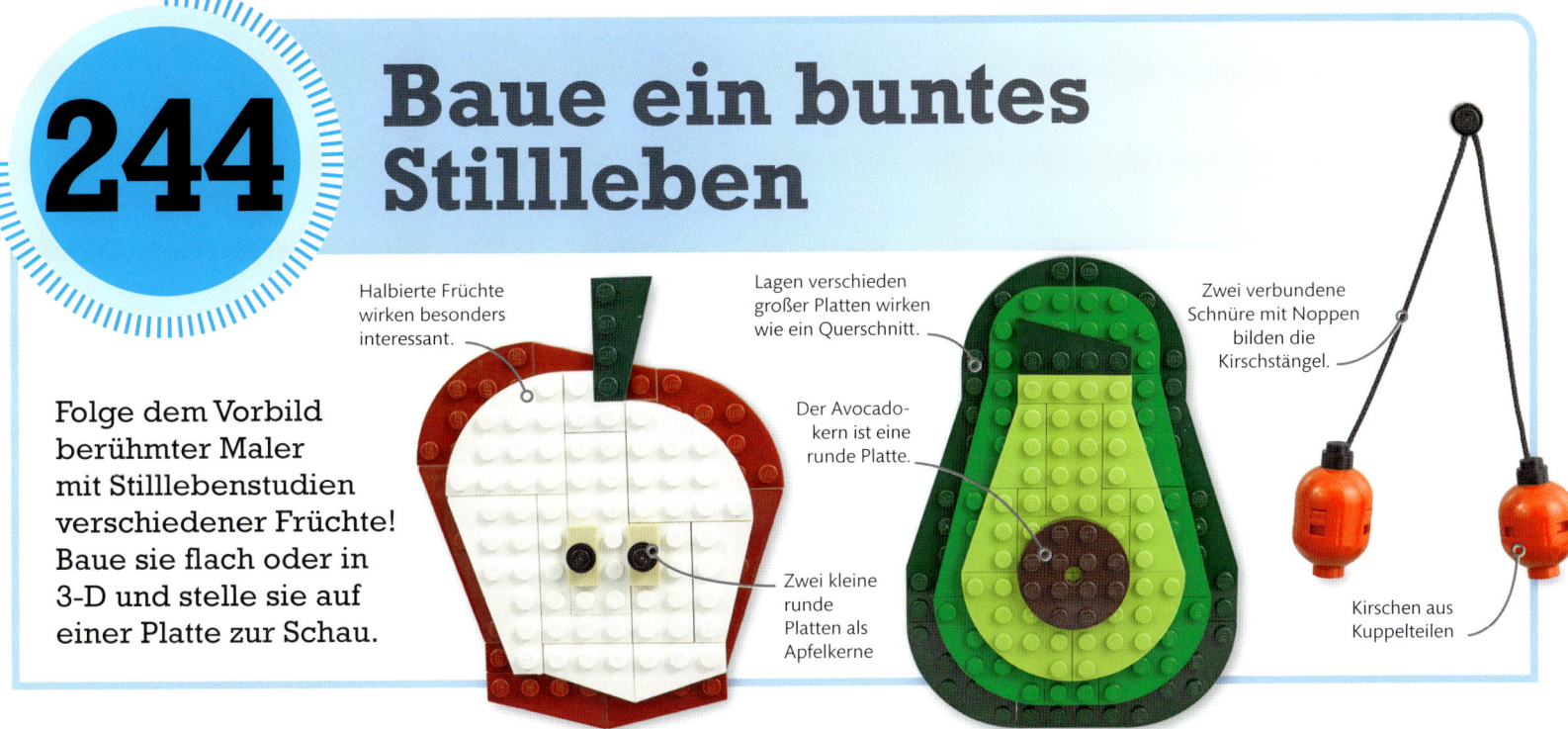

Halbierte Früchte wirken besonders interessant.

Lagen verschieden großer Platten wirken wie ein Querschnitt.

Der Avocadokern ist eine runde Platte.

Zwei verbundene Schnüre mit Noppen bilden die Kirschstängel.

Zwei kleine runde Platten als Apfelkerne

Kirschen aus Kuppelteilen

245 Baue ein tolles Aquarium

Lasst die Fische schwimmen in diesem verblüffend lebensechten Aquarium! Wenn ihr die beiden Fische an den langen Griffen von oben bewegt, ist das wie ein Marionettentheater. So könnt ihr viele Abenteuer mit diesen fischigen Freunden spielen!

Der Griff zum Bewegen der Fische besteht aus einem Stapel runder Steine.

Die Form des Aquariums bilden lange LEGO Technic Achsen und Achsverbinder.

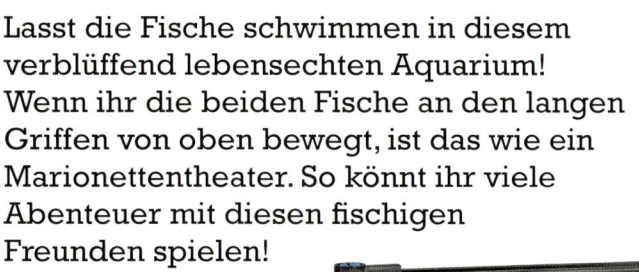

ICH TAUCHE ERST MAL AB...

Die Achsen stecken an der Basis in runden Steinen.

Eine Wand aus Pflanzenelementen als realistischer Hintergrund

Seitwärts gebauter Fisch

Eine kurze LEGO Technic Achse mit Noppenende passt seitlich in einen Lampenstein.

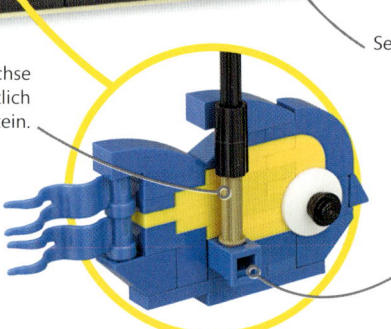

Der Lampenstein passt hinten in einen anderen Lampenstein.

Stapel runder Steine als Wasserfilter

SCHUPPIGE MODELLE

Fische gibt es in so vielen Farben und Formen wie LEGO Steine – du kannst also zahllose Arten bauen! Ungewöhnliche Teile wie Flaggen bilden Schwänze, kleine transparente Teile schimmernde Schuppen. Baue deine Fische flach, seitwärts oder sogar verkehrt herum!

Das verflixte Fingerspiel

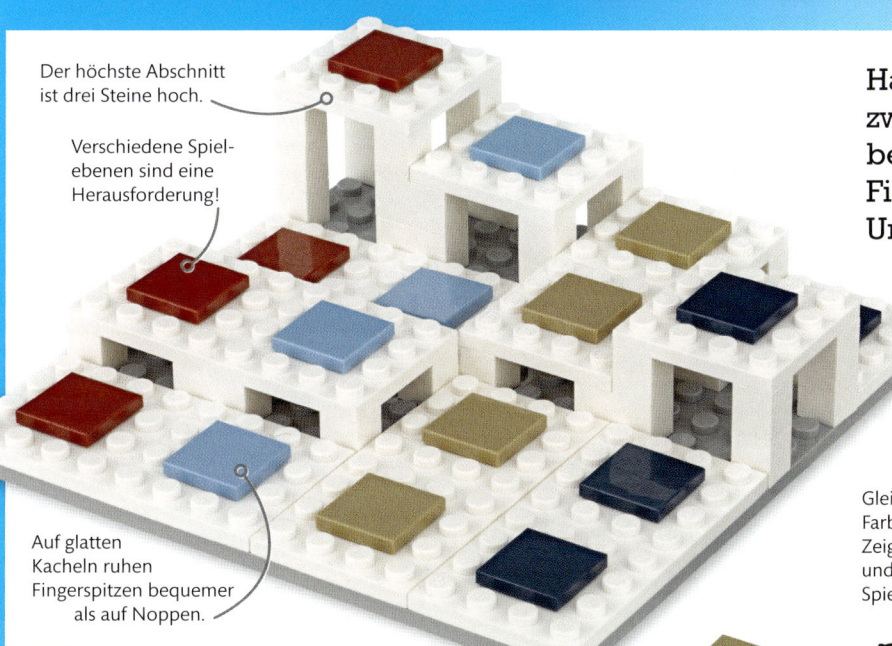

Der höchste Abschnitt ist drei Steine hoch.

Verschiedene Spielebenen sind eine Herausforderung!

Auf glatten Kacheln ruhen Fingerspitzen bequemer als auf Noppen.

Nimm beliebige vier Farben oder nur zwei für ein leichteres Spiel.

Gleiche Farben am Zeigerbrett und am Spielbrett

Hast du flinke Finger oder zwei linke Hände? Finde es bei diesem fantastischen, verflixten Fingerspiel für zwei bis vier Spieler heraus. Und reiche dem Sieger die Hand!

SO WIRD GESPIELT

1 Der erste Spieler dreht den Zeiger mit einer Hand und muss dann einen Finger der anderen Hand auf ein Spielbrettfeld mit der angezeigten Farbe setzen.

2 Die Spieler wiederholen abwechselnd Schritt eins und behalten ihre Finger im Lauf des Spiels auf dem Brett.

3 Hat ein Spieler alle vier Finger und den Daumen gesetzt, darf er beim nächsten Zug einen Finger auf ein freies Feld der angezeigten Farbe setzen.

4 Spieler, die keinen Finger auf die angezeigte Farbe setzen können oder deren Finger von den Kacheln rutschen, scheiden aus. Sieger ist, wer als Letzter im Spiel ist.

Vereine das geteilte Herz

Schenke eine Hälfte deines Herzens deinem besten Freund und setzt beide Hälften zusammen, wenn ihr euch seht. Das ist ein Beweis, dass ihr für immer beste Freunde seid.

Zwei separate Modelle bilden ein ganzes Herz.

Jede Hälfte sitzt auf einer Platte und kann allein dastehen.

Dank glatter Kacheln passen die Hälften zusammen.

Baue ein Freundschaftsherz auf S. 20.

248 Das Schatzinsel-Spiel

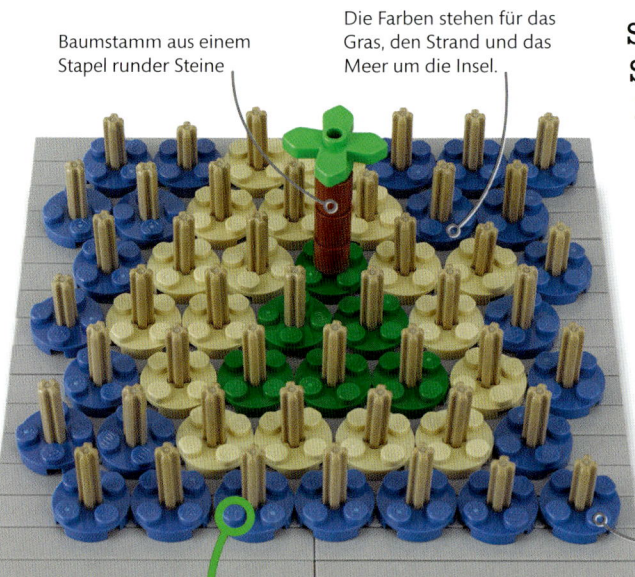

Baumstamm aus einem Stapel runder Steine

Die Farben stehen für das Gras, den Strand und das Meer um die Insel.

Sucht nach dem verborgenen Schatz in diesem lustigen Zufallsspiel für viele Spieler. Bitte zuerst jemanden, der nicht mitspielt, die Segmente zu setzen. Dann entfernen die Spieler auf der Suche nach dem Schatz abwechselnd Segmente von der Insel. Der Schatz ist durch eine rote Kachel markiert! Findest du ihn zuerst?

Der Schatz könnte unter jedem Segment sein!

DER SPEZIALSTEIN

LEGO Technic Achsen mit Noppe an einem Ende passen im Gegensatz zu anderen Achsen in Steine und Platten.

ERKUNDET DIE INSEL

Die Insel besteht aus 49 gleich gebauten Segmenten, einschließlich des einen Segments mit dem Baum. Alle Segmente stehen lose auf dem Spielbrett, das auf einer großen Platte aufgebaut ist. Es gibt sieben Reihen mit je sieben Abschnitten. Diese Abschnitte sind aus runden 1x1-Steinen mit grauen runden 1x1-Kacheln obendrauf.

Jedes Segment besteht aus einer runden Platte mit kleiner Buchse auf einer Achse mit Noppe.

Alle Segmente bis auf eines haben unten eine weiße 1x1-Kachel.

Nur unter einem Segment ist eine rote Kachel.

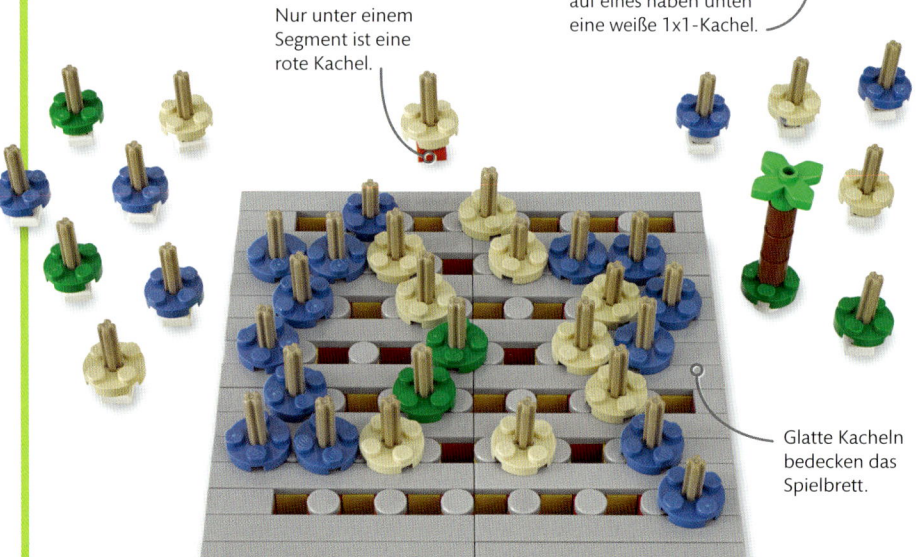

Glatte Kacheln bedecken das Spielbrett.

BAUMEISTER-TIPP

Ein großer Abstand zwischen den Vorder- und Hinterrädern bewirkt, dass das Schiff geradeaus fährt.

WIE VIEL WIND MACHST DU?

Treibt eure Schiffe mit Ventilatoren, Fönen oder durch Wedeln mit großen Pappen an! Baue dein Schiff möglichst leicht, dann bewegt es sich schneller. Die beste Rennstrecke bildet ein großer Tisch oder ein glatter Fußboden.

Segelbootrennen

249

Nutze die Kraft des Windes für ein rollendes LEGO Schiff! Das große Segel fängt Windstöße ein, die es voranschieben wie ein echtes Segelboot. Doch im Gegensatz zu anderen Schiffen kreuzt es auf trockenem Land statt auf Wellen. Wenn deine Freunde eigene Schiffe bauen, könnt ihr ein Wettrennen machen! Wer hat das schnellste Schiff?

Nimm das Segel eines LEGO Piratenschiffs oder bastle eines aus Papier.

Jedes Schiff hat eine Flagge!

Je größer das Segel, desto mehr Wind fängt es ein.

Platten mit Kugelgelenken sichern die oberen Segelecken.

Der Schiffsmast ist eine hohe Säule mit runden Steinen obendrauf.

Dekoriere dein Boot mit einem wilden Gesicht, um die Mitspieler zu erschrecken!

Dieses lange Kabel sitzt am Schiff auf Platten mit Klemmen.

Kleine Räder in großem Abstand

250 Baue ein Glücksrad

Der Stern gewinnt!

Drehe das Rad, doch wo es hält, weiß niemand! Dieses spektakuläre Glücksrad räumt dir ungeahnte Chancen ein: Du könntest es entscheiden lassen, wer dein nächstes Vorhaben übernimmt, wer ein Spiel beginnt oder wer eine langweilige Aufgabe erledigt. Versuche einfach dein Glück!

Klemme Zahnelemente an den Rand des Rades.

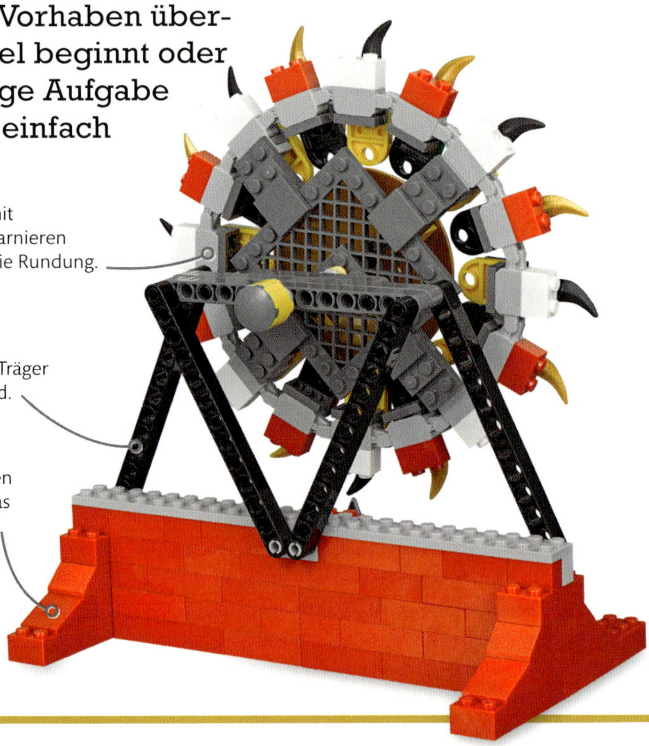

Steine mit Klickscharnieren bilden die Rundung.

LEGO Technic Träger stützen das Rad.

Dank großer Füße auf beiden Seiten kippt das Rad nicht um.

Dieser Zeiger zeigt an, wo das Rad hält.

251 Baue übergroße LEGO Steine

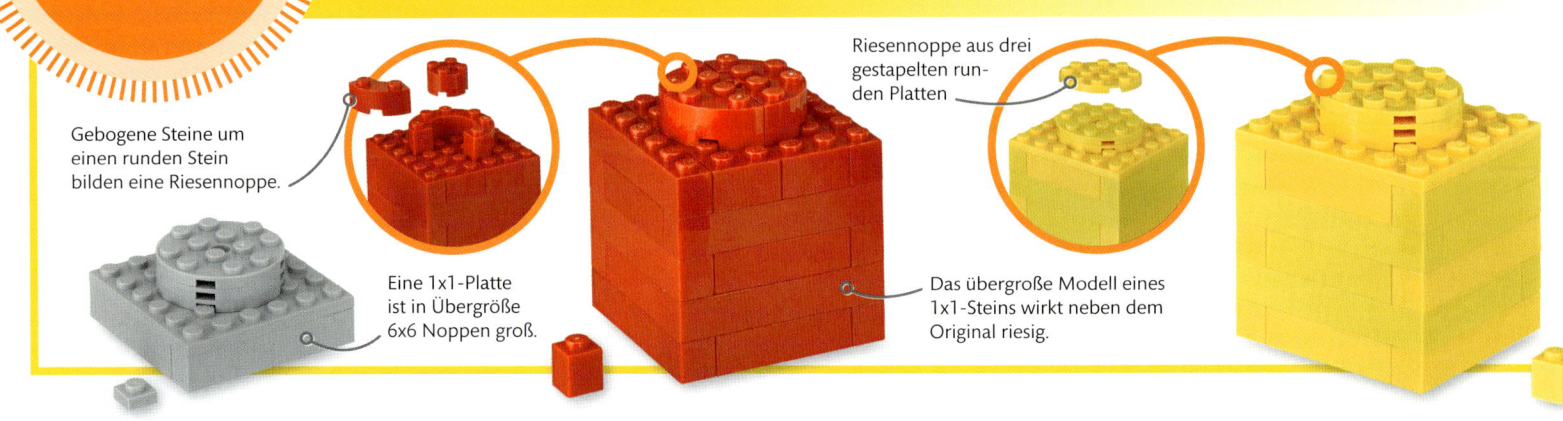

Gebogene Steine um einen runden Stein bilden eine Riesennoppe.

Riesennoppe aus drei gestapelten runden Platten

Eine 1x1-Platte ist in Übergröße 6x6 Noppen groß.

Das übergroße Modell eines 1x1-Steins wirkt neben dem Original riesig.

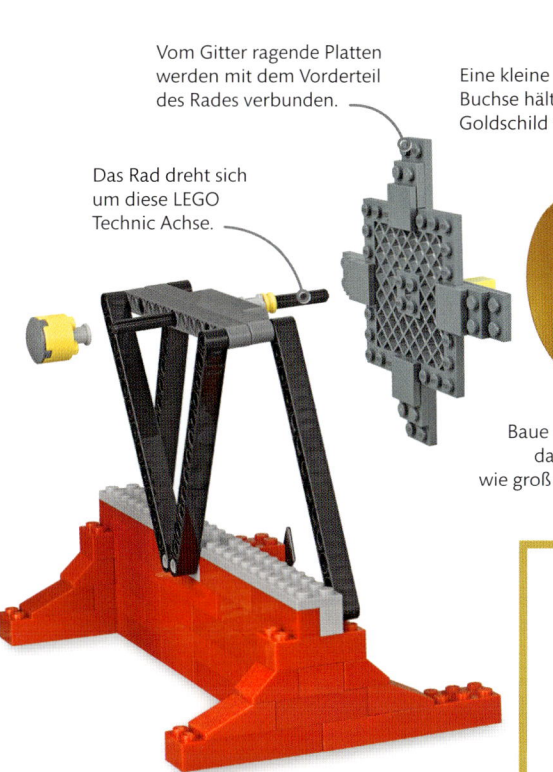

Vom Gitter ragende Platten werden mit dem Vorderteil des Rades verbunden.

Das Rad dreht sich um diese LEGO Technic Achse.

Eine kleine gelbe Buchse hält den Goldschild vorn.

Baue erst das Rad, dann weißt du, wie groß der Rahmen sein muss.

Nach hinten zeigende Winkelplatten verbinden oben, unten und seitlich Rad und Gitter.

Auf nach vorn zeigenden Winkelplatten sitzen vorn die Farben.

DER SPEZIALSTEIN

Steine mit Klickscharnieren an beiden Enden bilden starke Kurven und Winkel, die ihre Form bewahren.

VIELFARBIG

Baue dein Rad in vielen Farben und mit ein oder zwei „Jackpotfeldern", die mit goldenen oder sternförmigen Elementen markiert sind. Oder baue ein Feld ein, das man vermeiden sollte. Je häufiger du die gleiche Farbe verwendest, desto öfter wird sie angezeigt.

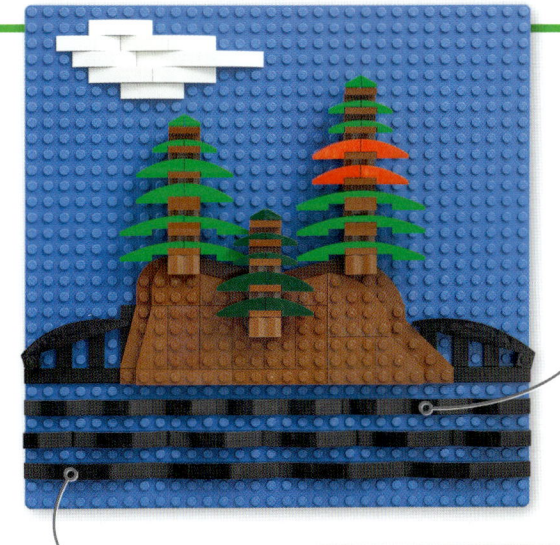

Logo für eine Stadt mit schönen Bäumen und Seen

Ein gutes Logo sollte eher ein markantes Symbol als ein Bild sein.

Gegend mit einer berühmten Brücke über einer Schlucht

252

Baue ein Logo für deine Stadt

Verwandle viele LEGO Steine in eine Handvoll Riesenteile – für jemanden mit sehr großen Händen! Mache sie hohl, um zu sehen, ob sie wie die Originale zusammenpassen, und baue ein ungewöhnlich geformtes Element in Übergröße!

Eine 1x2-Platte in Übergröße ist zwölf Noppen lang und sechs breit.

Baue für deine Stadt ein Logo, das zeigt, was dir an ihr gefällt – ein Bild eines beliebten Stadtteils oder von etwas, wofür die Gegend berühmt ist. Frage andere Leute, worauf sie stolz sind, um Ideen für ein Logo zu bekommen, das allen gefallen wird!

Baue eine Zahlen-anzeigetafel

Verwende beliebige Farben für die Zahlen – Hauptsache, sie heben sich vom Hintergrund ab!

Die Zahlen auf dieser Tafel sind leicht zu ändern. Du kannst sie als Anzeigetafel bei Mannschafts-spielen verwenden, als Tisch-kalender, der Tag und Monat anzeigt, oder gar als Zeitanzeige, um deinen Freunden einen Streich zu spielen, da sie es für eine echte Uhr halten könnten!

Jede Ziffer ist ein Mix von sieben hellen und dunklen Teilen.

Die Tafel liegt schräg auf zwei Reihen Scharniersteinen.

Dank Schlitzen mit glattem Boden sind die Ziffern leicht zu ändern.

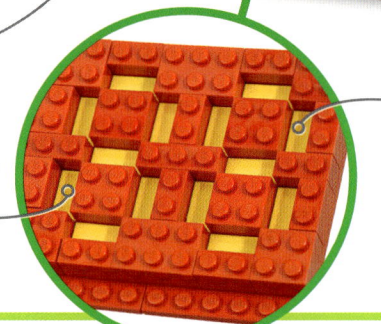

Das Brett enthält Schlitze für die Steine, mit denen alle Ziffern gebildet werden können.

Baue eine Linie aus LEGO Domino-steinen und tippe den ersten an, damit alle nacheinander umfallen! Die Linie soll möglichst lang und kurvenreich sein, um Ecken und Tischbeine herumlaufen – oder sich gar in zwei Linien verzweigen!

Stelle die Steine auf eine glatte Oberfläche im Abstand von zwei Noppen.

Baue deine Steine aus 2x4-Platten mit Kacheln obendrauf.

Jeder Stein sollte zwei Lagen dick sein, damit er gut steht.

254 Baue eine Linie aus LEGO Dominosteinen

Baue eine Dominobox auf S. 165.

253

Die Zahlen 23 und 59 könnten für ein Ergebnis stehen oder für eine Minute vor Mitternacht.

Fülle mit Elementen in gleicher oder ähnlicher Farbe wie die Tafel diejenigen Schlitze, die nicht für die Ziffern gebraucht werden.

Du könntest auch Kacheln nehmen, die im Dunkeln glühen.

256

Baue eine einfarbige Szene

Teste deine Geschicklichkeit und baue ein Modell nur in einer Farbe. Nimm deine Lieblingsfarbe oder eine, in der du viele interessant geformte Elemente hast. Bei natürlich aussehenden Grau- und Brauntönen wirken die Modelle, als seien sie aus einem Steinblock oder einem Holzklotz geschnitzt!

Dieses weiße Modell wirkt wie eine Marmorskulptur.

ICH BIN VOR NEID ERBLASST!

Minifigurenköpfe gibt es in vielen Farben.

255

Baue eine Seilbahn

Zeige deinen Minifiguren dein Zimmer aus der Vogelperspektive bei einer Seilbahnfahrt! Hänge eine Schnur sanft geneigt auf, an der die Bahn entlanggleitet. Erkläre deinen Fahrgästen auf einer geführten Tour die Sehenswürdigkeiten ihrer Reise!

Die Seilbahn hängt an einem LEGO Technic Dreiecksträger.

Dank Einzelpinverbindung hängt die Bahn an der geneigten Schnur waagrecht.

Fädle die Schnur unter, über und wieder unter die Räder.

Halte die Schnur gespannt, sonst stoppt die Bahn.

Hebe das Dach ab, um Minifiguren hineinzusetzen.

Baue ein Modell aus dem Gedächtnis

257

DIESE STEINE KENNE ICH DOCH!

Blöcke in hellen Farben sind leichter zu merken.

Zeige einem Freund ein Modell, das er eine Minute lang studieren soll. Gib ihm dann die Steine, die er benötigt, um es aus dem Gedächtnis nachzubauen. Wie nahe kommt er dem Original in fünf Minuten?

Baue mit einfachen Formen etwas, woran man sich erinnern kann.

Gib deinem Freund genau die Steine, die du für dein Modell benutzt hast.

DER SPEZIALSTEIN

Kettenteile haben meist Noppen an beiden Enden und lassen sich so zu noch längeren Ketten verbinden.

Erwecke deine Modelle als Marionetten zum Leben! Eine Marionette ist eine Puppe, die von oben mit Schnüren, Ketten oder anderen Verbindungen gesteuert wird. Dank vieler Gelenke kann sie die Arme und Beine und den Kopf bewegen. Füge viele Details hinzu, damit sie so aussieht, wie es dir gefällt!

Ein Pin als Hals steckt in einer runden Kachel mit Loch. So kann sich der Kopf drehen.

LEGO Technic Pins halten die Bein-gelenke zusammen.

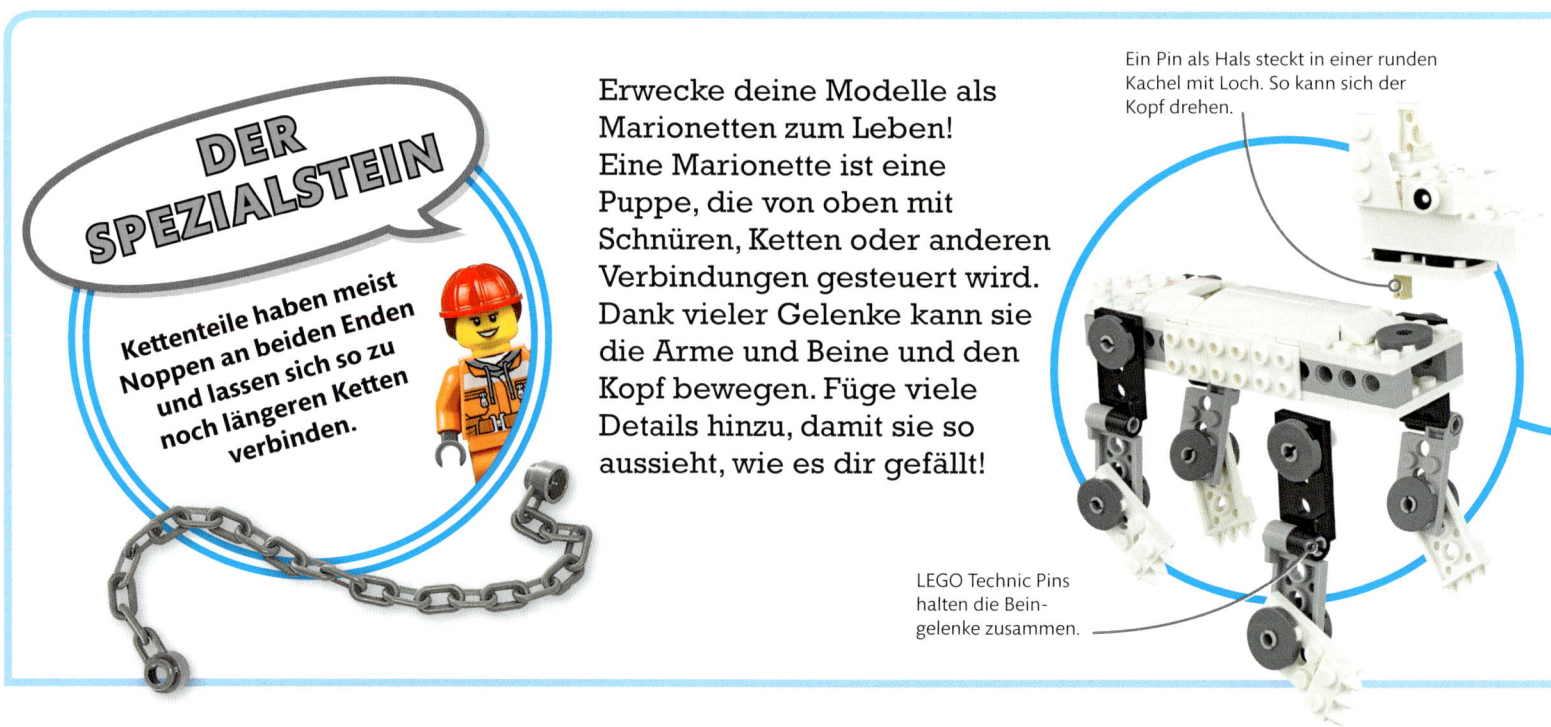

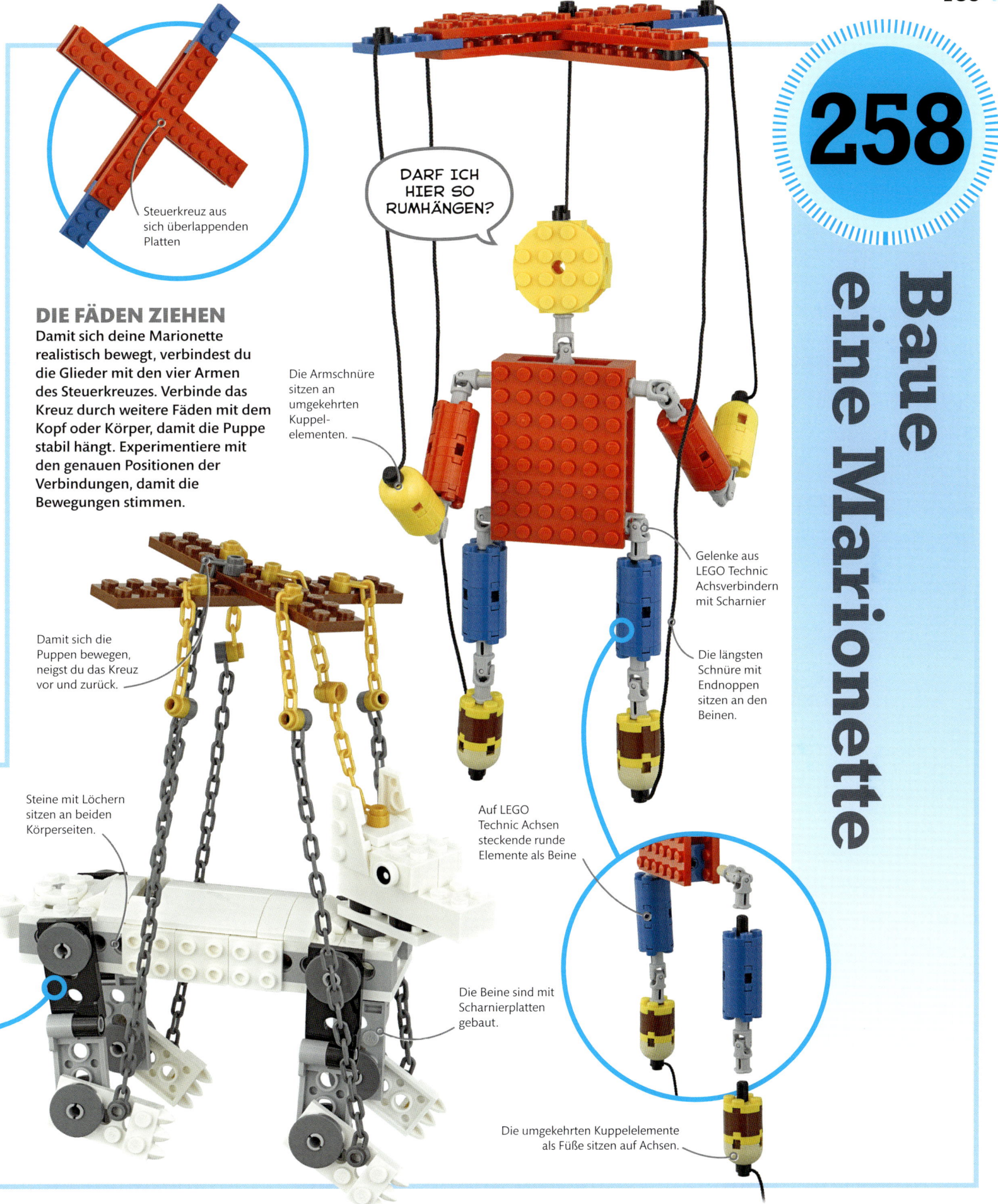

258

Baue eine Marionette

DIE FÄDEN ZIEHEN

Damit sich deine Marionette realistisch bewegt, verbindest du die Glieder mit den vier Armen des Steuerkreuzes. Verbinde das Kreuz durch weitere Fäden mit dem Kopf oder Körper, damit die Puppe stabil hängt. Experimentiere mit den genauen Positionen der Verbindungen, damit die Bewegungen stimmen.

Steuerkreuz aus sich überlappenden Platten

DARF ICH HIER SO RUMHÄNGEN?

Die Armschnüre sitzen an umgekehrten Kuppelelementen.

Gelenke aus LEGO Technic Achsverbindern mit Scharnier

Die längsten Schnüre mit Endnoppen sitzen an den Beinen.

Damit sich die Puppen bewegen, neigst du das Kreuz vor und zurück.

Steine mit Löchern sitzen an beiden Körperseiten.

Auf LEGO Technic Achsen steckende runde Elemente als Beine

Die Beine sind mit Scharnierplatten gebaut.

Die umgekehrten Kuppelelemente als Füße sitzen auf Achsen.

259 Eine kleine Drehscheibe vergrößern

Verschieden große Winkelplatten formen einen runden Rand.

Die Mitte der Scheibe bildet eine große Platte.

Von der Mittelplatte aus ragen überall Platten nach außen.

Die runde Platte verbindet die Drehscheibe mit der Mitte der Basisplatte.

Auf glatten Kacheln auf der Basisplatte gleitet die Scheibe.

Verwandle eine kleine Drehscheibe in eine riesige, indem du an sie anbaust! Diese hier besitzt im Zentrum eine 4x4-Drehscheibe und ist 28 Noppen breit. Auf so einem tollen Drehständer kannst du Modelle wie diese schönen LEGO Torten ausstellen!

Erzeuge coole Lichteffekte

260

Baue ein Modell mit Fenster für ein Kunstfoto mit dramatischer Beleuchtung. Leuchte aus verschiedenen Richtungen und Entfernungen hinein, um unterschiedliche Effekte zu erzielen, und experimentiere mit Form, Größe und Lage des Fensters.

Das Dach hält Licht von oben ab.

Licht von weiter weg erzeugt ein unscharfes Muster.

Ein Zaunelement erzeugt ein Karomuster.

Licht von oben wird auf die Minifigur reflektiert.

ICH BRAUCHE EINE GARDINE!

Bewahre deine Buntstifte in einer LEGO Steinbox auf, die so bunt ist wie die Stifte selbst! Sie ist auch ideal für Pinsel und andere Kunstwerkzeuge. Nimm sie mit, dann kannst du malen und zeichnen, wenn du plötzlich eine Idee hast. Vergiss aber nicht, auch einen Malblock mitzunehmen!

261

DER SPEZIALSTEIN

4x4-Drehscheiben lassen sich auf runde 4x4-Platten und runde 4x4-Steine stecken und frei um 360 Grad drehen.

Spiele Steine schnippen

262

Für dieses Spiel benötigst du nur ein Ziel und ein paar Scheiben zum Hineinschnippen. Nimm runde Kacheln als Scheiben und drücke auf ihren Rand, damit sie hüpfen. Spiele gegen einen Freund oder die Zeit – wie oft kannst du ins Ziel treffen?

Nimm für das Ziel so ein Einzelelement oder baue einen Rahmen aus mehreren Platten.

Drücke mit einer Platte auf die Kachel, damit sie hüpft.

Spielst du gegen einen Freund, wählt jeder eine Farbe für seine Kacheln.

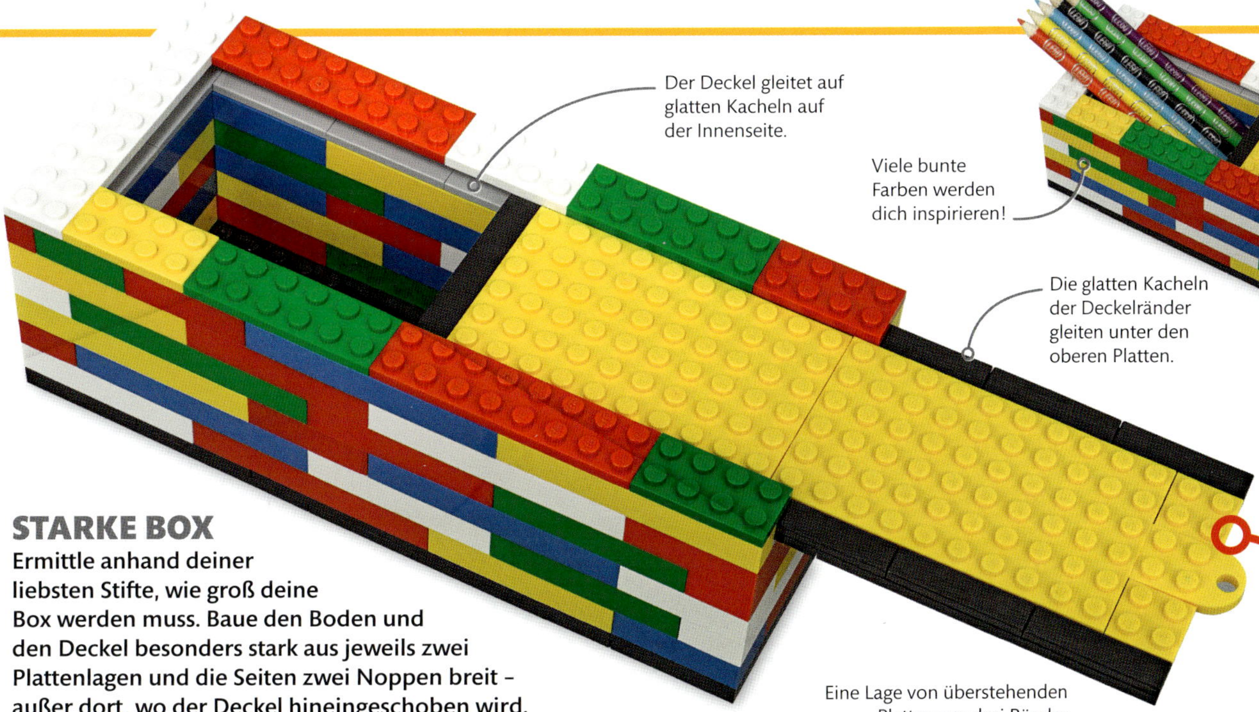

Der Deckel gleitet auf glatten Kacheln auf der Innenseite.

Viele bunte Farben werden dich inspirieren!

Die glatten Kacheln der Deckelränder gleiten unter den oberen Platten.

Ziehe zum Öffnen an der gebogenen Platte.

Die überstehenden Platten sitzen auf eine Noppe breiten Steinen.

STARKE BOX
Ermittle anhand deiner liebsten Stifte, wie groß deine Box werden muss. Baue den Boden und den Deckel besonders stark aus jeweils zwei Plattenlagen und die Seiten zwei Noppen breit – außer dort, wo der Deckel hineingeschoben wird.

Eine Lage von überstehenden Platten um drei Ränder hält den Deckel.

Bunte Buntstiftbox

263 Baue ein Skiffleboard

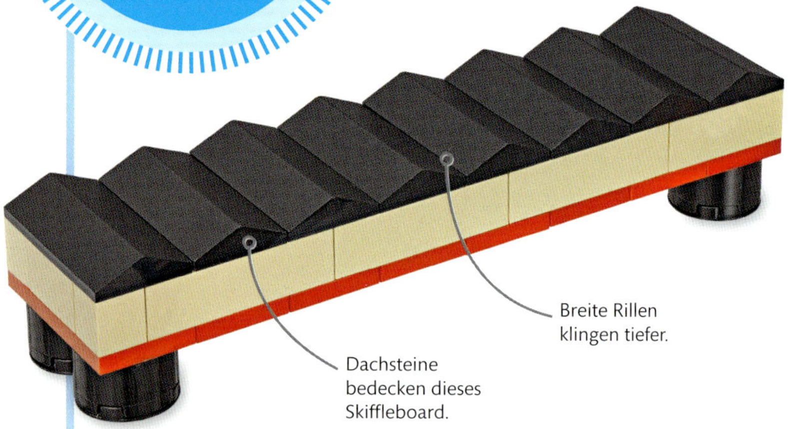

Breite Rillen klingen tiefer.

Dachsteine bedecken dieses Skiffleboard.

Platten mit Klemmen halten diese Leitern.

Die Leitern liegen flach auf glatten Kacheln.

Füße aus runden Steinen

Schlägel aus rundem Stein mit Gleitplatte am Ende

Griff aus LEGO Technic Achsen in Achsverbindern

Reibe mit einem runden Stein über diese Instrumente und erzeuge einen rasselnden Rhythmus! Ihre Zickzackoberflächen produzieren Geräusche wie zirpende Grillen oder wie die Waschbretter, mit denen Skifflebands Musik machen.

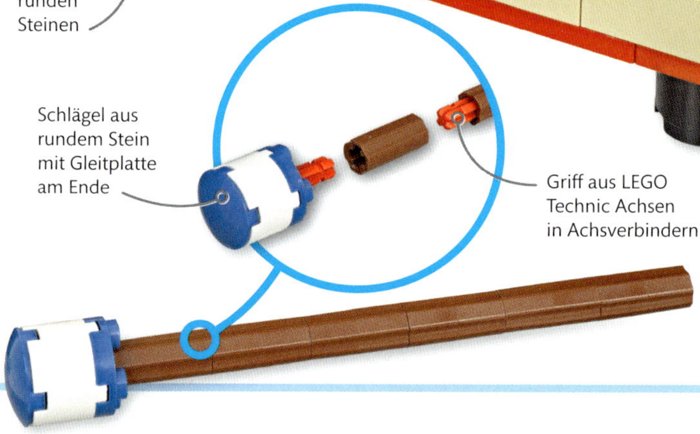

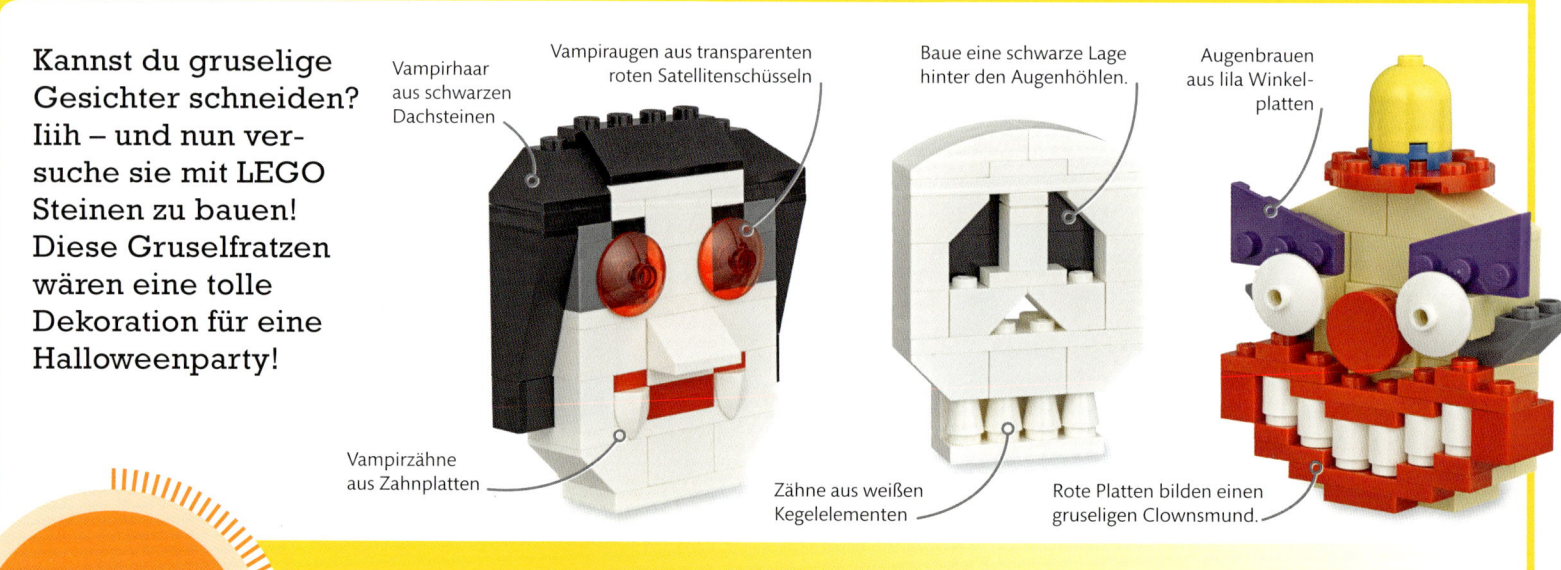

Kannst du gruselige Gesichter schneiden? Iiih – und nun versuche sie mit LEGO Steinen zu bauen! Diese Gruselfratzen wären eine tolle Dekoration für eine Halloweenparty!

Vampirhaar aus schwarzen Dachsteinen

Vampiraugen aus transparenten roten Satellitenschüsseln

Baue eine schwarze Lage hinter den Augenhöhlen.

Augenbrauen aus lila Winkelplatten

Vampirzähne aus Zahnplatten

Zähne aus weißen Kegelelementen

Rote Platten bilden einen gruseligen Clownsmund.

264 Baue gruselige Gesichter

DREH ETWAS AUF!

VERSCHIEDENE LAUTE

LEGO Skiffleboards kann man auch mit Antennen, LEGO Technic Achsen oder den Noppen auf Platten oder Steinen bauen. Sie erzeugen unterschiedliche Geräusche, genau wie anders geformte Schlägel, die über sie reiben.

Halte beide Stäbchen in einer Hand.

Die Stäbchen bestehen aus zwei Lagen Platten und einer Lage glatter Kacheln obendrauf.

Beginne mit einem Haufen verschieden großer Steine.

Bilde mit den aufgenommenen Steinen einen neuen Haufen.

Baue zwei LEGO Essstäbchen und nimm damit in zwei Minuten möglichst viele Steine auf! Baue zwei Paar, um mit einem Freund zu spielen, oder versuche einfach, deinen Rekord zu brechen.

HE! ICH BIN KEIN STEIN!

Das Essstäbchenspiel

265

Baue einen Briefbeschwerer auf S. 129.

Welche Pflanze wäre pflegeleichter als ein LEGO Kaktus? Dieses kleine, simple Gebilde ist ein ideales Geschenk für den Schreibtisch und lässt sich ausbauen, als ob es im Lauf der Zeit wachsen würde.

Dieser Kaktus wäre eine perfekte Kulisse für einen Wildwestfilm!

Realistische Kaktusform aus ein paar Steinen

„Arme" aus Halbbogen-elementen

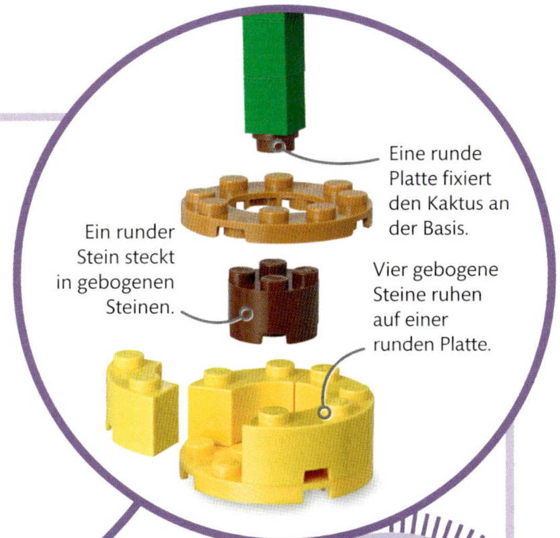

Eine runde Platte fixiert den Kaktus an der Basis.

Ein runder Stein steckt in gebogenen Steinen.

Vier gebogene Steine ruhen auf einer runden Platte.

Kleiner Kaktus

266

Richte dein Zimmer neu ein

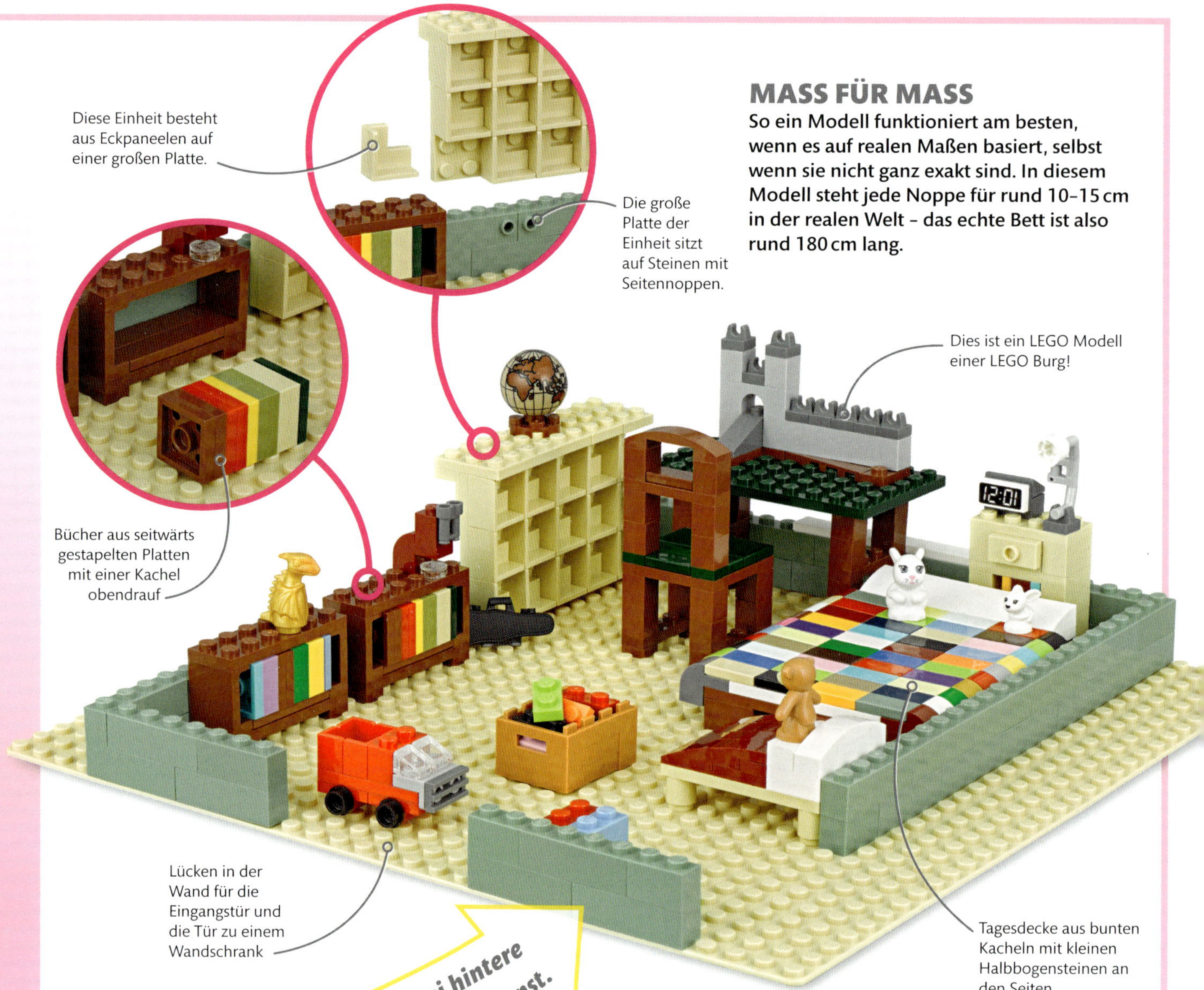

Diese Einheit besteht aus Eckpaneelen auf einer großen Platte.

Die große Platte der Einheit sitzt auf Steinen mit Seitennoppen.

MASS FÜR MASS

So ein Modell funktioniert am besten, wenn es auf realen Maßen basiert, selbst wenn sie nicht ganz exakt sind. In diesem Modell steht jede Noppe für rund 10–15 cm in der realen Welt – das echte Bett ist also rund 180 cm lang.

Dies ist ein LEGO Modell einer LEGO Burg!

Bücher aus seitwärts gestapelten Platten mit einer Kachel obendrauf

Lücken in der Wand für die Eingangstür und die Tür zu einem Wandschrank

Baue niedrige Wände oder nur zwei hintere Wände, damit du Dinge verschieben kannst.

Tagesdecke aus bunten Kacheln mit kleinen Halbbogensteinen an den Seiten

267

Baue ein Modell deines Zimmers und stelle die Möbel um – ohne schwer zu heben! Wenn du umziehst, ist es auch eine tolle Möglichkeit, dich an dein altes Zimmer zu erinnern oder zu überlegen, wo deine Sachen im neuen stehen sollen!

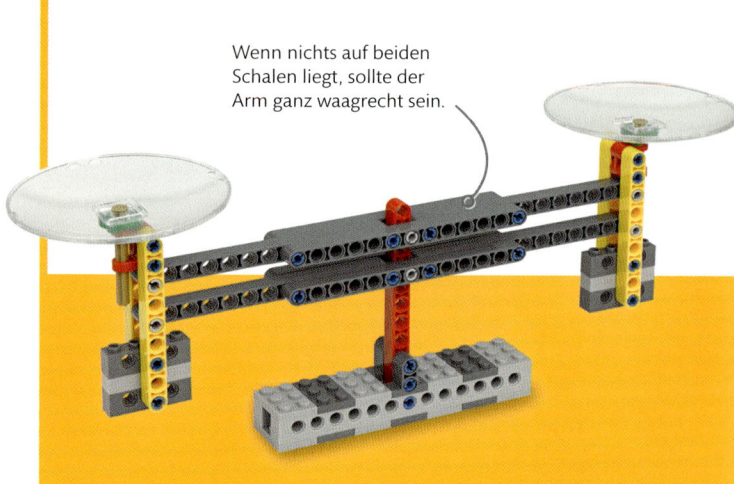

Wenn nichts auf beiden Schalen liegt, sollte der Arm ganz waagrecht sein.

Verwandle dich in eine Minifigur

268

Wenn du kein passendes Haar findest, trägst du eine Mütze!

Wie würdest du als Minifigur aussehen? Suche Gesicht, Haar und Kleidung, die am ehesten deinem Aussehen entsprechen, und baue ein Mini-Ich! Mache ein Foto und stelle es als Profilbild ins Internet.

Vielleicht sieht eine Minifigur ja genau wie du aus, sonst mischst du verschiedene Teile.

Spiele ein Minifiguren-Mixspiel auf S. 43.

Baue eine funktionierende Waage, um zu sehen, was Dinge in LEGO Steinen wiegen! Rate, wie viele Steine nötig sind, um einen Gegenstand auszubalancieren, bevor du ihn wiegst, und mache daraus ein Ratespiel für deine Freunde.

ICH HAB ABGENOMMEN!

BAUMEISTER-TIPP

Baue eine breite Basis, damit die Waage nicht umkippt, und wiege damit nur kleine Dinge.

Jede Schale sitzt auf einer LEGO Technic Achse und einer umgedrehten runden Platte.

Lange LEGO Technic Pins verbinden alle Träger.

Die Waage dreht sich um den senkrechten Träger in der Mitte.

BALANCEAKT

Um einen Gegenstand zu wiegen, legst du ihn auf eine der Schalen. Gib dann Steine auf die andere Schale, bis beide Schalen im Gleichgewicht sind und der Arm sich in keine Richtung neigt. Jetzt kennst du das Gewicht in LEGO Steinen!

Baue eine Waage

269

270 Elegante Uhrenbox

Eine exklusive Armbanduhr bleibt im Topzustand, wenn sie in einer Spezialbox liegt. Diese hier hat vorn eine Schublade und eine detaillierte Modelluhr obendrauf. Baue sie für deine eigene Uhr oder schenke sie einem Familienmitglied für seinen Nachttisch.

Die Schienen passen in Rillensteine und gleiten hin und her.

Platten mit Schienen sind in beide Seiten der Schublade eingebaut.

Die Schublade ist innen mit glatten Kacheln ausgelegt.

Vier gebogene Steine bilden den Uhrenkörper.

Die Zeiger aus Schraubenschlüsseln sitzen an einer Platte mit Pin.

Armband aus Raupen

Die Griffseiten stecken in Steinen mit Löchern.

Griff aus mit LEGO Technic Pins verbundenen Zylindern

MUSTERUHR

Lege beim Bau der Box deine Uhr daneben, um zu überprüfen, ob sie hineinpasst, und um das Modell obendrauf originalgetreu nachzubauen. Passe gut auf deine Uhr auf, wenn die Box leer ist!

Die Schublade gleitet auf Kacheln in der Basisplatte.

Baue das Modell eines Musikinstruments für einen Musikliebhaber. Mit seinen glatten Linien und coolen Farben ist dieses Xylophon eine tolle Dekoration!

Versuche Modelle von anderen Instrumenten zu bauen, etwa ein Keyboard oder ein Tamburin.

271

Plane deinen perfekten Spielplatz

272

Minifußballtor aus einem Kotflügel

ER SCHIESST... TOOOR!

Kleine orangefarbene Kegel als Trainingshindernisse

Das Karussell sitzt auf einer Drehscheibe.

Was gäbe es alles auf deinem perfekten Spielplatz? Entwerfe deine Traumgeräte und überlege, wie sie zusammenpassen. Wenn du dein Modell vielen Leuten zeigst, baut es jemand vielleicht in echt nach!

Himmel-und-Hölle-Feld aus Steckerplatten

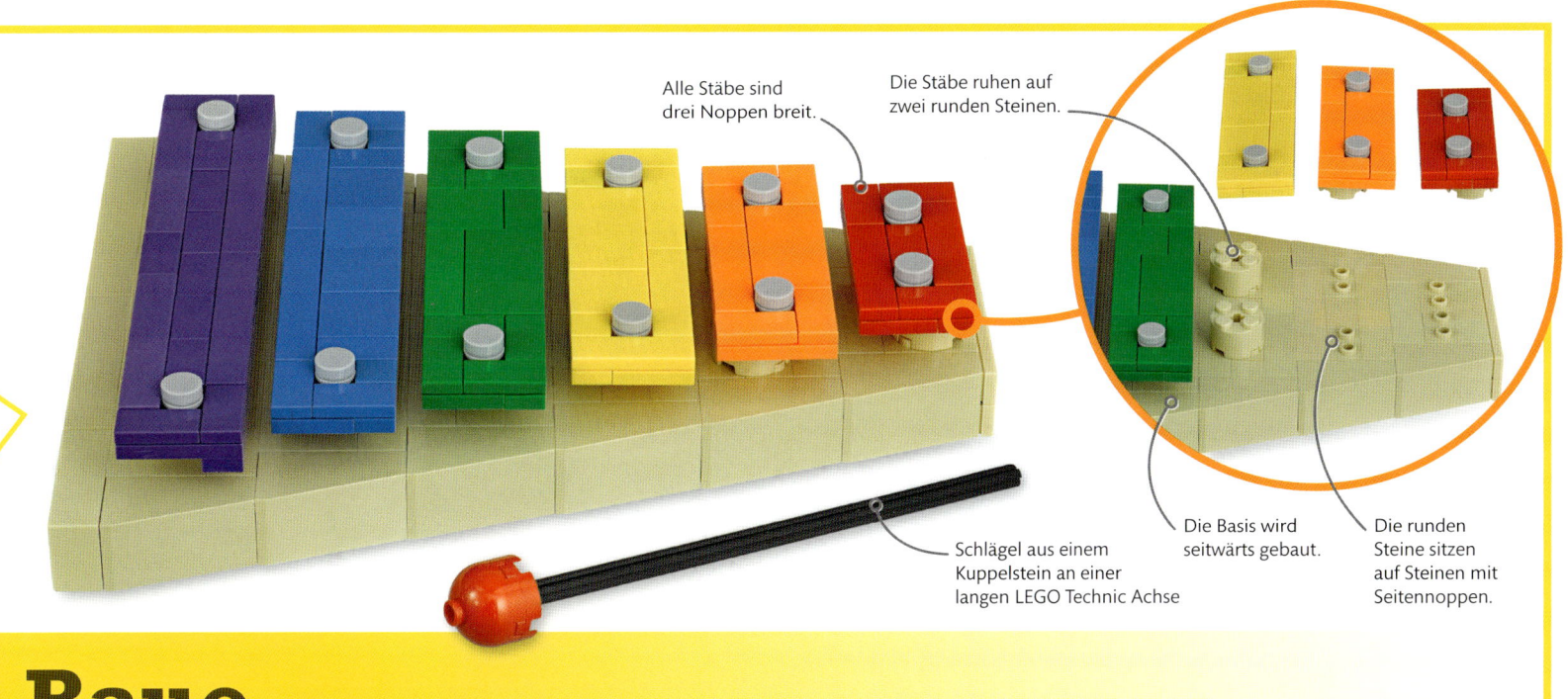

Alle Stäbe sind drei Noppen breit.

Die Stäbe ruhen auf zwei runden Steinen.

Schlägel aus einem Kuppelstein an einer langen LEGO Technic Achse

Die Basis wird seitwärts gebaut.

Die runden Steine sitzen auf Steinen mit Seitennoppen.

Baue ein Xylophon

Baue deinen eigenen Namen

Hier kannst du dir wirklich einen Namen machen! Diese coolen Namensschilder sind eine tolle Deko für dein Zimmer, damit jeder weiß, wer darin wohnt! Baue deinen vollen Namen, deinen Spitznamen oder bloß deine Initialen. Oder baue den Namen eines Freundes als Geschenk.

Dank der Spezialnoppen von Steinen mit Löchern funktioniert dieses Teil.

Lange Kachel als Oberteil

Dank Steckerplatten sitzen die dunkelgrauen Steine eine halbe Noppe tiefer, sodass die Buchstaben wie graviert aussehen.

Rillensteine bilden die Verzierungen oben und unten an den Buchstaben.

LEGO Technic Pins stecken in Steinen mit Löchern und verbinden die Türme mit dem Schild.

Mit leuchtenden Farben auf schwarzem Untergrund hebt sich dein Name ab.

Der i-Punkt sitzt auf einer schwarzen Winkelplatte.

Die Steine auf dem „n" sitzen auf einer Platte.

Durch einen Mix verschiedener Steine und Farben wirken die Türme alt und interessant.

1x2- und 2x2-Steine bilden die Buchstaben auf dem Untergrund.

Basis aus LEGO® Minifiguren Displayständer

273

ERHABEN ODER GRAVIERT

Es gibt viele Möglichkeiten, deinen Namen zu bauen, und verschiedene Techniken für verschiedene Buchstabenformen. Im „Simon"-Schild heben sich die Buchstaben vom Untergrund ab. Der Name „Maria" sieht dagegen aus, als sei er in den Stein graviert!

M-A-R-I-A...
ICH BIN EINE BUCHSTABIER-
BIENE!

Stelle oben deine Lieblingsfiguren auf.

Glatte Kacheln verstärken den Marmoreindruck.

Hellgraue Platten und Steine ragen aus den Buchstaben.

Baue gute Taten nach

274

Der Stapel zeigt, wie oft du mit dem Hund Gassi gegangen bist.

Das Waschbecken ist mit Lampensteinen verbunden.

Halte alle deine guten Taten in einem Belohnungsdiagramm fest! Baue eine Szene mit einem freien Feld, auf das du für jede gute Tat einen Stein setzt. Ist der Stapel zehn Steine hoch, hast du eine Belohnung verdient!

Das Waschbecken sitzt auf glatten Kacheln.

Du hast dreimal den Abwasch gemacht.

Baue ein lokales Wahrzeichen nach

275

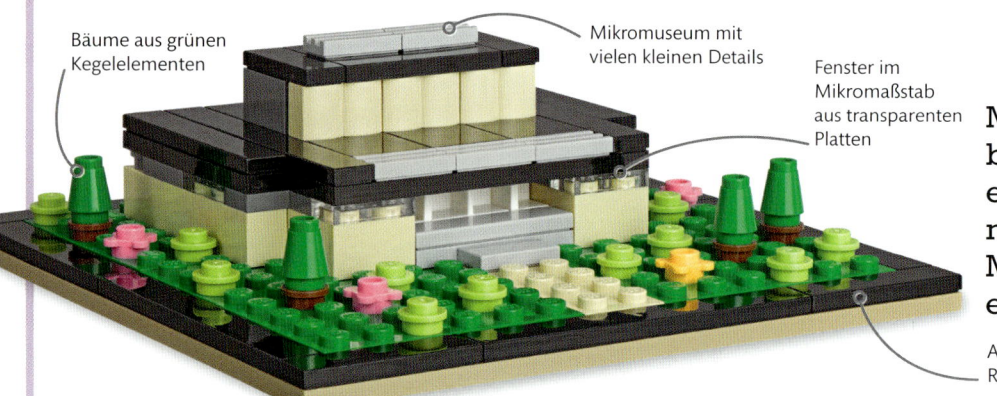

Bäume aus grünen Kegelelementen

Mikromuseum mit vielen kleinen Details

Fenster im Mikromaßstab aus transparenten Platten

Alle LEGO Architecture Sets besitzen Rahmen aus schwarzen Kacheln.

Mache dein Stadtviertel bekannt und baue ein lokales Wahrzeichen im Stil eines LEGO® Architecture Sets! Baue mit kleinen Teilen deine Schule, ein Museum, einen Wolkenkratzer oder eine Villa im Mikromaßstab nach.

Baue eine Ansteckblume

Schmücke dich für ein besonderes Event mit einer LEGO Ansteckblume. Baue einen langen, dünnen Stängel, damit sie in dein Revers passt, und auffallend große Blütenblätter. Gibt es keinen besonderen Anlass, dann denke dir einen aus und lade deine Freunde dazu ein!

Grüne Klemmen sitzen an einer runden Platte mit Stangenring.

Blütenblätter aus Kacheln an einer Platte mit Klemme

OH, ICH HABE MEINE ANSTECKBLUME VERGESSEN!

Stängel aus einer langen LEGO Technic Achse

276

Baue einen ganzen Blumenstrauß auf S. 126.

PARKPOSITIONEN

Für dieses Spiel gibt es verschiedene Lösungen, je nach der Position der Hindernisse. Hier sind zwei Startanordnungen. Denke dir möglichst schwierige Anordnungen aus und fordere deine Familie und Freunde heraus, sie zu lösen.

Die runden Kacheln sind höher als die grauen Kacheln. Diese bilden die Rillen, in denen die Autos fahren.

Startanordnung 2

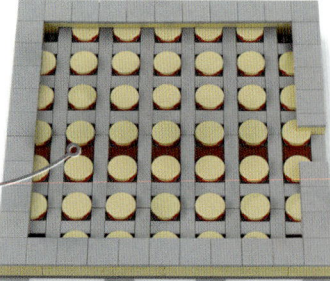

Eine Reihe transparenter roter Kacheln markiert die Ausfahrtroute.

Das Brett

277

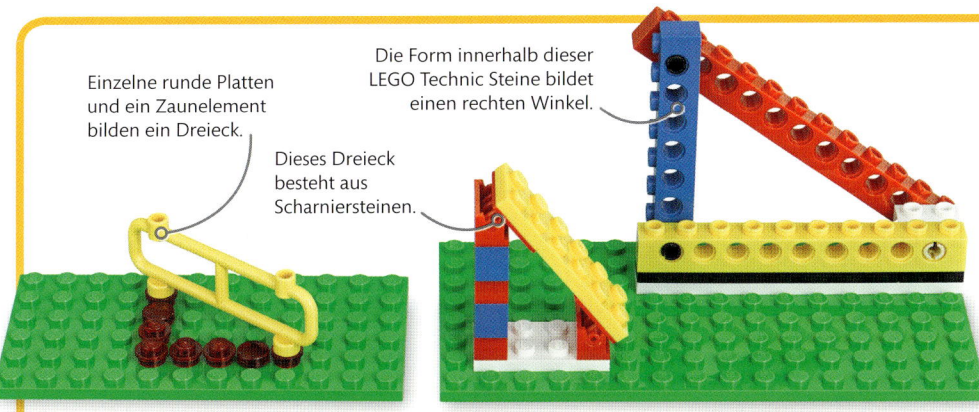

Einzelne runde Platten und ein Zaunelement bilden ein Dreieck.

Die Form innerhalb dieser LEGO Technic Steine bildet einen rechten Winkel.

Dieses Dreieck besteht aus Scharniersteinen.

Auf welche Weise kannst du ein LEGO Dreieck bauen? Baue aus einer beliebigen Auswahl von Steinen in drei Minuten möglichst viele dreiseitige Formen! Trete gegen deine Freunde an – wer baut die besten Dreiecke?

278

Dreiecke bauen

Das rote Auto muss aus seiner Parklücke fahren. Das dürfte doch einfach sein – fahre es in gerader Linie durch die Ausfahrt an der Seite. Doch viele andere Fahrzeuge stehen im Weg! Rangiere sie herum, um für das rote Auto Platz zu machen, aber du darfst den Leitkegel nicht bewegen und keine Fahrzeuge vom Brett heben!

Räder aus runden Kacheln mit Löchern auf Steinen mit Seitennoppen

Diese runden Steine stecken auf einer Achse mit Endnoppe.

Eine Platte unter dem Auto hebt die Räder über die runden Kacheln auf dem Brett.

Startanordnung 1

Tanklaster blockiert die Ausfahrt.

Der Leitkegel hat unten ein Kreuz, damit er nicht verrutscht.

Das Parkplatzspiel

Baue einen Schmuckbaum

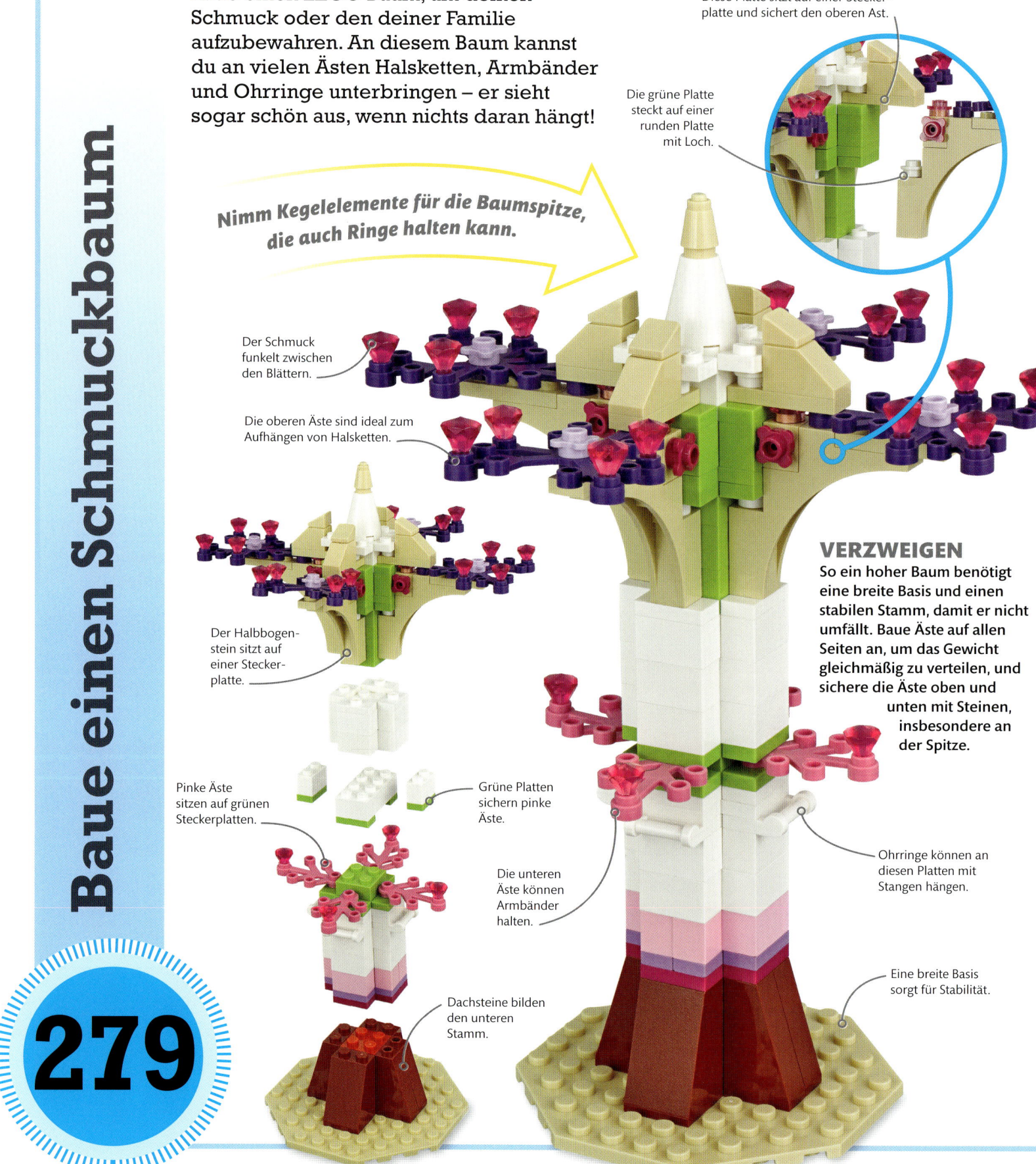

Baue einen LEGO Baum, um deinen Schmuck oder den deiner Familie aufzubewahren. An diesem Baum kannst du an vielen Ästen Halsketten, Armbänder und Ohrringe unterbringen – er sieht sogar schön aus, wenn nichts daran hängt!

Diese Platte sitzt auf einer Steckerplatte und sichert den oberen Ast.

Die grüne Platte steckt auf einer runden Platte mit Loch.

Nimm Kegelelemente für die Baumspitze, die auch Ringe halten kann.

Der Schmuck funkelt zwischen den Blättern.

Die oberen Äste sind ideal zum Aufhängen von Halsketten.

Der Halbbogenstein sitzt auf einer Steckerplatte.

Pinke Äste sitzen auf grünen Steckerplatten.

Grüne Platten sichern pinke Äste.

Die unteren Äste können Armbänder halten.

Dachsteine bilden den unteren Stamm.

VERZWEIGEN
So ein hoher Baum benötigt eine breite Basis und einen stabilen Stamm, damit er nicht umfällt. Baue Äste auf allen Seiten an, um das Gewicht gleichmäßig zu verteilen, und sichere die Äste oben und unten mit Steinen, insbesondere an der Spitze.

Ohrringe können an diesen Platten mit Stangen hängen.

Eine breite Basis sorgt für Stabilität.

279

280 Balancierender Vogel

Augen aus Seitennoppen

Der Körper ist seitwärts gebaut. Die Noppen zeigen nach vorn.

Füße aus Bananenelementen

Baue einen schönen Paradiesvogel, der auf zwei Krallen balanciert! Sein langer Schwanz sieht nicht nur toll aus, sondern dient auch als Gegengewicht für den Körper.

Eine Platte mit Stange und eine Platte mit Klemme sichern die kurze rote Schwanzfeder.

Die langen Schwanzfedern sitzen an einem Klickscharnier.

Balanciere den Vogel auf einer Brettkante oder einer Fingerspitze!

DER SPEZIALSTEIN

Platten mit Klickscharnier sichern eine starre Position, bis sie bewegt werden. Sie sind ideal für dieses präzise Bauen.

Das Schwanzende benötigt ein Gewicht zum Ausbalancieren des Körpers.

Klickscharnier

BALANCEAKT
Experimentiere mit dem Winkel des Schwanzes, indem du die Klickscharniere verstellst, damit der Balanceakt gelingt. Der Schwanz sollte weiter nach vorn reichen als der Körper – aber nicht zu weit!

Wie viele Minifiguren kannst du stapeln, bevor sie umkippen? Minifiguren passen auf vielerlei Weise genial aufeinander. Und nun versuche, sie mit der Stoppuhr zu stapeln!

Der Stab sitzt in einer Taucherflosse.

DIE REINSTE HOCHSTAPELEI!

Je kleiner die Basis, desto schwieriger das Stapeln!

Minifiguren stapeln

281

282 Schlage die Banditen

Das Versteck besteht aus 13 Teilen.

Diese zentrale Plattform besteht aus zwei Teilen.

Zerstöre in diesem tollen Abrissspiel das Versteck der Banditen! Alle Teile sitzen auf glatten Elementen oder einzelnen Noppen – ein gezielter Kanonenschuss nimmt den bösen Buben ihre letzte Deckung weg. Mit wie vielen Versuchen bringst du das ganze Ding zum Einsturz?

Versuche möglichst viele Teile zu treffen.

Das Dach ist ein einziges Teil.

Das Dachteil ruht auf Paneelelementen.

WIEDERAUFBAU

Das Versteck umzuballern ist nur der halbe Spaß! Es nicht zu stabil wiederaufzubauen ist ein Spiel für sich. Du brauchst schon eine ruhige Hand, um die losen Teile auf glatten Kacheln zu stabilisieren. Baue das Modell dort zusammen, wo du es umwerfen willst, dann musst du es nicht bewegen!

Die Säulen stehen aufrecht auf Steckerplatten, lassen sich aber leicht umschießen.

Wurfobjekt mit Gummispitze

Kanone aus Federelement

Für jedes Teil, das du umwirfst, bekommst du einen Punkt!

Die Schatzkiste sitzt auf glatten Kacheln und wird von einer Noppe gehalten.

Auf einem Bein balancierende Minifiguren sind leichter umzuwerfen!

283 Genialer Brillenhalter

Deine Brille ist weg? Dann schau mal auf deine Nasenspitze! Dieses lustige Gesicht ist ideal, um deine Brille über Nacht aufzubewahren, damit du sie am Morgen wiederfindest! Wenn du keine Brille trägst, schenkst du es jemandem, der eine trägt.

Die Augen sind auf weißen runden Platten gebaut.

Die Brillenbügel passen in die hintere Auflage.

Das Gesicht soll der Person ähneln, der du den Brillenhalter schenkst!

Die Brille ruht auf dem Nasenrücken.

Großer Schnurrbart als lustiges Detail

Schaft aus einzelnem Turmelement

Die breite Basis verhindert ein Umkippen.

Werde ein Zoodirektor auf S. 108.

Baue eine Mikrosafari

Baue die größten Tiere der Welt im Mikromaßstab aus ganz wenigen Steinen! Betrachte es als Herausforderung, sie möglichst klein zu bauen und deine Mikrosafari dann deinen Freunden zu zeigen. Ob sie alle Tiere erkennen?

Das Kamel besteht nur aus acht Teilen!

Die Giraffe besteht fast nur aus runden Platten.

Das Rhinozeroshorn sitzt auf einer Platte mit Klemme.

SIND DIESE TIERE SO KLEIN ODER BIN ICH SO GROSS?

Der Elefantenrüssel sitzt auf einer Minifiguren-Nackenklemme.

284

285 Baue eine Sternkarte

Eleganter Rahmen aus braunen und gelben Elementen

Im Dunkeln leuchtende Steine als Sterne

STERNBILDER

Setze graue Platten zwischen die Sterne, um die Umrisse der Sternbilder nachzuahmen. Der Stier ähnelt zwei Stierhörnern, der Skorpion hat einen aufgebogenen Schwanz. Manchmal sind die Umrisse schwer zu erkennen – der Schütze soll wie ein Bogenschütze aussehen, aber manche Menschen erkennen oben rechts eine Teekanne!

Im Dunkeln sind nur die Sterne zu sehen.

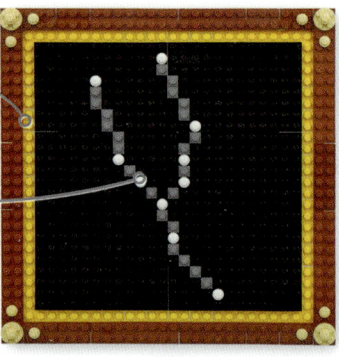

Stier

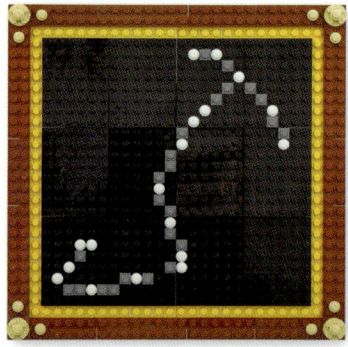

Skorpion

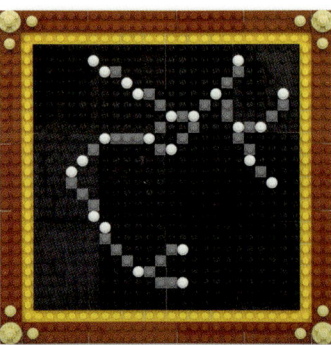

Schütze

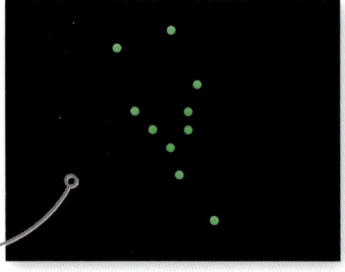

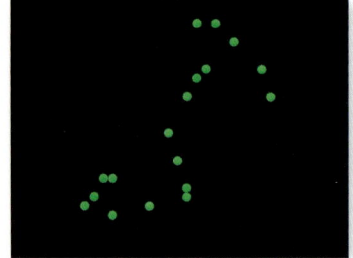

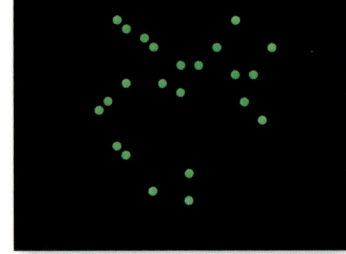

Starte ein Steinwurfturnier

286

Verteile drei kleine Plastikbehälter als Ziele für das Steinwurfspiel! Jeder Behälter bekommt einen bestimmten Punktwert, dann werfen die Spieler die Steine ihrer Farbe in die Behälter und du zählst ihre Punkte. Jeder wirft in 30 Sekunden möglichst viele LEGO Steine!

Die Behälter stehen in einer Reihe oder verstreut.

Alle Spieler stehen hinter einer Linie.

Treffer im hintersten Behälter erhalten die meisten Punkte.

DER SPEZIALSTEIN

Mit im Dunkeln leuchtenden 1x1-Steinen kann man alle Formen nachbilden. Setze sie zuerst viel Licht aus, dann siehst du sie im Dunkeln leuchten!

Schaue zum Himmel hoch und suche mithilfe dieser LEGO Sternbilder verschiedene Sterne! In Büchern und im Internet findest du die Namen und Umrisse von Sternbildern. Dann baust du im Dunkeln leuchtende LEGO Versionen, die dir bei der Suche nach den echten Sternbildern helfen!

Stylisher Übertopf

287

Dachsteine als Eckdetails

Basis aus quadratischer Platte

Weiße Platten halten die Steine.

Ein Übertopf ist immer praktisch – du kannst alles Mögliche hineintun! Damit er so stylish wie nützlich ist, baust du ihn mit einem simplen, aber auffälligen Muster. Dieser hier hat blaue Karos aus kleinen Steinen mit Streifen aus weißen Platten, die alles zusammenhalten.

ALS VASE BESTIMMT VIEL ZU GROSS!

Verwandle dein ganzes Zimmer in eine Rennstrecke und benutze Möbel, Schuhe und alle möglichen Dinge als Hindernisse für deine Autos! Baue eine Start- und Ziellinie, einen Boxenstopp und ein Siegerpodest. Markiere Bereiche ohne Hindernisse mit Kegeln und langen Steinen als Barrieren.

Setze Minifiguren als Mechaniker ein.

In den Boxen gibt es Werkzeuge, Luft, Benzintanks und Ersatzteile.

Markiere Bereiche mit Kegeln.

Weiße und schwarze Steine wirken wie eine karierte Flagge.

Startlinie mit Ampeln und Lautsprechern

ICH BIN WIE GERÄDERT!

Verwandle dein Zimmer in eine Rennstrecke

288

289

Ein Kran, der alles kann

Der Achsverbinder ist so breit wie die Spule auf der anderen Seite.

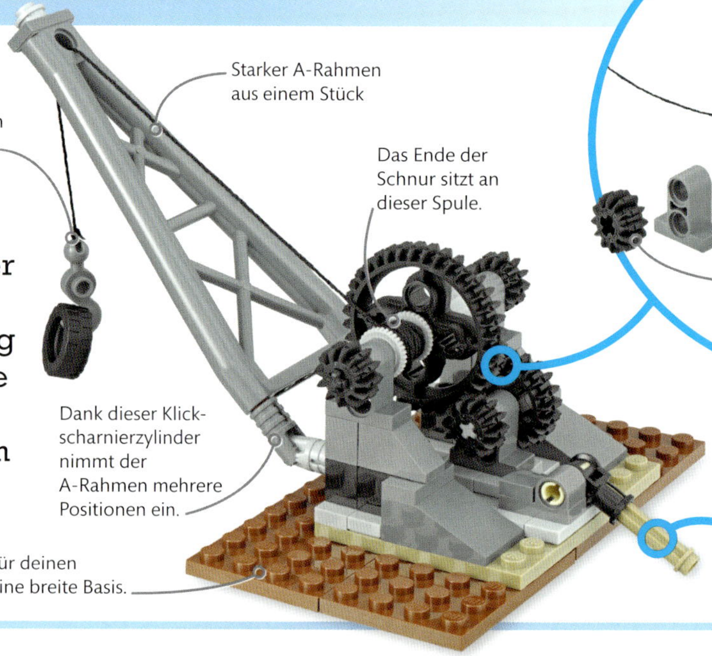

Die Schnur wird durch die Kugel oben am Haken befestigt.

Starker A-Rahmen aus einem Stück

Das Ende der Schnur sitzt an dieser Spule.

Die Spule sitzt auf einer LEGO Technic Achse.

Warum bücken, um etwas aufzuheben, wenn das ein LEGO Kran erledigt? Dieser coole Mechanismus ist ein tolles Schreibtischspielzeug und räumt auf lustige Weise auf! Damit kannst du auch Minifiguren zu aufregenden Abenteuern abseilen – und rechtzeitig zurückholen!

Drehe die beiden kleinen Zahnräder, um den Kran zu bedienen.

Dank dieser Klick-scharnierzylinder nimmt der A-Rahmen mehrere Positionen ein.

Die Bremse verhindert, dass etwas hinunterfällt.

Baue für deinen Kran eine breite Basis.

Tausche die Blüten-elemente gegen runde Kacheln aus wie beim LEGO City Stil.

Baue ein LEGO Friends Set in kräftigen Farben um, dann wirkt es wie ein LEGO City Set.

Der LEGO City Sportwagen ist ganz in Rot gebaut.

Baue dein Modell so bunt wie möglich!

Dieser LEGO Friends Minibus gehört zum Set Großer Reiterhof (3185).

Baue doch einmal dein liebstes LEGO Set in deinen Lieblingsfarben nach! Halte dich möglichst eng an die Original-bauanleitung, wenn du dein neues Farbschema anwendest, und sei kreativ, wenn du irgendwelche Elemente nicht in diesen Farben hast.

Baue ein Set in deinen Lieblingsfarben

290

Gehe ins Kino

291

Schalte das Tablet ein – die Vorführung beginnt!

Der oberste Träger hält den Rahmen vorn und hinten zusammen.

Ein Tablet-Computer in diesem Rahmen zeigt einen Film.

ICH LIEBE GUTE STEIN-STREIFEN!

GROSSE LEINWAND

Miss für dein Kino die Höhe deines Tablets in Steinen und seine Breite und Tiefe in Noppen. Achte darauf, dass dein Tablet in das Gestell passt, das stark und stabil genug sein muss, um das Tablet aufrecht zu halten. Erkundige dich, ob du das Tablet benutzen darfst, wenn es nicht dir gehört.

Hohe Dachsteine stützen den Rahmen vorn und hinten.

Die Bestuhlung sitzt stabil auf sich überlappenden Platten.

Die Seitenpfeiler sitzen vor und hinter dem Tablet.

Die lange Kante des Tablets ruht auf glatten Kacheln.

Gehe mit deinen Minifiguren in ein Kino mit so einer tollen Leinwand! Sie hält im Stein-rahmen einen Tablet Computer, auf dem du echte Filme anschauen kannst. Setze dich nun mit einer Tüte Popcorn hinter die Minifiguren, lehne dich zurück und genieße den Film!

292

Baue ein LEGO Windrädchen

Stelle das Windrad auf eine flache Unterlage und schaue zu, wie der Wind es dreht! Baue auf die Flügel ein einfaches Muster, das in einer starken Brise zum bunten Kreis verschwimmt.

Baue mit anderen Teilen weitere Räder – welche drehen sich am schnellsten?

Eine Platte sichert den Stein mit Loch.

Schwarze LEGO Technic Pins stecken in Platten mit Ringen darunter.

Der Pin steckt in einem Stein mit Loch.

Die Flügel drehen sich auf dieser Platte mit Pin darunter.

Winklige Flügel fangen den Wind ein.

Hohe Säule aus einem Stück

Wunderschöne Winterdeko

DU HAST JA AUCH EINEN FRACK AN!

293

Ninja-Ausrüstung als Baumspitzendeko

Verschieden große Winkelplatten überlappen sich zu dieser Baumform.

Zweigartige Arme aus Platten

Baue auf eine lange braune Platte die grünen Seiten.

Die Pinguine ähneln sich, bestehen aber aus vielen unterschiedlichen Teilen.

Eine jahreszeitliche Deko macht dein Zuhause im Winter gemütlich! Es muss nicht mal Winter sein – ein paar Modelle rund um die Themen Schnee und Feste vermitteln das ganze Jahr über eine festliche Stimmung!

Entdecke eine Frühlingsdeko auf S. 74–75.

Der geheime Farbcode sitzt auf einem Bord hinter dem Tor.

294

Kannst du den Torwächter besiegen und den Geheimcode finden, um in die Burg zu gelangen? Du hast acht Chancen, wenn du die Zugbrücke betrittst, und der Türhüter sagt dir, ob du richtig rätst oder nicht. Wenn du es schaffst, wirst du Torwächter und forderst andere Spieler heraus!

Baue eine längere Zugbrücke, dann hat der Abenteurer mehr Chancen!

SO WIRD GESPIELT

1 Ein Spieler sitzt als Torwächter hinter dem Tor am Ende der Zugbrücke. Der andere Spieler ist der Abenteurer und muss den geheimen Eintrittscode erraten, bevor er das Tor erreicht.

2 Der Torwächter stellt vier verschiedenfarbige runde Steine hinter dem Tor auf, ohne dass es der Abenteurer sieht. Dieser hat nun acht Chancen, die richtige Farbfolge zu erraten.

3 Der Abenteurer setzt Reihen farbiger Steine auf die Zugbrücke. Der Torwächter teilt ihm mit, wie weit er die Farbfolge erraten hat, indem er runde Kacheln auf beide Wasserseiten neben der Reihe stellt.

4 Eine grüne Kachel bedeutet: richtige Farbe, doch an der falschen Stelle. Rote Kachel bedeutet: richtige Farbe an der richtigen Stelle. Keine Kachel bedeutet: keine Übereinstimmung.

5 Der Torwächter gewinnt, wenn der Abenteurer beim achten Versuch am Ende der Zugbrücke die Reihe immer noch nicht erraten hat. Der Abenteurer gewinnt, wenn er sie richtig errät.

Dieser Spieler fand nach fünf Versuchen die richtige Reihenfolge heraus.

Die Reihenfolge der Kacheln im Wasser entspricht der Reihenfolge der Versuche.

Die Kästchen enthalten die runden Steine.

Beim ersten Mal erriet der Spieler drei Farben richtig, aber nur eine an der richtigen Stelle.

Besiege den Torwächter

Baue ein Fotomosaik

295

BAUMEISTER-TIPP

Experimentiere mit den Helligkeits- und Kontrasteinstellungen bei einem Digitalfoto für ein klares Bild in LEGO Form.

Baue ein erstaunliches Mosaik, indem du ein Foto von deinem Computer kopierst. Bestimme, wie breit dein Mosaik sein soll, und stelle dann die Pixelzahl deines Fotos auf diese Breite ein. Das Foto verwandelt sich in ein Raster aus Quadraten, die du mit LEGO Steinen kopierst.

Nimm ein Foto mit klarem Licht und Schatten und wenigen kleinen Details.

Auf diesem Foto von Baumeister Drew basiert das Mosaik.

So ein Mosaik wird mit Steinen oder Platten gebaut.

Große Elemente für einheitliche Farbbereiche

Kneife die Augen zusammen, wenn du das Gesicht nicht gleich erkennst!

PIXELGERECHT

Dieses Mosaik auf einer 32x32-Basisplatte kopiert ein Foto, das auf dem Computer auf eine Breite von 32 Pixeln eingestellt wurde. Mit Bearbeitungssoftware wurde das Foto auf nur vier Farben reduziert. Wenn du keinen Computer hast, zerlegst du ein Bild in Quadrate, indem du mit einem Lineal ein Raster auf eine Kopie davon zeichnest.

Enthülle ein magisches Mosaik auf S. 56.

296

Die runden Teile sind einzelne LEGO Elemente.

Halte die Zahl deiner Siege mit kleinen Elementen fest.

Ratespiel mit Minifiguren

297

Baue eine Zauberbox und verstecke darin eine Minifigur für ein Ratespiel. Wie rasch erraten deine Freunde, welche Minifigur es ist? Die Fragen, die sie stellen, dürfen nur mit „Ja" oder „Nein" beantwortet werden.

HAB' ICH FLÜGEL? JA!

Kacheln bedecken die Box oben.

Eckplatten halten die Box oben zusammen.

Glatte Seiten der Box aus großen Wandelementen

Das Fragezeichen besteht aus Platten und 1x1-Steinen.

Baue ein Tic-Tac-Toe-Brett

Baue ein LEGO Tic-Tac-Toe-Spiel mit „X" und „O". Es könnten auch LEGO Friends Tiere gegen Blumen oder LEGO® NEXO KNIGHTS™ Helden gegen Monster sein! Baue ein zu deinem Thema passendes Raster und fordere deine Freunde zu einem spannenden Spiel heraus!

Turmspitzen als Begrenzung aus Bäumen

Jeder Spieler hat fünf Spielsteine.

Dieses Brett ähnelt einem Garten und hat Felder für Blumen und Tiere.

Steckerplatten sichern die Spielsteine.

SO WIRD GESPIELT

1 Zwei Spieler setzen abwechselnd einen ihrer Spielsteine auf irgendein freies Feld des Bretts.

2 Sieger ist, wer mit drei eigenen Spielsteinen zuerst eine Reihe bildet – waagrecht, senkrecht oder diagonal.

298 Baue einen Traumfänger

Hänge einen LEGO Traumfänger über dein Bett und träume schön die ganze Nacht! Befestige an einem Rad oder einer runden Form Perlenschnüre aus runden Steinen, Pflanzenelementen und Schnüren. Der Legende nach verfangen sich böse Träume in den Perlen, bevor sie dich erreichen, und verschwinden am Morgen!

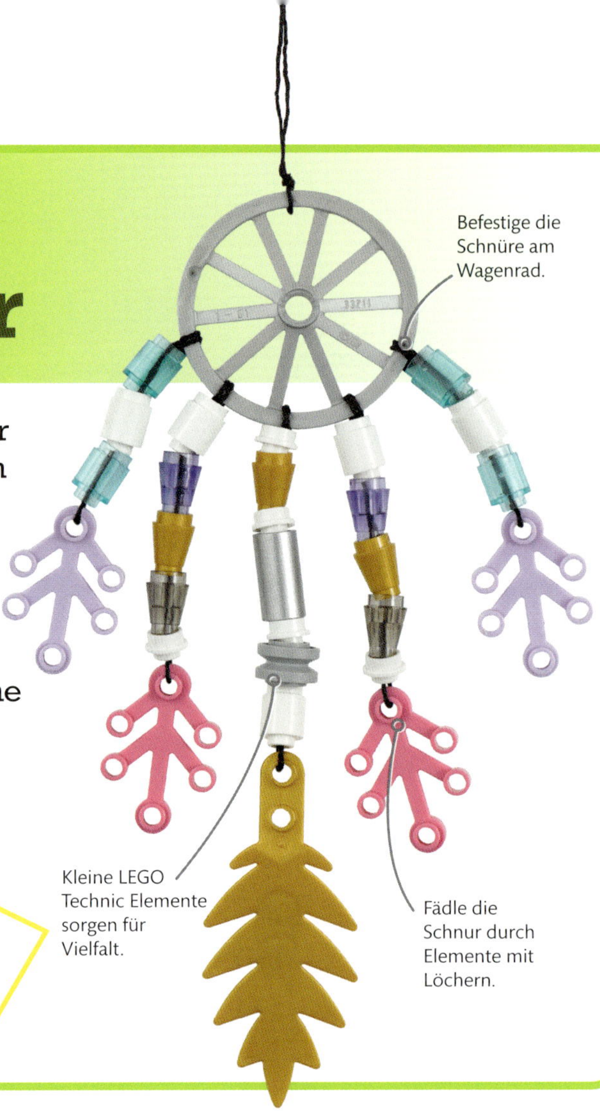

BAUMEISTER-TIPP

Sitzen die Steine eng auf kurzen Schnüren, kannst du sie zu krummen Formen verbiegen.

Lass dir beim Befestigen der Schnüre von einem Erwachsenen helfen!

Befestige die Schnüre am Wagenrad.

Kleine LEGO Technic Elemente sorgen für Vielfalt.

Fädle die Schnur durch Elemente mit Löchern.

Das Ruinen- rennen

Kopfschmuck der Statue aus einem Oberlichtelement

Affenkörper überwiegend aus gebogenen Steinen

Die roten Felder sind ohne Noppen, da sie nicht betreten werden dürfen.

Spielsteine aus Kegeln mit kleinen runden Platten obendrauf

Tauche auf der Suche nach dem sagenhaften Affenkristall tief in die Ruinen einer alten Stadt ein! Hänge Konkurrenten ab, um Erster zu werden, und achte auf Fallen, die die einstigen Affenwächter hinter- ließen. Baue eine mächtige Affenstatue zum Schutz des Juwels und ein Labyrinth voller Ruinen und Risiken!

Du darfst nur Felder mit Steckerplatten betreten.

Sag es auf einer Plakatwand

300

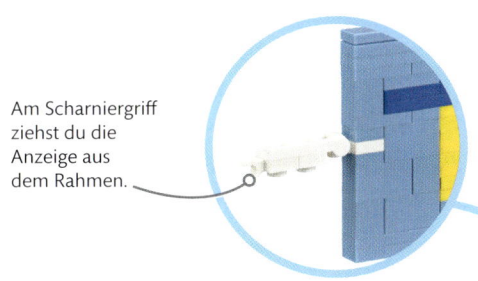

Am Scharniergriff ziehst du die Anzeige aus dem Rahmen.

Der Griff verschwindet bei Nichtgebrauch im Rahmen.

Lampen an Scharnieren beleuchten nachts die Wand.

Baue eine Plakatwand für deine LEGO City Szenen – oder einfach, um etwas mitzuteilen! Du kannst alle Bilder oder Slogans bauen, die in diesen Rahmen passen – vom Aufruf zu mehr Überraschungspartys bis zur Kampagne für weniger Zahnarztbesuche!

WIESO KAUF' ICH BLOSS GESCHENKE?

Die Botschaft lautet: Minifiguren sollten füreinander Geschenke kaufen.

299

Die Anzeige hat oben glatte Kacheln.

Auf der Plattform kann eine Minifigur stehen, wenn das Plakat ausgetauscht werden muss!

SO WIRD GESPIELT

1 Die Spieler starten an der türkisen Linie, würfeln abwechselnd und ziehen die gewürfelte Anzahl von Feldern.

2 Landest du auf einem roten Feld, gehst du ein Feld zurück. Landest du auf einem schwarzen, setzt du einmal aus. Landest du beim Gegner, geht der ein Feld zurück.

3 Würfle die richtige Zahl, um das weiße Feld und den Schatz zu erreichen! Schaffst du es nicht, musst du es weiter versuchen.

SZENENWECHSEL

Die Anzeige wird separat vom Rahmen gebaut und kann damit ausgetauscht werden. Der Rahmen hat innen glatte Kacheln, auf denen sich die Anzeigen leicht verschieben lassen. Das Bild wird aus vielen kleinen Platten gebaut, aber du kannst auch etwas auf Papier oder Pappe zeichnen und das in den Rahmen schieben.

Baue ein echt leuchtendes Neonschild auf S. 109.

Der Bleistiftstreich

Spiele deinen Freunden einen lustigen Streich mit diesen realistisch wirkenden LEGO Stiften. Baue deine Stifte mithilfe dieser Tipps, stecke sie ins Federmäppchen deines Freundes und warte ab …

Zeigen alle Seitenschlitze in die gleiche Richtung, sieht man sie nicht so leicht.

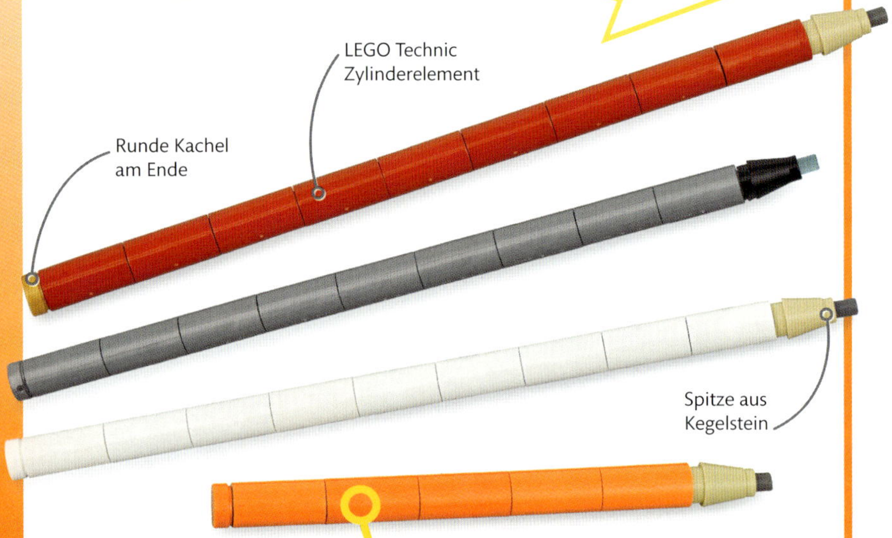

Runde Kachel am Ende

LEGO Technic Zylinderelement

Spitze aus Kegelstein

STIFTTEILE

LEGO Technic Zylinder haben die ideale Form und Größe für den Bau von Bleistiften. LEGO Technic Pins halten sie innen zusammen. Kegel, Kacheln und Platten an den Enden vervollständigen das realistische Aussehen.

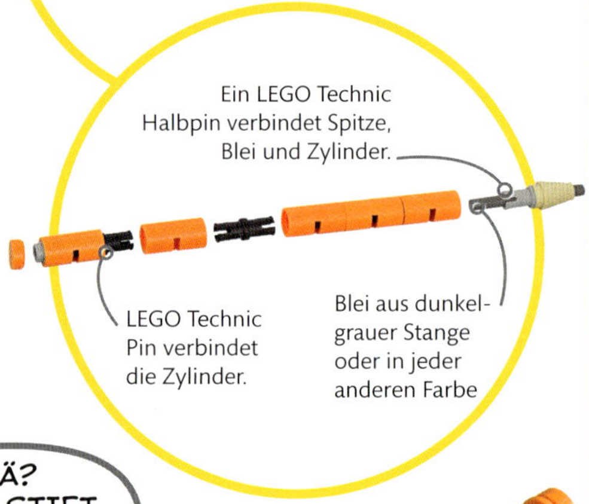

Ein LEGO Technic Halbpin verbindet Spitze, Blei und Zylinder.

LEGO Technic Pin verbindet die Zylinder.

Blei aus dunkelgrauer Stange oder in jeder anderen Farbe

HÄ? MEIN STIFT SCHREIBT NICHT!

REIN-GEFALLEN!

Orangefarbene Platte und Kachel bilden den Radiergummi.

301

Das ist ein Geschicklichkeitsspiel für Spieler mit starken Nerven! Ziel ist es, Blöcke zu entnehmen, ohne dass der Turm umkippt. Du darfst dir jedoch nicht selbst aussuchen, welche Blockfarbe du entfernen musst!

SO WIRD GESPIELT

1 Der erste Spieler dreht den Farbzeiger und muss einen Block der angezeigten Farbe mit nur einer Hand aus dem Turm entnehmen.

2 Jeder Spieler wiederholt Schritt 1 und behält den entnommenen Block.

3 Das Spiel endet, wenn ein Spieler einen oder mehrere Blöcke vom Turm fallen lässt! Sieger ist, wer die meisten Blöcke entnahm, bevor der Turm zusammenfiel.

Der Farbzeiger dreht sich auf einem Drehscheibenelement.

302

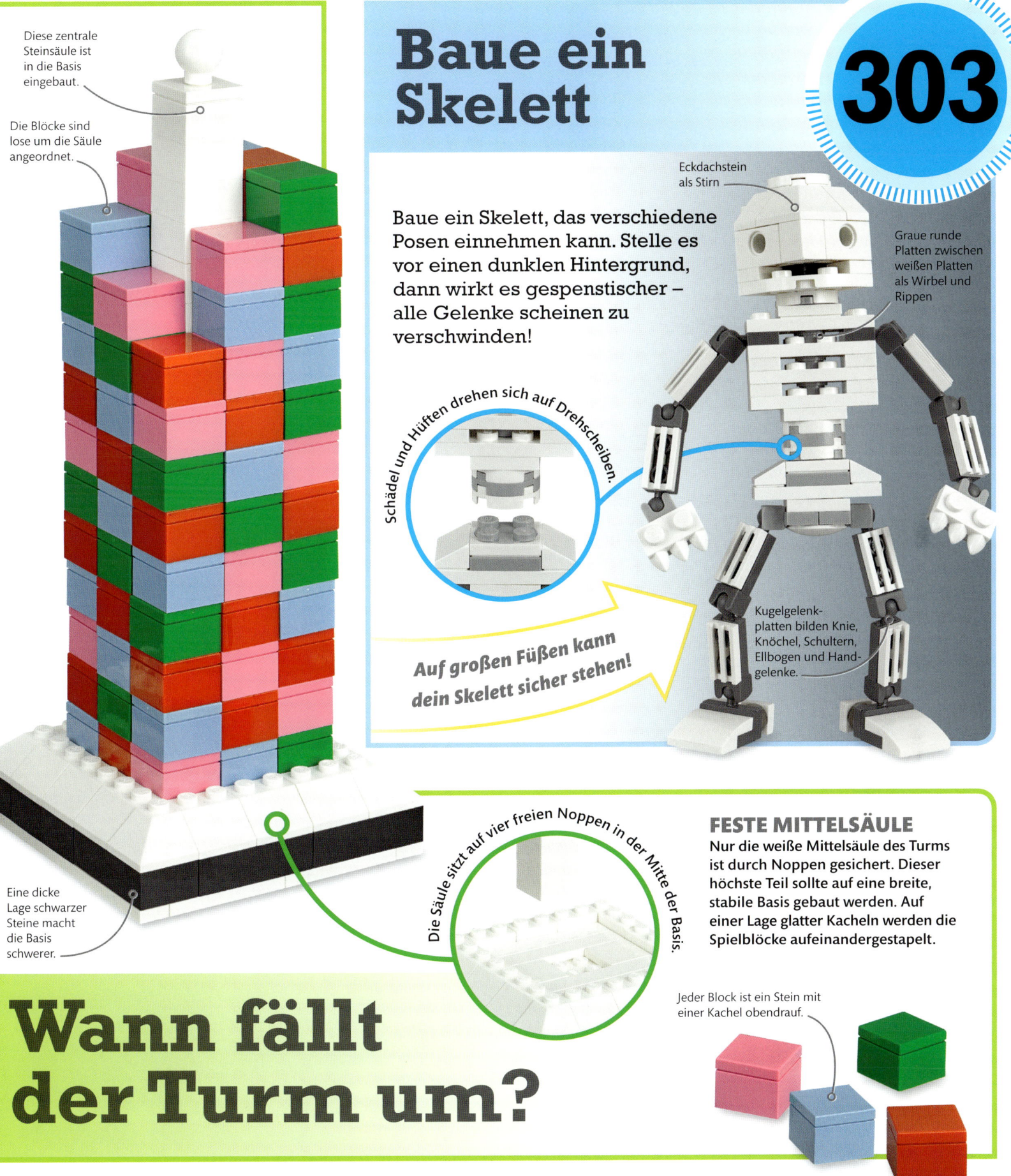

Diese zentrale Steinsäule ist in die Basis eingebaut.

Die Blöcke sind lose um die Säule angeordnet.

Eine dicke Lage schwarzer Steine macht die Basis schwerer.

Baue ein Skelett

303

Baue ein Skelett, das verschiedene Posen einnehmen kann. Stelle es vor einen dunklen Hintergrund, dann wirkt es gespenstischer – alle Gelenke scheinen zu verschwinden!

Eckdachstein als Stirn

Graue runde Platten zwischen weißen Platten als Wirbel und Rippen

Schädel und Hüften drehen sich auf Drehscheiben.

Auf großen Füßen kann dein Skelett sicher stehen!

Kugelgelenk-platten bilden Knie, Knöchel, Schultern, Ellbogen und Hand-gelenke.

Die Säule sitzt auf vier freien Noppen in der Mitte der Basis.

FESTE MITTELSÄULE

Nur die weiße Mittelsäule des Turms ist durch Noppen gesichert. Dieser höchste Teil sollte auf eine breite, stabile Basis gebaut werden. Auf einer Lage glatter Kacheln werden die Spielblöcke aufeinandergestapelt.

Jeder Block ist ein Stein mit einer Kachel obendrauf.

Wann fällt der Turm um?

304 Baue ein Modell deines Hauses

Lerne dein Zuhause besser kennen, indem du es aus LEGO Steinen baust. Schaue dir beim Bauen ein Foto davon an und bilde Details nach, die du vielleicht noch nie zuvor bemerkt hast. Stelle Dinge in alle Fenster und füge dich und deine Familie als Minifiguren ein!

Das Haus im Mikromaßstab ist nur fünf Steine hoch!

Die richtige Form ist wichtiger als die genauen Farben.

Wenn du keine transparenten Steine hast, lässt du Lücken für die Fenster.

Jedes Zimmer ist voller kleiner Details.

Umgekehrte Dachsteine als Vorhänge hinter diesem Fenster

Hier gibt es sogar eine Maus unterm Fußboden!

ICH ZIEHE SOFORT EIN!

INDIVIDUELLE HÄUSER

Es gibt viele Möglichkeiten, dein Zuhause mit LEGO Steinen zu bauen. Du könntest ein komplettes Modell mit Zimmern oder nur die von außen zu sehende Front bauen. Du könntest auch einen Grundriss fertigen, die Wände mit Platten markieren und in alle Zimmer Möbel stellen.

Entwerfe dein Zimmer auf S. 190.

Baue mit verbundenen Augen

Baue ein Modell, ohne dass du es siehst! Nimm ein einfaches Modell, zerlege es und setze es nur durch Fühlen wieder zusammen. Damit du nicht mogelst, verbindest du dir die Augen mit einem Schal!

Alle identischen Teile müssen dieselbe Farbe haben.

Die Stoßzähne sitzen an Platten mit Klemmen.

KEINE ANGST, ICH BEISSE NICHT!

Präge dir die Form deines Modells ein, bevor du es nachbaust!

Die 1×4-Steine hier können nicht mit den braunen 2×4-Steinen darüber verwechselt werden.

Baue die stärkste Brücke

Welche längste, stärkste Brücke kannst du mit einer bestimmten Zahl von Steinen bauen? Überbrücke eine kurze Strecke auf verschiedene Weise mit gleich vielen gleichartigen Steinen – welche Brücken bleiben stehen, welche zerbrechen?

Dicht gepackte Steine sind stark, reichen aber nicht weit.

Diese Brücke mixt die besten Teile der beiden anderen.

Diese Brücke ist lang, aber nicht sehr stark.

307 Nur aus 2x2-Steinen

Was kannst du nur aus 2x2-Steinen bauen? Alles, wenn du gut überlegst! Sammle alle deine 2x2-Steine zusammen und baue etwas Großes, Kompaktes, Kühnes. Es ist völlig egal, wenn du keine gebogenen oder flachen Formen hast – das Mädchen mit Locken und das lange Schwert bestehen ausschließlich aus 2x2-Steinen!

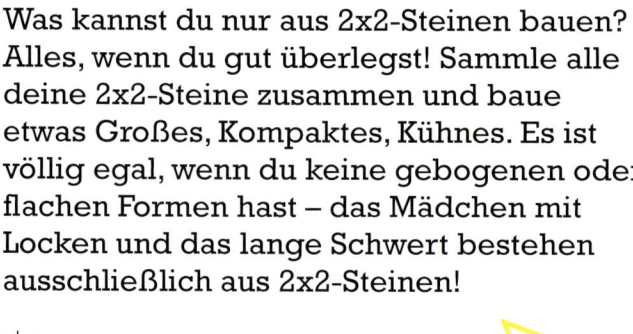

Gestapelte braune Steine ergeben abgerundete Formen.

Lass viele Details weg – einfache Formen ergeben ein cooles Modell!

Jeder grüne Stein überlappt die Steine darunter und hält alle zusammen.

Zentrale Steine halten das Schwert oben und unten zusammen.

Interessante Punkte auf deiner Deutschlandkarte

Verschiedene Winkelplatten formen den Umriss.

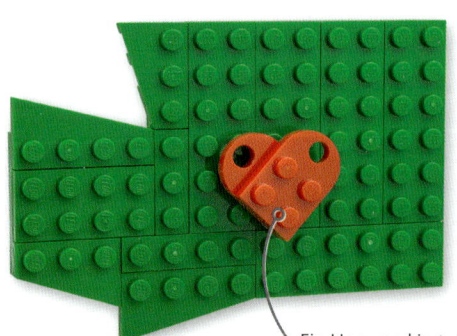

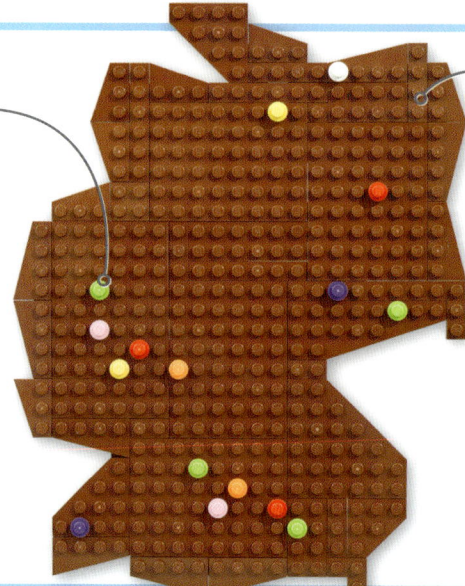

Baue ein Kartenmodell von deiner Stadt, deinem Land oder Kontinent und dann markierst du alle Orte, wo du schon gewesen bist oder wohin du noch reisen möchtest. Mache Modelle verschiedener Länder, um etwas über ihre Form und Größe zu erfahren, und bald hast du eine Karte der Welt!

Ein Herz markiert einen Wohnort auf diesem Modell des US-Staats Washington.

308 Markiere dein Gebiet auf einer LEGO Karte

Lustige Gesichter bauen

309

Baue aus einem Haufen Steine in nur fünf Minuten möglichst viele lustige Gesichter. Wenn sie klein und einfach sind, hast du Zeit, viele verschiedene zu bauen. Lass deine Freunde mitmachen und vergleicht eure Gesichter, wenn die Zeit um ist!

ICH HABE MEINEN EIGENEN KOPF!

Diese Köpfe wären ein toller Ausgangspunkt für lustige Roboter!

Gib jedem Gesicht Augen und Mund.

BAUMEISTER-TIPP

Baue die Doppelhelix flach und verdrehe sie vorsichtig zu einer Spirale. Dann stellst du sie aufrecht aus.

Baue eine DNA-Doppelhelix, das Molekül, aus dem wir alle gemacht sind! In jedem Lebewesen gibt es DNA, die so klein ist, dass sie nur im Spezialmikroskop zu sehen ist. An einem vergrößerten Modell erkennst du ihre hübsche Spiralform und die sogenannten Basenpaare, die dich zu dem machen, was du bist!

2×2-Platten stehen für die Chemikalien im DNA-Strang.

Chemikalien bilden Paare mit Chemikalien im anderen Strang.

Die Stränge auf beiden Seiten bestehen aus Kugelgelenkplatten.

Die Platten sind durch Zylinder verbunden, die auf LEGO Technic Pins sitzen.

Diese Platten sind die Füße, auf denen die Spirale steht.

Jeder Mensch enthält drei Milliarden solcher Basenpaare!

310

Baue eine DNA-Doppelhelix

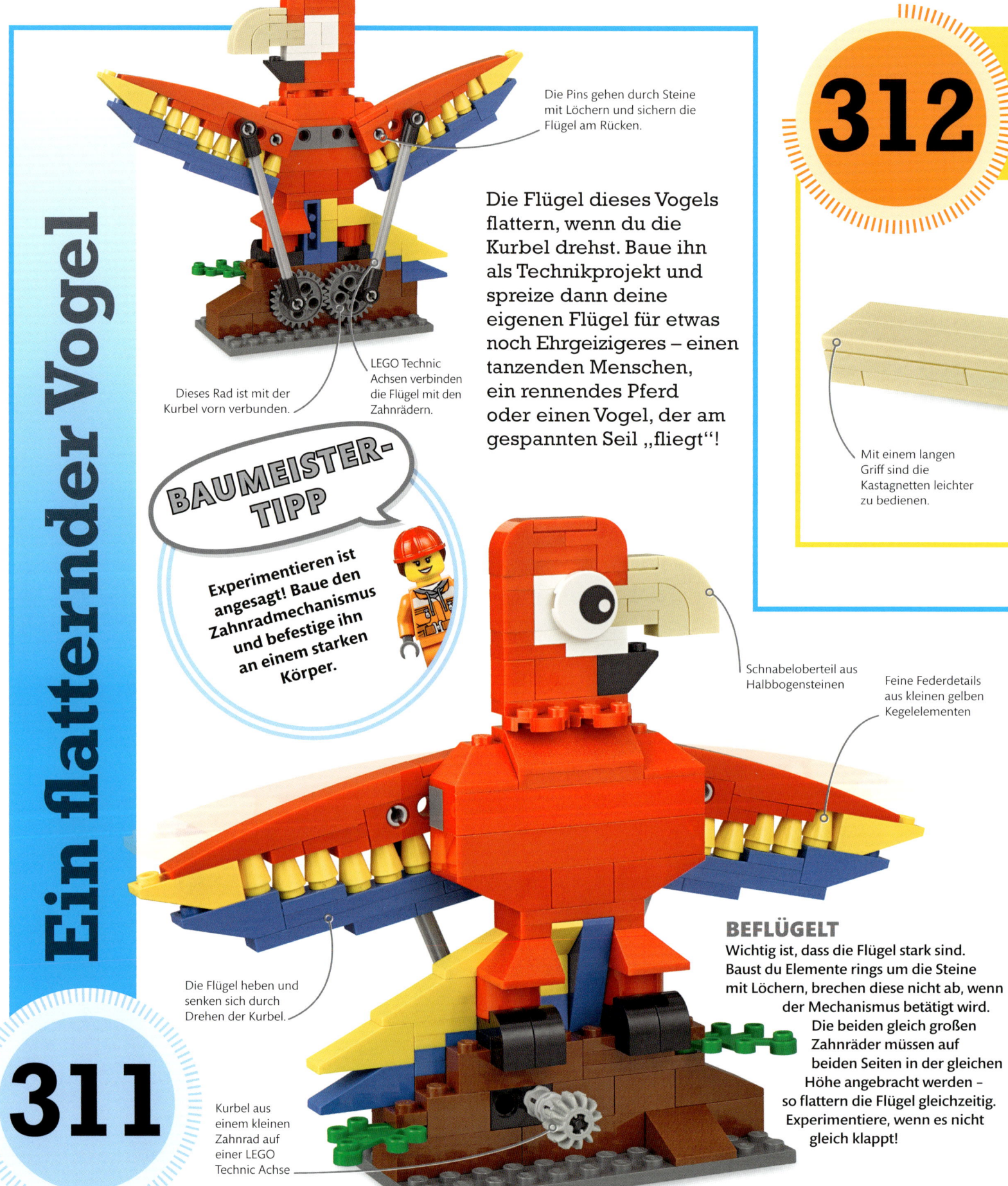

Ein flatternder Vogel

Die Pins gehen durch Steine mit Löchern und sichern die Flügel am Rücken.

Dieses Rad ist mit der Kurbel vorn verbunden.

LEGO Technic Achsen verbinden die Flügel mit den Zahnrädern.

312

Die Flügel dieses Vogels flattern, wenn du die Kurbel drehst. Baue ihn als Technikprojekt und spreize dann deine eigenen Flügel für etwas noch Ehrgeizigeres – einen tanzenden Menschen, ein rennendes Pferd oder einen Vogel, der am gespannten Seil „fliegt"!

Mit einem langen Griff sind die Kastagnetten leichter zu bedienen.

BAUMEISTER-TIPP

Experimentieren ist angesagt! Baue den Zahnradmechanismus und befestige ihn an einem starken Körper.

Schnabeloberteil aus Halbbogensteinen

Feine Federdetails aus kleinen gelben Kegelelementen

Die Flügel heben und senken sich durch Drehen der Kurbel.

BEFLÜGELT

Wichtig ist, dass die Flügel stark sind. Baust du Elemente rings um die Steine mit Löchern, brechen diese nicht ab, wenn der Mechanismus betätigt wird. Die beiden gleich großen Zahnräder müssen auf beiden Seiten in der gleichen Höhe angebracht werden – so flattern die Flügel gleichzeitig. Experimentiere, wenn es nicht gleich klappt!

311

Kurbel aus einem kleinen Zahnrad auf einer LEGO Technic Achse

Baue Kastagnetten

Gummibänder halten die Klappern auf beiden Seiten.

Autodachelement als Oberteil jeder Klapper

Die Gummibänder sind zu drei Schlaufen verdreht.

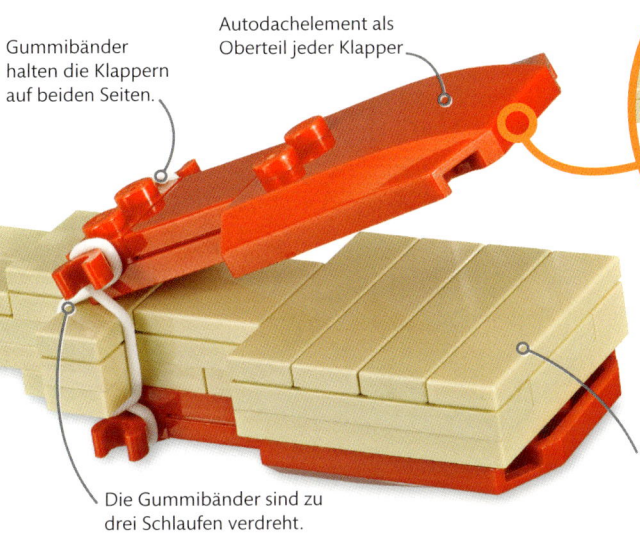

Die untere Klapper sitzt verkehrt herum.

Kacheln verhindern, dass die obere Klapper hängen bleibt.

DER SPEZIALSTEIN

Nicht nur Steine sind nützliche LEGO Elemente! Manche LEGO Technic Sets enthalten Gummibänder in der richtigen Größe und Stärke zum Bauen.

Klappere einen Rhythmus mit Kastagnetten. Schüttle sie, so schnell du kannst – so erzeugst du ein tolles neues Geräusch für deine LEGO Band!

Baue weitere Musikinstrumente auf S. 188.

Eine Plattenpyramide

313

Baue Türme mit längeren und kürzeren Platten, um zu sehen, welche am besten funktionieren.

Kannst du eine Pyramide aus LEGO Platten bauen? Du brauchst eine ruhige Hand und viel Geduld! Staple deine Platten zu einem dreieckigen Turm auf und versuche dann, deine größte Höhe gegen die Zeit zu übertreffen!

Verwende nur gleich große Platten.

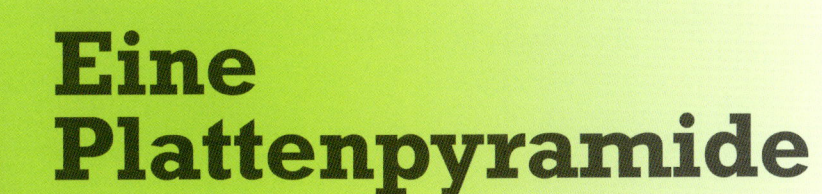

BAUMEISTER-TIPP

Wenn du deinen Turm auf einer LEGO Basisplatte baust, stabilisieren deren Noppen die untere Lage.

314 Dekorative Taschentuchbox

Oberes Loch aus vier Winkelplatten

Zwei Plattenlagen als starke Oberseite

Verwandle eine langweilige Taschentuchbox mit einer Hülle aus LEGO Steinen in eine tolle Deko! Dieses bunte Modell hat verschiedene Muster auf allen Seiten und ist unten offen, damit es über eine normale Taschentuchbox gestülpt werden kann.

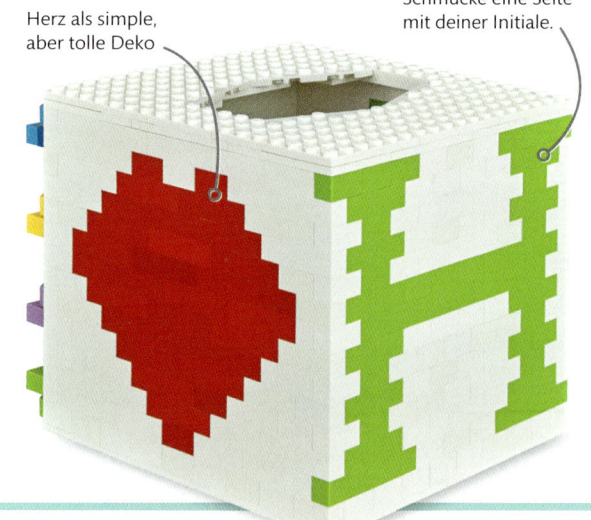

Herz als simple, aber tolle Deko

Schmücke eine Seite mit deiner Initiale.

Steine mit Seitennoppen halten die gebogenen Dachsteine.

Die Äpfel an dem Baum sitzen auf Steinen mit Seitennoppen.

Wellenmuster aus seitlich gebogenen Dachsteinen, die die Platten zusammenhalten

Gucke durch deine LEGO Fenster und lass dich zu neuen Dekos für deine Bauwerke inspirieren. Baue interessante Elemente an LEGO Standardfenster oder entwirf ganz neue Rahmen – dann baust du die Gebäude, zu denen sie gehören sollen!

Sieh dir echte Gebäude an und versuche, ihre Fenster mit LEGO Steinen nachzubauen!

GESUNDHEIT!

Taschentücher einzelner Marken gibt es in verschieden geformten Boxen. Besorge dir also zuerst eine Box und miss ab, wie groß deine LEGO Hülle sein muss. Überlege, wie du jede Seite dekorieren willst, dann kannst du alle zusammen aufbauen.

315

316 Das Bauernhof-Wettspiel

Miss dich mit deinen Freunden in diesem tollen Bauwettbewerb! Setzt euch um einen großen Haufen von LEGO Elementen. Stellt die Stoppuhr auf zehn Minuten und fangt zu bauen an. Wer baut die lustigsten Bauernhof-tiere, bevor die Zeit abgelaufen ist?

WER IST HIER ZICKIG?

Ziegenhörner aus Roboterklauen auf Wasserhahn-elementen

LEGO Technic Pins halten Kopf und Schwanz.

Baue solche Tiere aus Steinen mit Löchern an beiden Körperenden.

Alle Tierbeine bestehen aus runden Steinen mit kleinen runden Platten als Füßen.

Wie wär's mit einem anderen Thema für dieses Wettspiel? Baue Autos oder gruselige Monster!

Die Hörner sitzen an Platten mit Klemmen.

Baue die Kopf-details seitlich an einem Stein mit Seitennoppen an.

Baue einen coolen Fußboden auf S. 128.

Der Blumen-kasten macht aus diesem Bogen ein Fenster.

Runde Elemente und Dachsteine verzieren dieses Standard-fenster.

Vier Fensterelemente hinter speziellen Halbbogensteinen ergeben diese interessante Form.

Kotflügel als Vordach über diesem Fenster

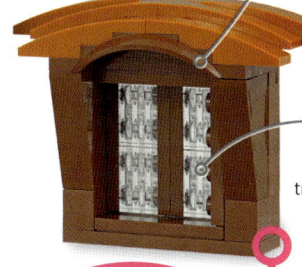

Butzenscheiben-effekt durch seit-wärts eingebaute transparente Platten

Vielfältige Fenster

Mit glatten Kacheln besetztes Ende

Die Platten sitzen nur an einem Ende auf Seitennoppen.

317 Edle Erinnerungs-box

LEGO Technic Teile als starke Griffe

Goldelemente als edle Details

Mit Zahlen bedruckte Kacheln markieren das Jahr, aus dem der Inhalt stammt.

Plattenlagen verstärken den Deckel.

2016

Beige Palisadensteine wirken wie Bambus.

Mit dieser speziellen Box wirst du Geschehnisse, die du erlebt, und Orte, die du besucht hast, nie vergessen! Sie ist ideal für Tickets, Abzeichen, Freundschafts-armbänder, Anhänger oder Fotos.

Baue schöne Schneeflocken und hänge sie als Winter-deko auf. Es gibt keine zwei gleichen Flocken, also baue jede auf andere Weise! Diese Schneeflocken sind ganz unterschiedlich, aber alle sind symmetrische Sechsecke.

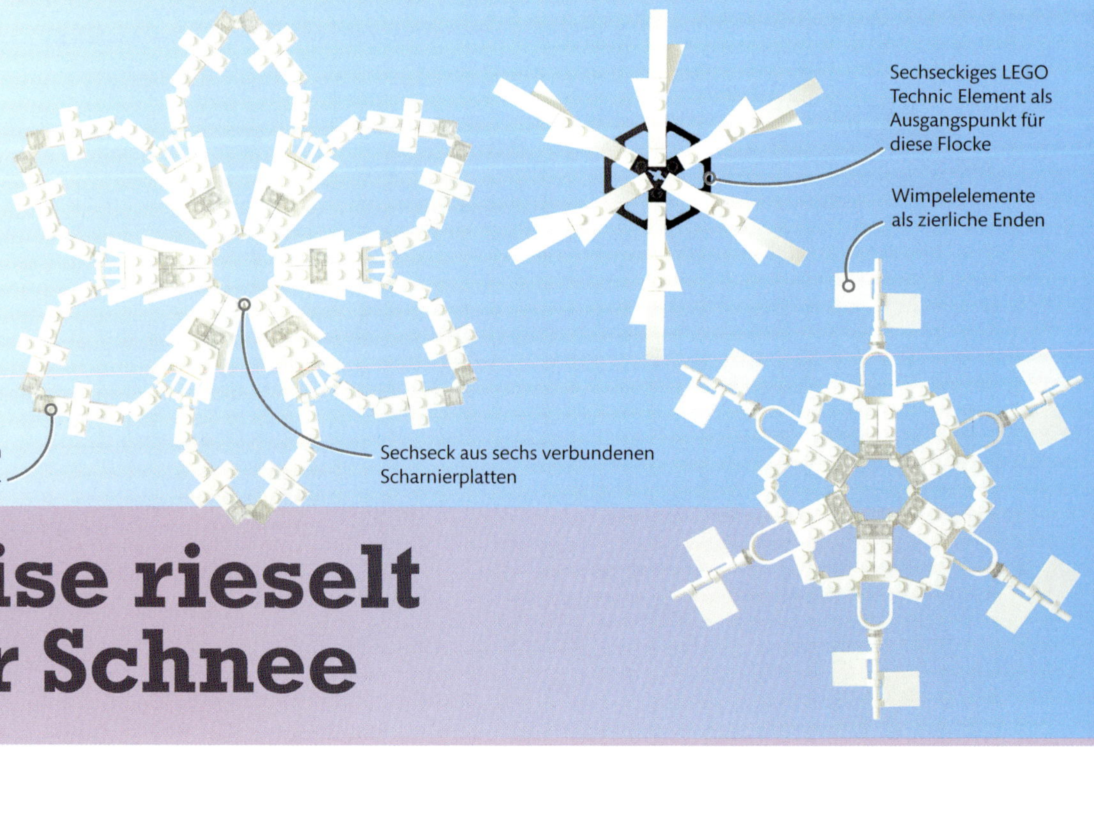

Sechseckiges LEGO Technic Element als Ausgangspunkt für diese Flocke

Wimpelelemente als zierliche Enden

Transparente Platten glitzern wie Eis.

Sechseck aus sechs verbundenen Scharnierplatten

318 Leise rieselt der Schnee

Wähle eine Farbe und spiele Reversi

319

Denke zwei Züge voraus oder riskiere es, deine Marken im Handumdrehen zu verlieren! Ziel des Spiels ist es, das Brett mit deiner Farbe – Schwarz oder Weiß – zu füllen, aber die Spielmarken sind zweifarbig und werden ständig umgedreht!

Errate den nächsten Zug deines Gegners – und blockiere ihn!

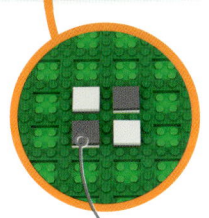

Unbenutzte Marken liegen in diesem Fach.

64 Spielmarken sind auf einer Seite schwarz und auf der anderen weiß.

Jede Marke besteht aus einer Kachel und einer umgedrehten Kachel, ist also auf beiden Seiten glatt.

Die ersten vier Marken müssen in die Mitte des Bretts gesetzt werden.

Das Brett hat 64 Felder in einem 8×8-Raster.

VIELFACHE RICHTUNGEN

Überlege gut, bevor du eine Spielmarke setzt. Du kannst senkrechte, waagrechte und diagonale Reihen bilden. Wenn du clever bist, versuchst du mit einem Zug zwei Reihen zu schließen und noch mehr Spielmarken zu gewinnen!

SO WIRD GESPIELT

1 Jeder Spieler spielt mit einer Farbe, Schwarz oder Weiß. Die Spieler setzen abwechselnd eine Marke mit ihrer Farbe oben. Für die ersten vier Züge müssen beide Spieler ihre Marken auf die vier Mittelfelder des Bretts setzen. Schwarz beginnt.

2 Beim fünften Zug muss Schwarz eine Marke so setzen, dass eine weiße Marke zwischen zwei schwarzen Marken liegt. Die weiße Marke wird umgedreht und ist nun schwarz. Damit endet der Zug.

3 Im Verlauf des Spiels schlägt jeder Spieler bei jedem Zug eine oder mehrere Marken der anderen Farbe. Alle in einer geraden (senkrechten, waagrechen oder diagonalen) Linie zwischen zwei Marken des Gegners geschlagenen Marken werden umgedreht.

4 Kann ein Spieler nicht ziehen, weil er keine Marke seines Gegners schlagen kann, ist der andere Spieler wieder am Zug. Ist ein Zug möglich, muss er gespielt werden.

5 Das Spiel geht weiter, bis das Brett voll ist oder kein Spieler mehr setzen kann. Sieger ist der Spieler, dessen Farbe die meisten Felder bedeckt.

Überlappende Scharnierplatten bilden den zentralen Ring und die Blütenformen.

Dachsteine sitzen auf Steinen mit Seitennoppen unter den grauen Platten.

320 Eine Nachttisch-lampe

Diese glänzende Idee ist genau das Richtige, wenn du nachts eine Erleuchtung hast! Stelle sie neben dein Bett und ihr spezieller LEGO Lichtstein wird dein Zimmer beleuchten, während du deine neuesten genialen Baupläne aufschreibst!

Kuppel aus gestapelten transparenten Platten

Der Lichtstein sitzt seitlich zwischen einem Stein mit Seitennoppen und zwei Lampensteinen.

Das Licht leuchtet durch transparente Steine auf allen Seiten.

Durch diesen Schlitz siehst du, wie der Schalter funktioniert.

Dieser Schalter macht das Licht an und aus.

Die Lampe steht stabil auf einer dicken Steinsäule.

Das Licht ist aus, wenn die Achse zwischen den Dachsteinen steht.

Durch Schalterdruck geht die Achse nach oben und macht das Licht an.

Die Basis ist genauso breit wie die Lampe oben.

DER SPEZIALSTEIN

Lichtsteine enthalten eine LED-Lampe und hinten ein Kreuzloch, in das eine LEGO Technic Achse als Schalter passt.

LICHT UND SCHATTEN
Um eine LEGO Lampe zu bauen, benötigst du nicht so viele transparente Elemente. Eine Kuppel aus Standardplatten wirkt als Schirm, der das Licht durch die klaren Steine an den Seiten und die Öffnungen unter dem Lichtstein lenkt.

Freundschaftsketten bauen

Jede Kette hat neun Glieder.

Transparente Gleitplatten verstärken die Teile darunter.

Baue mit deinen Freunden bunte Ketten als anhaltende Verbindung zwischen euch! Jeder Ring ist leicht zu bauen und sitzt im nächsten, um eine lange Deko zu bilden, die alle mögen.

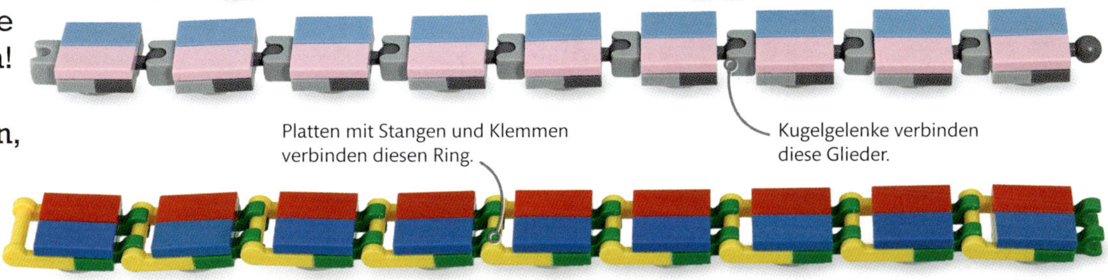

Platten mit Stangen und Klemmen verbinden diesen Ring.

Kugelgelenke verbinden diese Glieder.

Baue eine LEGO Grußkarte für Freunde auf S. 82.

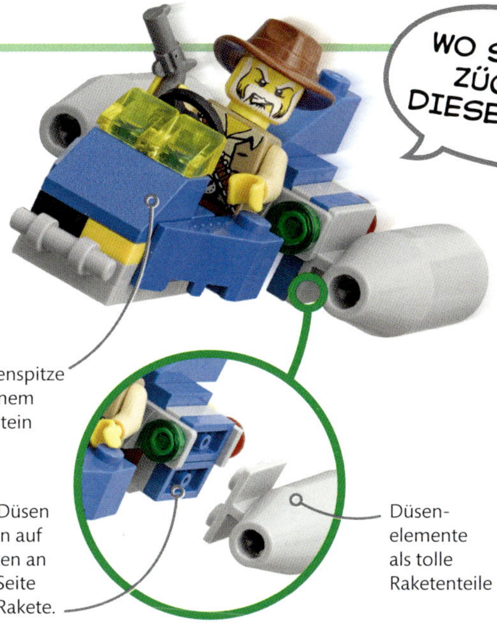

WO SIND DIE ZÜGEL AN DIESEM DING?

Setze deine Minifiguren auf das unwahrscheinlichste Verkehrsmittel. Baue ein Raumschiff für einen Sheriff, einen Jetski für einen Hofnarren oder setze einfach einen Raumfahrer auf ein Pferd!

Raketenspitze aus einem Dachstein

Die Düsen sitzen auf Platten an der Seite der Rakete.

Düsenelemente als tolle Raketenteile

VORWÄRTS, TREUES ROSS!

Hast du je einen Ritter auf einem Motorroller gesehen?

Ein Ritter auf dem Motorroller?

323 Invasion der Insekten

Stachel aus einem Horn in einem Kegelelement

Wespe mit Flügeln aus Minifigurenskiern

Verteile LEGO Insekten im Haus, um deine Familie ein wenig zu necken! Diese Kerbtiere sind nicht krabbelig genug, um wirklich Angst zu machen – aber sieht man sie aus dem Augenwinkel, muss man schon zweimal hingucken!

Suche in deiner LEGO Sammlung nach ungewöhnlichen Elementen, die lustige Insektenteile bilden könnten.

DER SPEZIALSTEIN

Mit Augen bedruckte Kugeln sind in vielen LEGO® MIXELS™ Sets und passen auf Noppen oder LEGO Technic Achsen.

Gebogene Dachsteine als Käferkörper

Lange Nase aus einem Nikolaussack

WER ZIEHT MIR ALLE SCHUHE AN?

Fühler aus Pflanzenelementen

INSEKTEN ZU BAUEN MACHT SPASS

Insekten gibt es in allen Formen und Größen, also lass deine Fantasie mit dir durchgehen! Oder baue echte Krabbeltiere nach Bildern in Büchern oder im Internet möglichst genau nach. Statt vieler kleiner Insekten könntest du sogar ein riesiges Fantasieinsekt bauen!

Glühwürmchenbeine aus sechs Stemmeisen

Croissant als Unterkiefer des Tausendfüßlers

324 Spiele eine Partie Supermemo

Platten unter den Deckeln verhindern, dass sie verrutschen.

Deckel aus einer Platte mit Stein als Griff

Baue bunte Griffe, die sich gut abheben.

Dank glatter Kacheln auf den Wänden des Bretts sind die Deckel leicht abzuheben.

Hast du die Dinge versteckt, drehst du das Brett ein paarmal, damit niemand mogeln kann!

Nimm auffällige Elemente, die man sich leicht merken kann.

„Gefährliches" Dynamitelement

Das Supermemo-Spiel ist ein raffiniertes Spiel, das dein Gedächtnis an seine Grenzen bringt! Das Brett enthält Paare von Dingen – Ziel des Spiels ist es, sich an die Fächer zu erinnern, in denen sie liegen, damit du die Paare findest. Aber Vorsicht: Eine falsche Wahl kann ernste Folgen haben!

Die Augen stecken auf einer kurzen Achse, die in einer Platte mit einem Ring oben sitzt.

ICH BIN MÜDE! WO IST MEIN RAUPEN-KISSEN?

Schnecken und Raupen sind mit wenigen Elementen leicht zu bauen.

Die Fühler sitzen auf einem Stein mit Seitennoppen.

Raupe mit einem kleinen Bogenstein als Körper

SO WIRD GESPIELT

1 Die Spieler heben abwechselnd immer zwei Deckel ab. Bilden die Dinge darunter ein Paar, darf der Spieler sie behalten. Dann setzt er die Deckel wieder auf die leeren Fächer.

2 Findet ein Spieler nur eines der gefährlichen Dynamitelemente, ist der Gegner zweimal dran. Entdeckt er aber beide Dynamitelemente, ist er selbst zweimal dran (und darf auch beide Dynamitelemente behalten)!

3 Sieger ist, wer am Ende die meisten Paare gefunden hat.

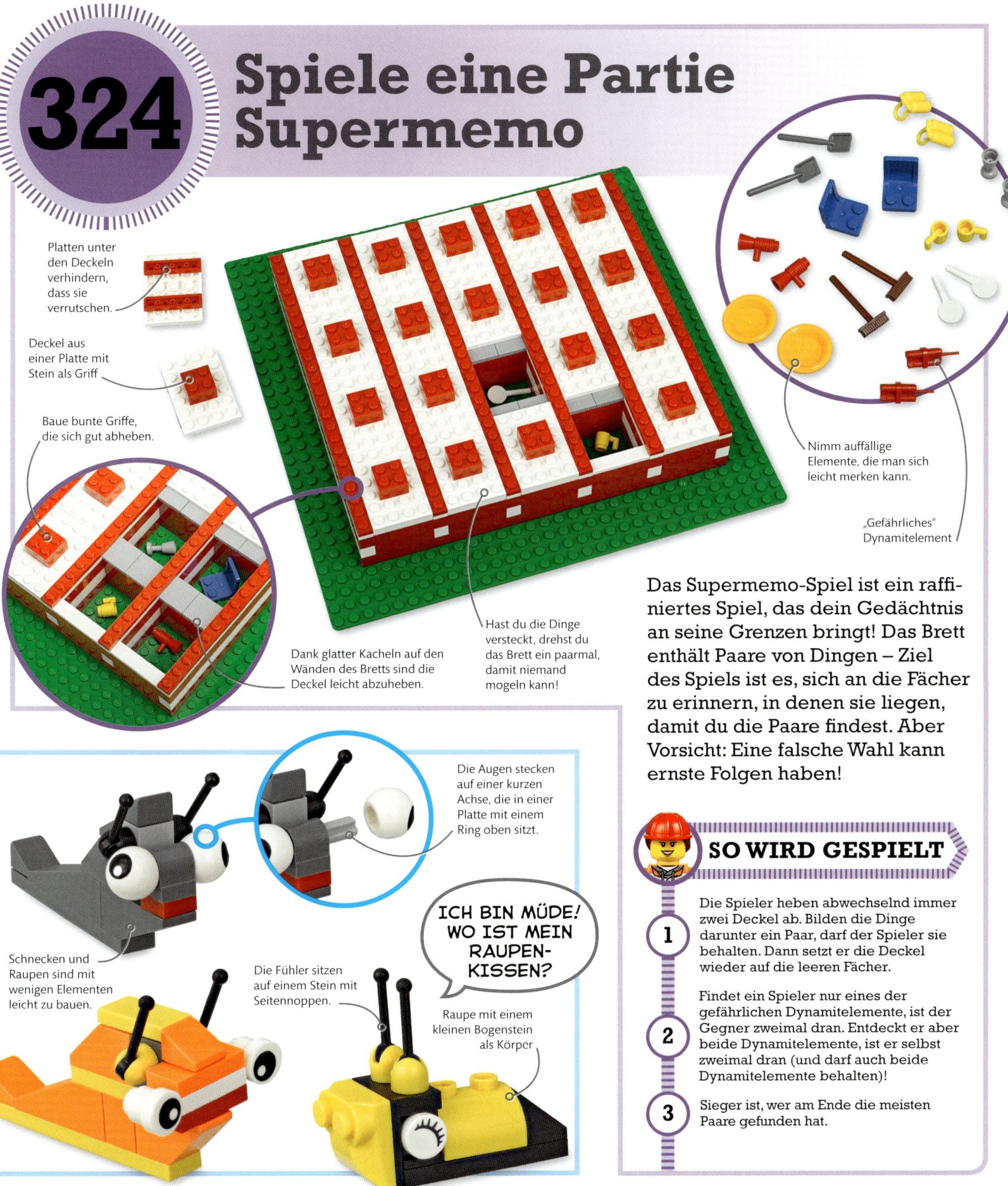

325 Spiele Krocket

Baue ein Ballspiel, um auf einer Tischplatte mit dem Minimallet durch Tore zu spielen. Ziel ist es, durch alle Tore zu spielen und als Erster mit dem Ball den gestreiften Peg zu treffen.

Malletgriff aus LEGO Technic Achse

Runde Steine stecken auf einer kurzen Achse.

Die glatten Malletenden bestehen aus Gleitplatten auf runden Steinen.

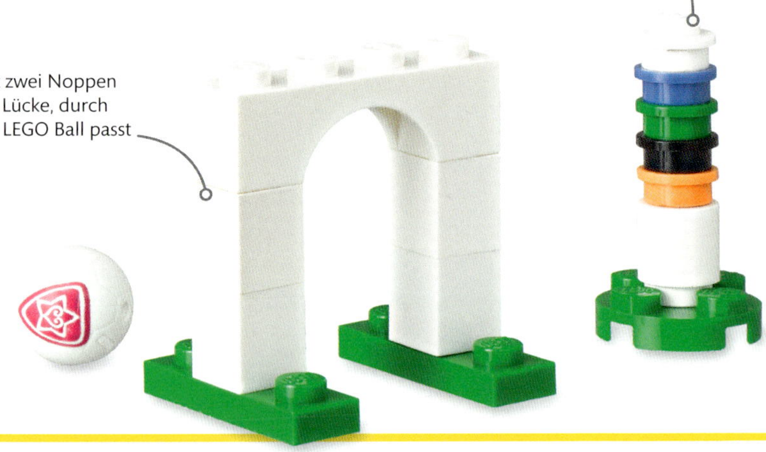

Tor mit zwei Noppen breiter Lücke, durch die ein LEGO Ball passt

Der Peg ist ein Stapel runder Elemente.

326 Baue ein LEGO Lesezeichen

Lupe und Karten-detail ragen oben aus dem Buch.

Mit diesem bunten LEGO Lesezeichen weißt du immer, wie weit du gelesen hast. Dünne Elemente passen gut zwischen Buchseiten. Setze obendrauf größere Elemente, die aus dem Buch ragen – das könnte sogar deine liebste Mini-figur sein!

ICH BRAUCHE EIN GRÖSSERES BUCH!

Eine Kachel ver-bindet zwei lange Rotorblätter.

Einfacher Kranz aus zwei Plattenlagen

Schleifen aus kleinen gebogenen Dachsteinen

327

Wie du LEGO Buchstützen baust, erfährst du auf S. 87.

BAUE DEIN SPIELFELD AUF

Stelle sechs Tore für ein Spielfeld auf und bestimme die Route, die der Ball nehmen muss. Nimm zwei Bälle, um gegen einen Freund zu spielen, oder versuche, es mit den wenigsten Schlägen zu schaffen und dann dein Ergebnis zu verbessern.

328 Der Rätselbecher

Fülle einen Becher mit LEGO Steinen für ein Ratespiel auf einer Party. Alle schreiben auf, wie viele Steine ihrer Meinung nach darin sind – wer der Lösung am nächsten kommt, gewinnt einen LEGO Preis!

Zähle die Steine vor dem Ratespiel nicht, wenn du selbst mitmachen willst!

Fragezeichen aus Steinen als Rätselsymbol

Nimm einen durchsichtigen Becher, damit man hineinsehen kann.

Nimm ein paar grüne Platten und schmücke dein Haus mit einem Kranz. Verwende statt grüner und roter Farben Orange und Gelb für den Herbst oder experimentiere mit noch mehr Farben für Frühling und Sommer.

Statt Schleifen könntest du Glöckchen aus gelben Radarschüsseln und Kuppelelementen einbauen.

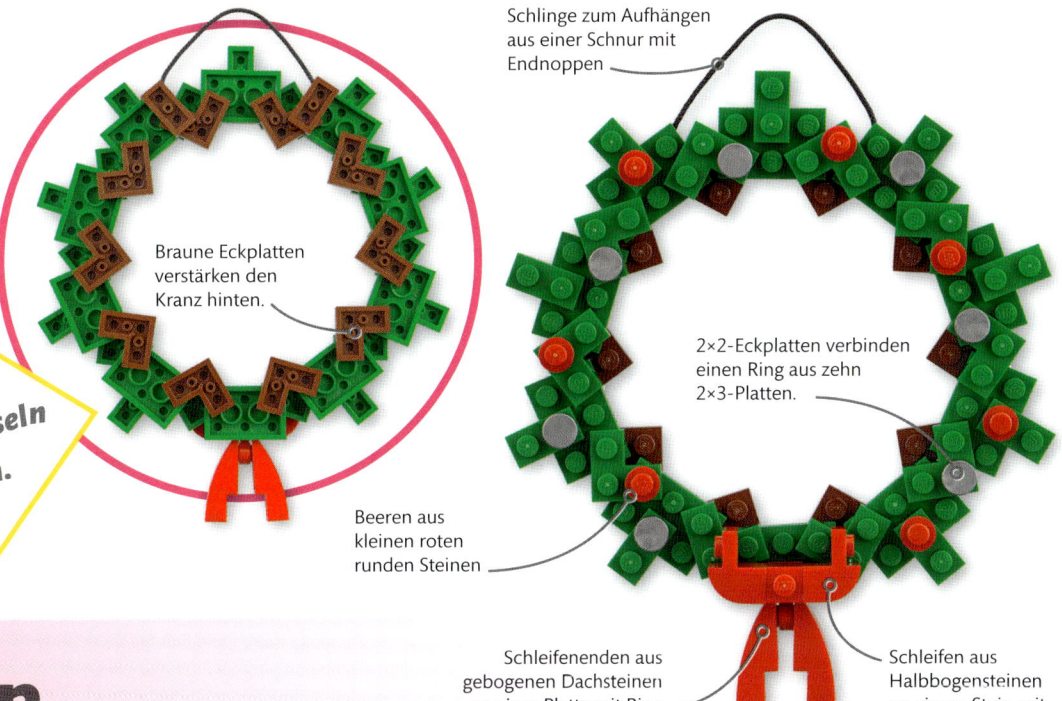

Schlinge zum Aufhängen aus einer Schnur mit Endnoppen

Braune Eckplatten verstärken den Kranz hinten.

2×2-Eckplatten verbinden einen Ring aus zehn 2×3-Platten.

Beeren aus kleinen roten runden Steinen

Schleifenenden aus gebogenen Dachsteinen an einer Platte mit Ring

Schleifen aus Halbbogensteinen an einem Stein mit Seitennoppen

Baue einen Schmuckkranz

329 Schnitze einen Gruselkürbis

Dekoriere dein Zuhause für Halloween mit Kürbis-gesichtern aus LEGO Steinen. Dafür benötigst du nur ein paar orangefarbene Elemente, aber wenn du mehr hast, baust du den allergrößten Kürbis!

ICH WAR MAL ASCHENBRÖDELS POSTKUTSCHE!

Lass statt der schwarzen Teile Löcher und leuchte von hinten hindurch.

Ein lächelnder Kürbis ist nicht so gruselig wie ein finsterer.

Setze Blattelemente obendrauf.

Gebogene Halbbogensteine runden die oberen Ecken ab.

330 Baue einen coolen Comic

Mache mit einer Kamera und einer Fotobearbeitungsapp tolle Bildergeschichten mit deinen liebsten Minifiguren. Füge Sprechblasen und Spezialeffekte ein und drucke deine Geschichten als deinen eigenen Comic aus!

Drucke ein Bild als Hintergrund aus und krümme das Papier um deine Szene – das sieht dann total echt aus!

Baue Requisiten für deine Geschichte, bevor du Fotos machst.

Nimm verschiedene Gesichter für wechselnde Stimmungen.

In der Tiefe des Meeres ...

WOW, EIN SCHATZ!

UND ER GEHÖRT MIR!

DAS GLAUBST DU!

Zwei kleine Halbbogensteine bilden diesen Spitzbogen.

STANDFEST

Baue zuerst den Hauptteil des Ständers, dann die Basis und die Streben. Der Ständer ist vorn nicht mit der Basis verbunden, sondern ruht in einer Rille aus Steinreihen. Er wird von drei Streben aus Platten gestützt, die mit der Basis durch Klemmen und Stangen verbunden sind.

Gebogene Dachsteine bilden diese glatten Bögen.

Stelle deine Anleitung auf den Ständer, wenn du wieder mal ein LEGO Set baust.

4

Eine Reihe von Steinen verhindert, dass der Ständer nach vorn rutscht.

Ob du ein angehender Musiker oder ein LEGO Baumeister bist – diesen schönen Präsentationsständer möchtest du nicht missen! Er ist ideal für das Studieren von Noten oder von LEGO Anleitungen und eine tolle Deko, wenn du ihn gerade nicht benutzt!

Nimm interessant geformte braune Steine für einen Ständer, der wie aus Holz geschnitzt wirkt.

DER SPEZIALSTEIN

Halbbogensteine haben Noppen, auf die du bauen kannst – gebogene Halbbogensteine sind oben glatt.

Platten mit Klemmen klicken an Platten mit Stangen an beiden Enden der drei 2x4-Platten.

Eine Reihe von Dachsteinen stützt den Ständer an der Basis.

331

Baue einen Präsentationsständer

332 Balanciere ein Modell auf nur einem Stein

Mülltonne als toller Motor

Vollführe einen tollen Balanceakt mit einem Modell, das nur auf einem Stein steht! Mache dein Modell möglichst groß, dann sieht es aus, als trotze es der Schwerkraft – aber denke daran, das Gewicht gleichmäßig auf alle Seiten zu verteilen!

Die Mülltonnen-rakete balanciert auf einem 1×2-Stein.

Das Gewicht dieses Beins wird durch die breite Brust ausgeglichen.

Ein einziger 1×3-Stein trägt diesen Läufer.

333 Baue einen TV-Fotorahmen

Werde ein Star des Bildschirms mit diesem realistisch wirkenden TV-Fotorahmen! Schiebe ein Bild von dir oben in den Schlitz oder bringe deine Freunde und Familie ins Fernsehen. Stecke zwei oder drei Bilder hinein und tausche sie aus, um zu zappen!

Die Bilder passen durch den oberen Schlitz.

Kacheln kleiden den Rahmen hinter dem Bild aus.

Baue den ganzen Fernseher seitwärts und beginne mit der Basis.

KEIN FLACHBILDSCHIRM

Der Fernseher ist fünf Platten tief. Der hintere Teil besteht aus zwei Lagen plus einer Lage Platten um drei Seiten herum, in die das Bild kommt (oben ist diese Lage offen). Die nächste Plattenlage deckt vorn alle Seiten ab und die letzte Lage ist eine Abdeckung aus glatten Kacheln.

334 Baue tolle 3-D-Formen

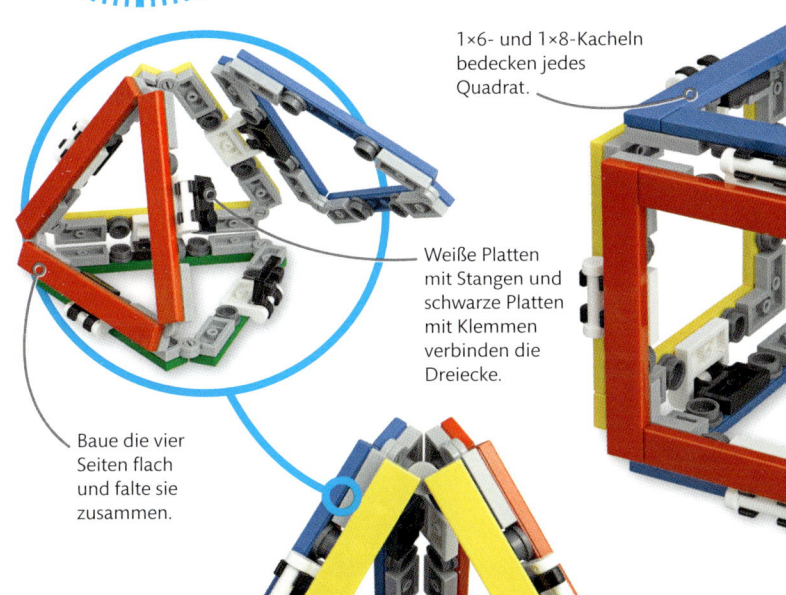

1×6- und 1×8-Kacheln bedecken jedes Quadrat.

Weiße Platten mit Stangen und schwarze Platten mit Klemmen verbinden die Dreiecke.

Baue die vier Seiten flach und falte sie zusammen.

Scharnierplatten bilden Dreiecksformen.

FORMEN ANNEHMEN

Baue alle Arten von Formen, indem du Dreiecke, Quadrate und Fünfecke verbindest. Aus genügend Dreiecken entsteht ein achtseitiger Oktaeder oder ein 20-seitiger Ikosaeder. Ein Mix von Quadraten und Dreiecken ergibt einen 14-seitigen Kuboktaeder und einen 26-seitigen Rhombenkuboktaeder!

Diese Form rollt wie ein Ball – trotz ihrer flachen Seiten!

1×6-Platten verstärken jedes Fünfeck von unten.

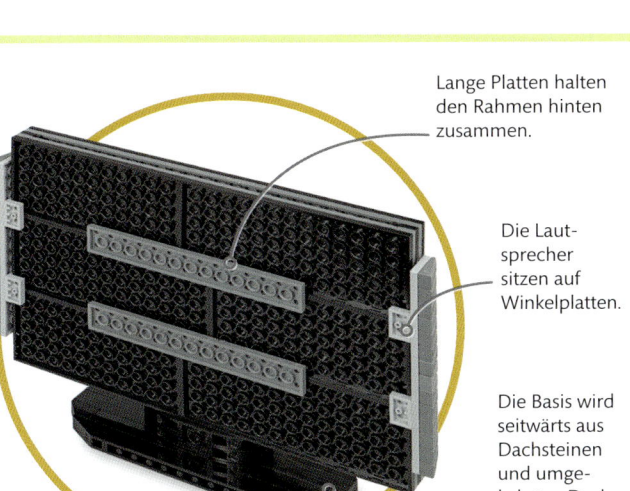

Lange Platten halten den Rahmen hinten zusammen.

Die Lautsprecher sitzen auf Winkelplatten.

Die Basis wird seitwärts aus Dachsteinen und umgekehrten Dachsteinen gebaut.

Verwandle flache Formen in fantastische 3-D-Modelle, indem du sie einfach miteinander verbindest. Der Würfel oben ist aus sechs Quadraten, die Pyramide aus vier Dreiecken gebaut. Der tolle Dodekaeder besteht aus zwölf identischen Fünfecken!

335 Baue einen Schaukasten

Setze deine liebsten kleinen Modelle hinein.

Die Wände sind drei Steine tief.

Rückwand des Kastens aus einzelner Basisplatte

DER SPEZIALSTEIN

Ecksteine und Eckplatten bilden starke Verbindungen, wo Wände im rechten Winkel aufeinandertreffen.

Verwandle eine Basisplatte in einen Schaukasten, indem du Wände auf ihr aufbaust, die verschieden große Abteile bilden. Darin kannst du kleine LEGO Modelle, Andenken und Souvenirs ausstellen.

Die graue Basis bedecken glatte Kacheln.

Die 22 Puzzleteile können das Quadrat unterschiedlich füllen.

Alle Puzzleteile sind Platten mit Kacheln obendrauf.

Der Rahmen ist höher als die Basis, um die Puzzleteile zusammenzuhalten.

Mache ein quadratisches Muster, in dem alle Farben separate Gebilde sind, und mische sie dann für ein Puzzle. Wie schnell kannst du das Quadrat wieder zusammensetzen? Oder gibt es gar mehrere Möglichkeiten?

336 Baue ein Musterpuzzle

Spiele das Postspiel

SO WIRD GESPIELT

1 Jeder Spieler hat eine eigene farbige Tür und zieht zu Beginn fünf beliebige Briefe aus einem Beutel.

2 Es wird abwechselnd gewürfelt. Bei einer 1 gibst du einen Brief einem anderen Spieler. Bei einer 2 steckst du einen Brief durch die Tür eines anderen Spielers.

3 Bei einer 3 oder 4 steckst du einen deiner Briefe durch deine Tür, sofern die Briefmarke die gleiche Farbe wie deine Tür hat. Bei einer 5 oder 6 steckst du irgendeinen deiner Briefe durch deine Tür.

4 Sieger ist der Spieler mit den meisten Briefen hinter seiner Tür, wenn alle Briefe verteilt sind.

Die Post ist ständig unterwegs in diesem Spiel, bei dem du die meisten Briefe durch deine Tür werfen willst. Die Spieler bauen zuerst ihre eigene Tür – und wollen mit dem tollsten Design beeindrucken! Für das Spiel stellt ihr die Türen in eine Reihe, aber wenn ihr euch stark fühlt, verteilt ihr sie im Zimmer und rennt zu jeder Tür!

Baue die Türen in verschiedenen Stilen. Eine könnte deiner echten Haustür ähneln.

Lampen aus Wasserhahnelementen

Tür mit schlüsselartigem Klopfer

Rillen aus seitlich angebauten Palisadensteinen

Durch den Briefschlitz jeder Tür passen zwei Platten dicke Briefe.

Die Briefmarken passen farblich zu den Türen. Baut fünf Briefe mit der Farbe jedes Spielers.

Baue deine Briefe aus Platten und Kacheln.

JEDE TÜR SIEHT ANDERS AUS

Schaue dir Haustüren in deiner Nachbarschaft an – es gibt überraschend viele Designs! Baut die Türen für das Spiel möglichst verschieden und vor allem in unterschiedlichen Farben, die zu den Briefmarken passen.

338 Die erste LEGO Ente

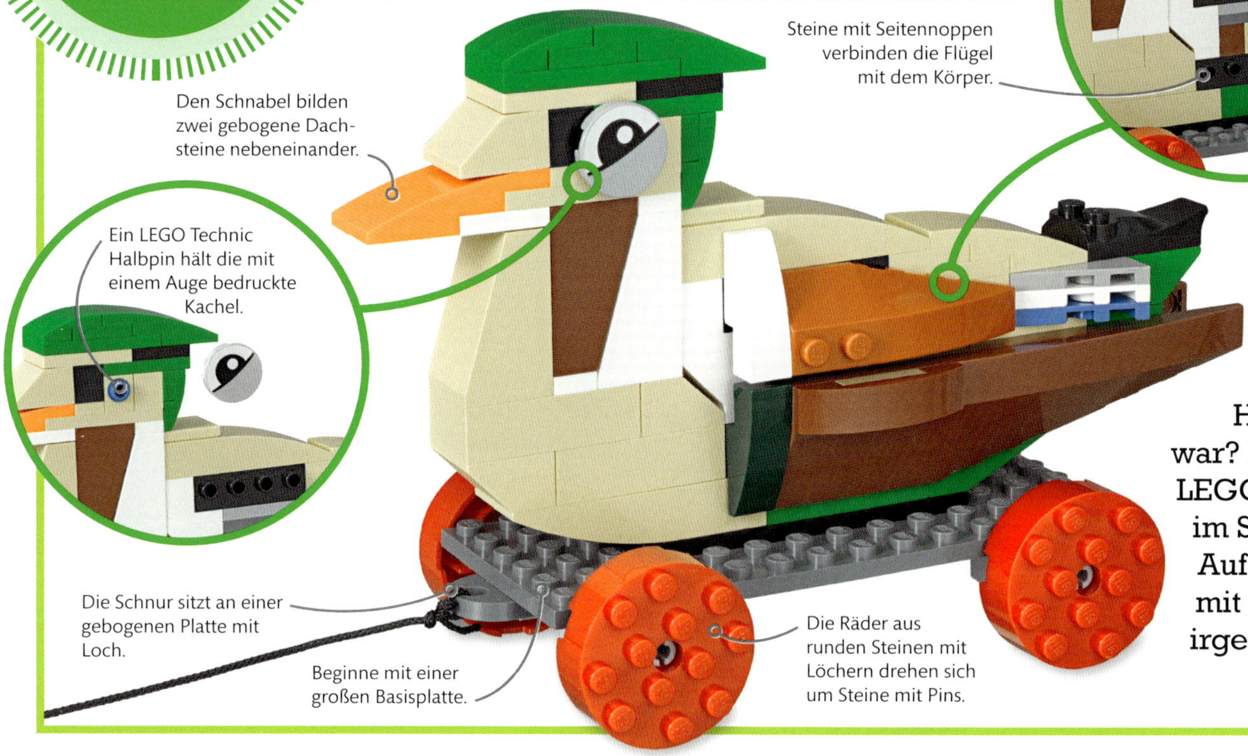

Steine mit Seitennoppen verbinden die Flügel mit dem Körper.

Den Schnabel bilden zwei gebogene Dachsteine nebeneinander.

Ein LEGO Technic Halbpin hält die mit einem Auge bedruckte Kachel.

Die Schnur sitzt an einer gebogenen Platte mit Loch.

Beginne mit einer großen Basisplatte.

Die Räder aus runden Steinen mit Löchern drehen sich um Steine mit Pins.

Wusstest du, dass das erste LEGO Spielzeug eine Holzente auf Rädern war? Baue dein eigenes LEGO Nachziehspielzeug im Stil der 1930er-Jahre. Auf eine einfache Basis mit Rädern baust du irgendein Tier!

Baue deinen Zahnbürstenhalter in Farben, die zu deinem Bad passen.

Das Wasserhahnelement passt zum Thema Bad.

Putze dir nie die Zähne mit einer LEGO Zahnbürste!

Dieses LEGO Modell in deinem Bad wird dir beim Zähneputzen ein strahlend weißes Lächeln ins Gesicht zaubern! Baue einen einfachen Behälter mit gestapelten transparenten Platten – noch beeindruckender ist er, wenn du Streifen und eine Zahnpastatube einfügst.

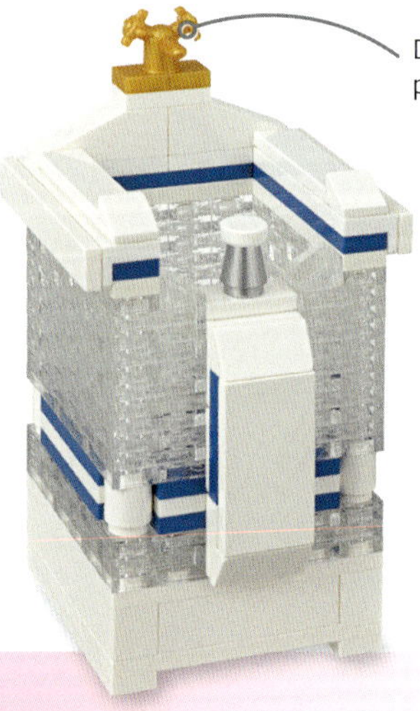

339 Baue einen Zahnbürstenhalter

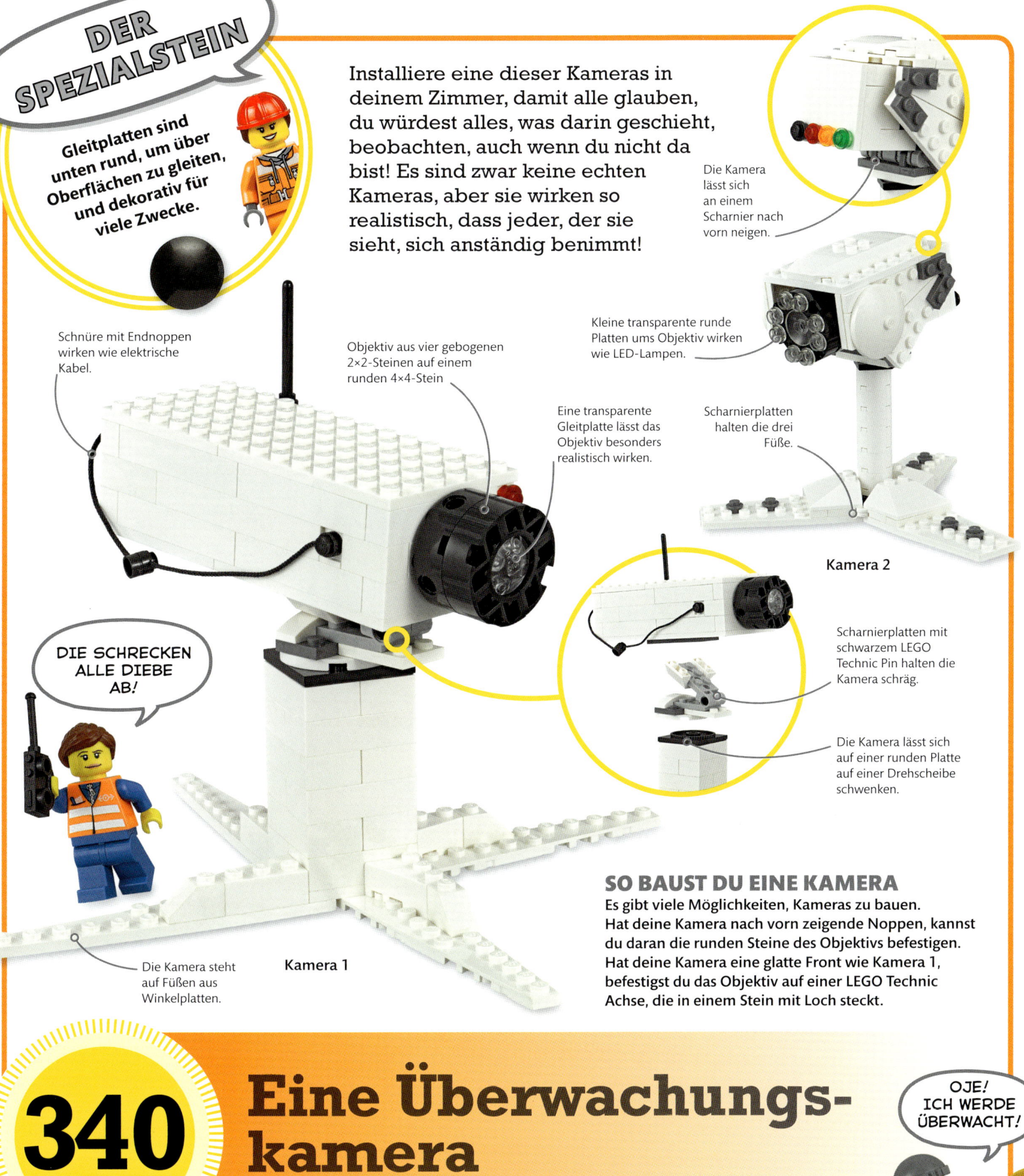

DER SPEZIALSTEIN

Gleitplatten sind unten rund, um über Oberflächen zu gleiten, und dekorativ für viele Zwecke.

Installiere eine dieser Kameras in deinem Zimmer, damit alle glauben, du würdest alles, was darin geschieht, beobachten, auch wenn du nicht da bist! Es sind zwar keine echten Kameras, aber sie wirken so realistisch, dass jeder, der sie sieht, sich anständig benimmt!

Die Kamera lässt sich an einem Scharnier nach vorn neigen.

Kleine transparente runde Platten ums Objektiv wirken wie LED-Lampen.

Schnüre mit Endnoppen wirken wie elektrische Kabel.

Objektiv aus vier gebogenen 2×2-Steinen auf einem runden 4×4-Stein.

Eine transparente Gleitplatte lässt das Objektiv besonders realistisch wirken.

Scharnierplatten halten die drei Füße.

Kamera 2

DIE SCHRECKEN ALLE DIEBE AB!

Scharnierplatten mit schwarzem LEGO Technic Pin halten die Kamera schräg.

Die Kamera lässt sich auf einer runden Platte auf einer Drehscheibe schwenken.

SO BAUST DU EINE KAMERA

Es gibt viele Möglichkeiten, Kameras zu bauen. Hat deine Kamera nach vorn zeigende Noppen, kannst du daran die runden Steine des Objektivs befestigen. Hat deine Kamera eine glatte Front wie Kamera 1, befestigst du das Objektiv auf einer LEGO Technic Achse, die in einem Stein mit Loch steckt.

Die Kamera steht auf Füßen aus Winkelplatten.

Kamera 1

340 Eine Überwachungs-kamera

OJE! ICH WERDE ÜBERWACHT!

 341 Ein Streich mit der Computermaus

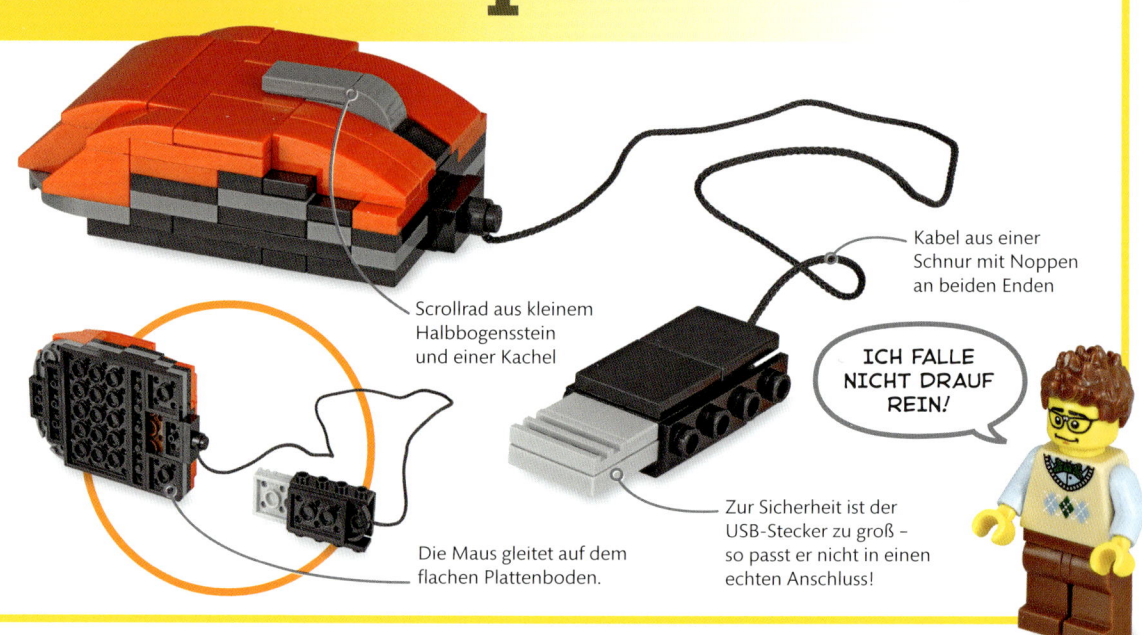

Baue eine Maus, die wie deine aussieht, um jemandem einen Streich zu spielen, der deine echte Maus benutzen will! Mache sie in der gleichen Größe und Farbe wie diese – dank gebogener Dachsteine und Kacheln fühlt sie sich auch genauso an.

Scrollrad aus kleinem Halbbogenstein und einer Kachel

Kabel aus einer Schnur mit Noppen an beiden Enden

ICH FALLE NICHT DRAUF REIN!

Die Maus gleitet auf dem flachen Plattenboden.

Zur Sicherheit ist der USB-Stecker zu groß – so passt er nicht in einen echten Anschluss!

Entwirf dein Traumrestaurant 342

Das Essen wird durch diese Durchreiche dem wartenden Ober übergeben.

MEINE SPEZIALITÄT: BLOCK AU VIN!

Wohin würdest du gern essen gehen und was würdest du essen? Baue ein Modell deines Traumrestaurants samt Bedienung, Gästen, einer Küche und deinen Lieblingsgerichten! Wird es ein bekannter Gourmettempel oder eine Szenekneipe mit verrücktem Thema werden?

Riesenburger aus umgekehrten Elementen

Setze in dein Restaurant glückliche Minifiguren als Gäste!

Baue in kleinen Teilen, damit du das Restaurantdesign verändern kannst.

Wie du einen Monsterschatten wirfst, findest du auf S. 144.

Baue Schattenpuppen

343

Verdunkle dein Zimmer und erzähle mithilfe einer hellen Lampe eine Geschichte nur mit Schatten! Baue Figuren mit interessanten Umrissen und halte sie vor die Lampe. Ihre Schatten erscheinen auf den Wänden viel größer!

BAUMEISTER-TIPP

Nimm schwarze LEGO Technic Pins für die Gelenke – sie verbinden enger als Pins in anderen Farben.

ICH FÜHLE MICH ETWAS FLACH...

Kettensägen-element als Antenne auf dem Roboterkopf

Die Lücke wirkt wie eine beleuchtete Skala auf der Roboterbrust.

ICH HAB' KEINE ANGST VOR MEINEM SCHATTEN!

Ein einzelner Dachstein als Nase deutet ein Gesicht im Profil an.

Verkehrt herum gebauter Arm

Der Kopf neigt sich dank LEGO Technic Pin.

Ein Bogenfenster-element wirft einen Schatten wie eine altmodische Lampe.

Griff aus langem LEGO Technic Träger

GELENKIGE SCHATTEN

Die besten Schattenpuppen haben einfache Formen mit markanten Details wie großen Zähnen, spitzer Nase oder hohem Hut. Es spielt keine Rolle, in welcher Farbe du sie baust, da sie nur graue Schatten werfen! Baue deine Modelle mit Gelenken, um sie in verschiedenen Posen zu zeigen, und mit langen Griffen, um sie zu bewegen, ohne deine Hände ins Licht zu bringen.

Zeichne deine Ideen für die Puppen und baue sie dann mit LEGO Elementen nach.

344 Baue deinen Traumjob

Was willst du einmal werden, wenn du groß bist? Baue ein Modell deines Traumjobs: LEGO Baumeister, Tierpfleger oder eine ganz wichtige Person in einem Büro. Oder zeige jemandem – deinem Lehrer, Trainer oder deinen Eltern –, was ihre schwere Arbeit dir bedeutet, und überreiche dieser Person ein Modell, das darstellt, wie sie ihren Job erledigt.

Struktursteine bilden eine Baustelle für diesen LEGO Baumeister.

Kleine Radar-schüssel als Basis eines Bürodrehstuhls

Rechne mit einem Abakus

345

Auf einen Abakus kannst du immer zählen, wenn du deine Rechnungen überprüfen musst! Dieser hier hat vier Reihen mit je zehn beweglichen Perlen. Schiebe sie zum Addieren und Subtrahieren hin und her!

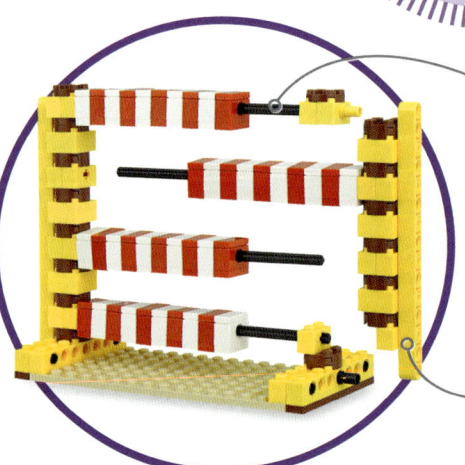

Lange LEGO Technic Achsen stecken in Steinen mit Kreuzlöchern.

LEGO Technic Träger verstärken die Seiten.

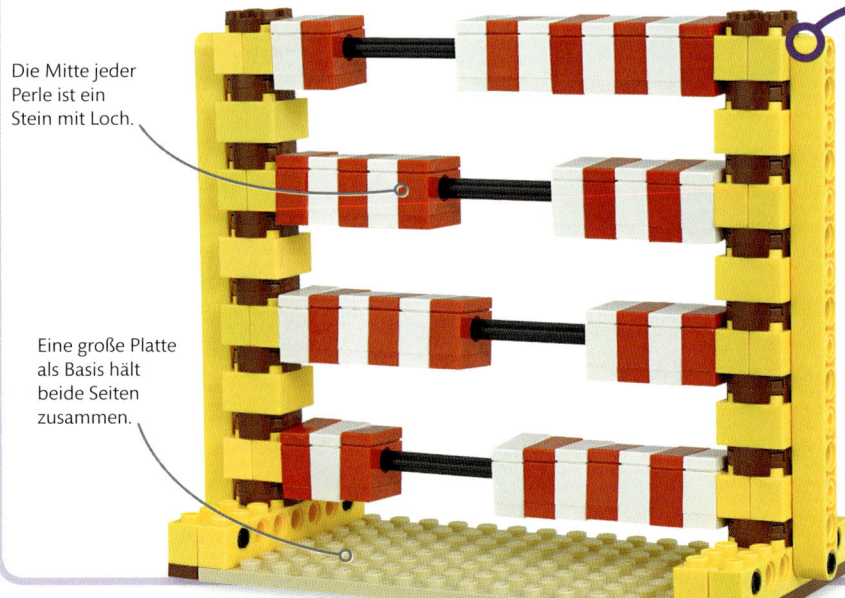

Die Mitte jeder Perle ist ein Stein mit Loch.

Eine große Platte als Basis hält beide Seiten zusammen.

ALLES GEHT AUF ...

Mit diesem Abakus kannst du addieren und subtrahieren – bis 9999! Willst du wissen, wie viel 9876 minus 5432 ist, schiebst du die Perlen einfach nach links, um die erste Zahl zu bilden: 9 in der obersten Reihe, 8 in der nächsten, dann 7, dann 6. Schiebe nun 5, 4, 3, und 2 Perlen nach rechts und schon hast du das Ergebnis: 4444!

346 Das Zufallsspiel

Baue dieses lustige Ballspiel und stelle es etwas schräg auf, um zu spielen. Lege einen Ball oben ein und lass ihn um die Zapfen herum in einen der Slots rollen. Notiere Punkte für das Landen in verschiedenfarbigen Slots oder wenn du den richtigen errätst. Oder versuche, Bälle in alle sieben Slots zu bringen – gegen die Zeit!

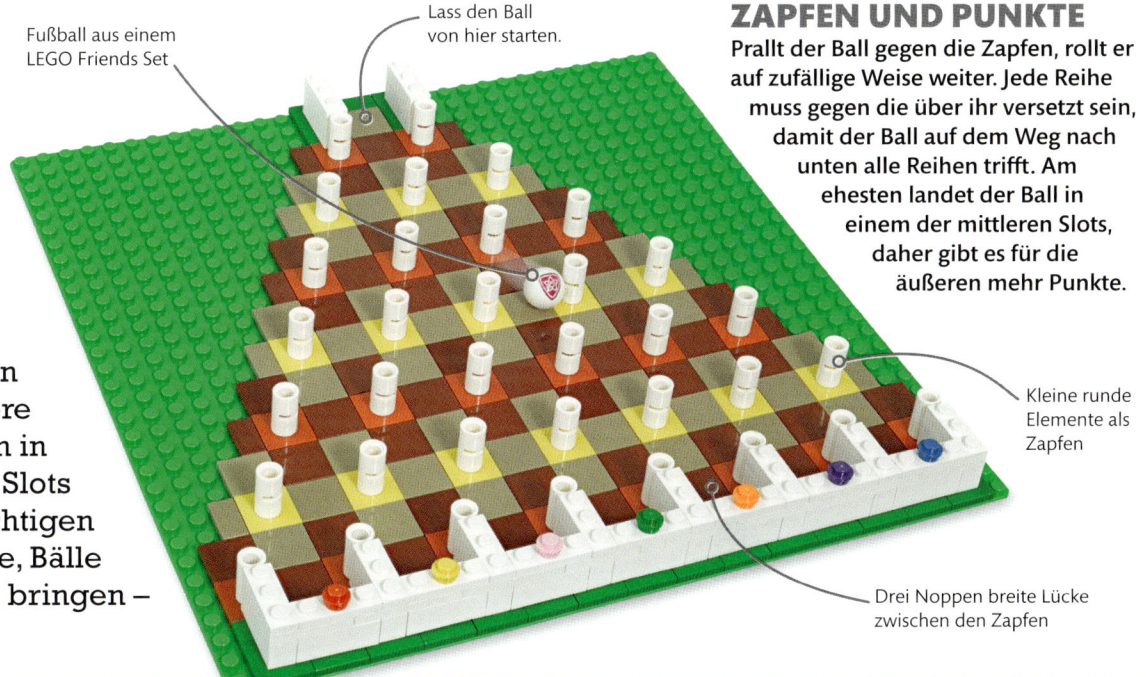

Fußball aus einem LEGO Friends Set

Lass den Ball von hier starten.

ZAPFEN UND PUNKTE
Prallt der Ball gegen die Zapfen, rollt er auf zufällige Weise weiter. Jede Reihe muss gegen die über ihr versetzt sein, damit der Ball auf dem Weg nach unten alle Reihen trifft. Am ehesten landet der Ball in einem der mittleren Slots, daher gibt es für die äußeren mehr Punkte.

Kleine runde Elemente als Zapfen

Drei Noppen breite Lücke zwischen den Zapfen

Gehe auf das Podest

347

Die Wimpelstöcke stecken an Steinen mit Klemmen.

Die Zahlen am Podium bestehen aus kleinen roten Platten.

Ehre Sieger, wie sie es verdienen, mit einem Platz auf einem LEGO Podest! Dieses Modell ist ein toller Preis für eine große Leistung oder eine ständig sich ändernde Tabelle in einem Turnier. Die Minifiguren könnten sogar wie die echten Spieler aussehen!

348 Baue ein Überraschungsei

Kleinere Steinkreise oben und unten bilden die runde Eiform.

Dank glatter Kacheln lösen sich beide Hälften leicht.

Windungen durch Scharnierplatten

Seitenklemme als gespaltene Zunge

Ein verziertes Ei ist an sich ein tolles Geschenk oder eine auffallende Deko, kann aber auch eine große Überraschung sein, wenn darin etwas versteckt ist! Dieses in zwei Hälften gebaute LEGO Ei enthält ein supersüßes Küken, ein hübsch verpacktes Geschenk oder gar eine zischelnde Schlange!

Die obere Hälfte sitzt auf der unteren.

Schleife auf diesem Geschenk aus einer Blüte und zwei Kacheln

ICH HAB' GEBURTSTAG!

Das Küken steht auf Winkelfüßen.

Dachsteine bilden die Form des Kükens.

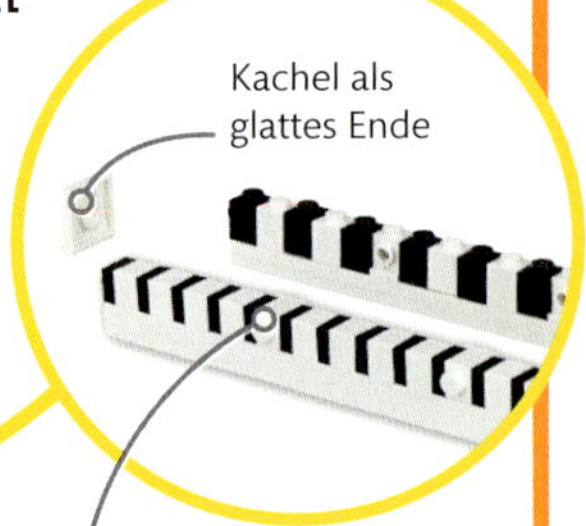

349 Nimm Maß mit einem LEGO Lineal

IDEAL-MASSE!

Zweifarbige Noppen lassen sich leichter zählen.

Sieh die Welt im LEGO Maßstab mit diesem LEGO Lineal, mit Noppenmarkierungen auf einer Seite und aus gestapelten Platten auf der anderen. Miss reale Objekte, um sie als LEGO Modelle nachzubauen, und merke dir die Länge von Spezialelementen wie LEGO Technic Achsen.

Kachel als glattes Ende

Eine schwarze Platte und zwei weiße sind so hoch wie ein Stein.

Seitliche Lampensteine an senkrechten Lampensteinen auf der anderen Seite halten beide Teile zusammen.

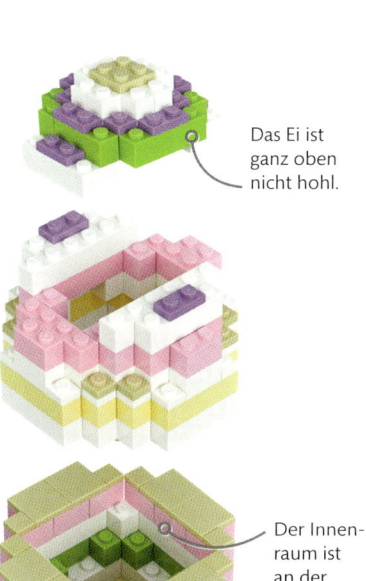

Das Ei ist ganz oben nicht hohl.

Der Innenraum ist an der breitesten Stelle 6×6 Noppen groß.

EIER BAUEN

Beim Bau hohler Eier wird die einfache Kreisbauweise wie auf Seite 52 angewandt. Mache die Basis flach, damit das Ei stehen kann, aber das Oberteil eher spitz. Baue zuerst das, was du im Ei verstecken willst, und achte beim Weiterbauen darauf, dass es auch hineinpasst.

350 Spiele eine Partie Dame

 **SO WIRD GESPIELT**

1 Stelle die Figuren auf das Brett wie auf dem Bild. Die Spieler ziehen abwechselnd einen Stein, und zwar nur diagonal vorwärts.

2 Die Steine ziehen nur ein Feld, außer sie können über einen gegnerischen Stein springen, der ihnen im Weg ist. In diesem Fall ziehen sie zwei Felder und der andere Stein wird vom Brett genommen.

3 Erreicht ein Stein die andere Seite des Bretts, kommt ein weiterer Stein seiner Farbe ins Spiel. Er darf als „Dame" in jeder diagonalen Richtung ziehen und springen.

4 Sieger ist der Spieler, der alle Steine des Gegners geschlagen oder blockiert hat, sodass er nicht mehr ziehen kann.

Damenwahl! Dieses Brett ist ideal für eine Partie LEGO Dame. Zwei Spieler haben stundenlang Spaß, um einander zu besiegen oder ein schnelles Blitzspiel gegen die Zeit hinzulegen!

Spielfeld aus Platten in wechselnden Farben

Starte mit jeweils acht oder zwölf Steinen auf dem Brett.

Box für Visitenkarten

351

Baue die Box um ein Kartenpäckchen – so weißt du, dass sie groß genug ist.

Mehrfarbiges Band und gebogene Dachsteine als Deko

Ziehe eine Karte – irgendeine! Diese Box hat die perfekte Größe für Tauschkarten. Sie wäre auch ein tolles Geschenk für Erwachsene – als bunte Visitenkartenbox.

Dachsteine als elegante Brettkante

Ecken aus 1×1-Kacheln auf 1×1-Platten

352 Baue ein Blockdruckbild

Rostelemente fügen in ein Bild kleine Streifen ein.

Experimentiere mit verschiedenen Elementen, um viele Effekte zu erzeugen.

Pünktchenmuster aus einer Fläche freier Noppen

Einfache Formen wie diese Spirale bilden auffallende Druckmuster.

Nimm weiche Buntstifte, die das Papier nicht zerreißen.

Bedecke ein cooles LEGO Design mit Papier und reibe mit einem Wachsmalstift darüber! Dies ist eine tolle Technik für Karten oder Geschenkpapier mit einem LEGO Thema.

Baue für deine eigene Sportruhmeshalle deine Lieblingsteams und -spieler aus LEGO Steinen! Nimm fürs Outfit jedes Spielers seine Teamfarben und achte auf typische Merkmale wie Frisuren, damit dein Dreamteam so realistisch wie möglich wird.

Jeder Kopf sitzt auf einer kleinen runden Platte als Hals.

Kleine Kacheln als Torwarthandschuhe

Der Fußball hat die gleiche Form wie ein Minifigurenkopf.

Baue deine Sportstars

353

354 Verwandle ein LEGO® Modell

Was braucht deine LEGO City? Auch wenn die perfekte Ergänzung deines Lieblingssets nicht als LEGO Modell existiert, kannst du sie doch bauen! Füge einem Modell mit zusätzlichen Steinen ein cooles neues Merkmal hinzu oder baue etwas, was du schon immer haben wolltest, wie dieses tolle Löschflugzeug. Es löscht Brände von oben mit Wasser aus einem Tank! Die Minifiguren von LEGO City sind wieder sicher.

Hebe dieses Paneel und fülle den Tank.

Eine Platte mit Stange sitzt an zwei Platten mit Klemmen oben.

Baue doch eine Brandszene, damit das Flugzeug löschen kann!

Die Treibstofftanks sitzen an Winkelplatten.

Komplex wirkende Motoren aus einem Mix interessanter grauer Elemente

FLUGZEUGTYPEN

Manche Löschflugzeuge tanken Wasser direkt aus Seen, also versehe deine Tankklappe mit einem Schaufelmechanismus, um die runden Platten einzusammeln. Du könntest auch ein Flugzeug mit einer Schiebeklappe bauen, die durch einen Zuggriff unten am Heck ausgelöst wird – oder von einem Auslöseknopf mit einer LEGO Technic Achse, die von oben nach unten reicht.

Gleitplatten sind unten rund und gleiten über Oberflächen.

Flüssige Fracht aus transparenten blauen runden Platten

Die Tankklappe aus einer Kachel sitzt mit Klemmen an einer Platte mit Stange.

355 Pinguin-Parade

Die Flossen eines Minifigurentauchers sind ideale Füße für größere Pinguine.

Wie viele Steine benötigst du, um einen Pinguin zu bauen? Es genügen drei oder vier! Stoppe die Zeit. Wie viele verschiedene Pinguine kannst du mit deinen Freunden in fünf Minuten bauen?

Schnabel aus kleinem Dachstein

Der Kopf dieses Pinguins trägt oben und hinten eine Winkelplatte.

Zahnplatten bilden Bäuche, Schnäbel und Flügel.

Baue einen Zimmergarten

Salat aus einem einfachen grünen Minifigurenkopf

Seitwärts gebautes „Beet", dessen Noppen zwei lange Kacheln abdecken

Die Struktursteine wirken wie geharkte Erde.

356

Hole die Natur mit einer LEGO Topfpflanze oder einem LEGO Garten ins Haus. Dieser LEGO Gemüsegarten bleibt das ganze Jahr über grün und muss nie gewässert werden!

MEINE NOPPEN SCHÄUMEN!

Säubere deine Steine

PINGUINTEILE

Überlege beim Bau eines LEGO Pinguins, welche Merkmale an einem echten Pinguin aus der Ferne zu sehen wären. Es sind nur die Form und die Farben: ein schwarzer Körper, ein weißer Bauch und ein gelber oder orangefarbener Schnabel!

WIR SIND COOL!

Eine alte Zahnbürste entfernt Schmutz zwischen den Steinnoppen. Gründlich säuberst du sie mit Waschmittel und 40 Grad warmem Wasser. Gib nie LEGO Steine in eure Waschmaschine oder den Geschirrspüler und lass sie immer bei Zimmertemperatur trocknen.

Zeige deine sauberen Steine in einem Badewannenmodell!

357

Ein Piraten-Stiftebecher

358

WELCHES THEMA?

Mit deinem Stiftebecher kannst du auch ein anderes Thema umsetzen. Vielleicht ist dein Becher ja das Maul eines Monsters oder ein cooler Burgturm. Zeichne dein Thema, bevor du den Becher baust.

Überlege zuerst, was in deinen Becher passen könnte.

Ein Klemmdeckel sichert die Schatztruhe.

Abteil für Bleistiftspitzer und Radiergummi

Wilde Piratenminifigur als Wächter

Die breite Basis verhindert ein Umkippen, wenn deine Stifte drin sind.

Wenn du kein Fasselement hast, baust du einen Becher aus Steinen.

Potzblitz – ein Stiftefass für einen Piraten! Baue auch eine Truhe für deine Büromaterialien … wenn du nicht gerade Schatzkarten zeichnest und Piratenabenteuer schreibst!

Eine Büromaterialbox baust du auf S. 37.

359 Baue eine Mikrobaustelle

Setze diese kleinen Fahrzeuge auf deinen chaotischen Schreibtisch, den unordentlichen Fußboden oder dein ungemachtes Bett. Sie signalisieren, dass Abhilfe naht – du bist bloß noch nicht fertig!

Der Kranarm ist ein Harpunenteil.

Die Raupen sitzen auf Steinen mit Seitennoppen.

Jede Raupe ist ein kleiner LEGO Technic Halbträger.

Seitliches Paneel als Schaufel für den Frontlader

Transparente Dachsteine als Windschutzscheibe

360 Erfinde ein verrücktes Auto

Nimm alle Teile, aus denen du normalerweise ein LEGO Auto baust – und verwende dann nur die Räder! Dieses verrückte Auto besteht aus allen Arten ungewöhnlicher Teile und wirkt, als ob es von einem genialen Erfinder stammt. Kannst du ein noch verrückteres bauen?

Verwende LEGO Technic Elemente für ein Schwerlastfahrzeug.

Transparente Wandelemente als Windschutzscheibe

Diesen offenen Motor treibt ein Kristall an.

ICH SPÜRE DEN WIND IN MEINEM HAARTEIL!

Große Halbbogensteine als Heckflosse

Zwei Stuhlelemente als breite Sitzbank

361 Baue eine Box in einer Box in einer Box

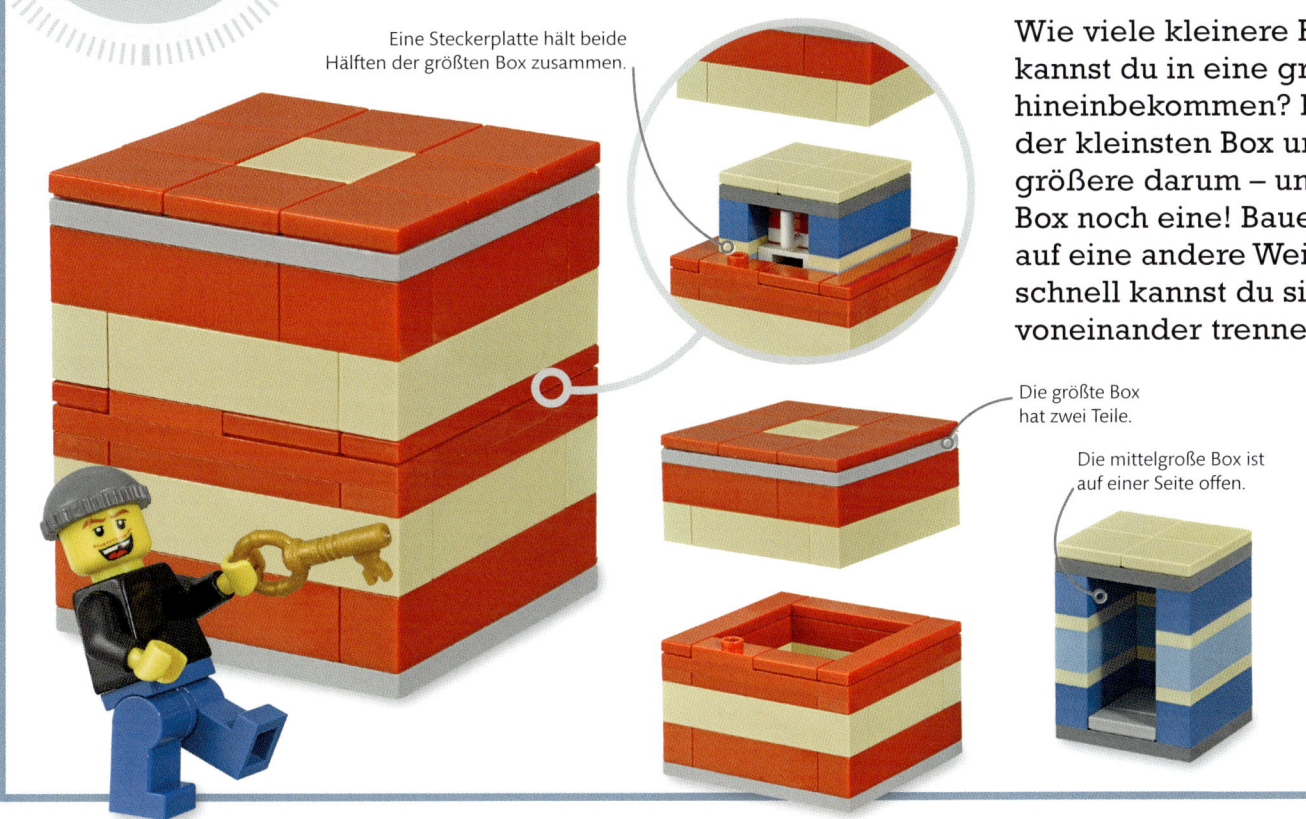

Eine Steckerplatte hält beide Hälften der größten Box zusammen.

Wie viele kleinere Boxen kannst du in eine größere hineinbekommen? Beginne mit der kleinsten Box und baue eine größere darum – und um diese Box noch eine! Baue jede Box auf eine andere Weise – wie schnell kannst du sie wieder voneinander trennen?

Die größte Box hat zwei Teile.

Die mittelgroße Box ist auf einer Seite offen.

Die kleinste Box hat eine Scharniertür und einen Griff, um sie aus der zweiten Box zu ziehen.

Schneckenhalter für Klebebänder

362

Die Stielaugen sitzen auf Platten mit Klemmen.

ICH BIN KEIN BANDWURM!

Experimentiere mit verschiedenen Mienen deiner Schnecke.

Dekoriere das Schnecken- haus mit bunten Details.

Diese Schnecke hinterlässt keine klebrige Spur – sie läuft zwischen ihren Augen heraus! Zwischen den Schneckenhaushälften sitzt eine Rolle Klebeband und auf dem Kopf hält eine Kachel das Ende der Rolle fest.

363 Baue einen Buzzer

Drücke bloß nicht auf den großen roten Knopf! (Außer wenn du es natürlich willst!) Dank Federband im Innern lässt er sich drücken und federt wieder zurück. Ein tolles Schreibtischspielzeug für Geheimagenten in Ausbildung und Möchtegern-Superschurken!

Schwarze und gelbe Elemente wirken wie eine Gefahrenwarnung.

Baue zwei Noppen dicke Wände um den Knopf herum, damit er nicht wackelt.

Schlinge kleine LEGO Bänder um Platten mit Griffstangen.

Die Gleitplatte verhindert, dass der Knopf an der Basis hängen bleibt.

364 Wettlauf zum Piratenschatz

SO WIRD GESPIELT

1 Ein Spieler startet auf dem grauen Pfad, der andere auf dem braunen Pfad. Die Spieler würfeln abwechselnd, um den Schatz als Erster zu erreichen.

2 Wo sich die Pfade kreuzen, können die Spieler auf ihrer Farbe bleiben oder die andere Route nehmen.

3 Endet der Zug eines Spielers auf dem ersten Spinnenfeld, muss er zum Start zurückkehren. Landet er auf einem anderen Spinnenfeld, muss er zur Palme zurückkehren.

4 Sieger ist, wer mit einem genauen Wurf als Erster den Schatz erreicht. Zieht er zu weit, muss er aussetzen und dann noch einmal würfeln!

Willkommen auf Spider Island, Piraten! Wählt einen der Pfade, die zum Schatz führen, doch passt auf, wohin ihr auf eurem Weg dorthin tretet! Schreckliche Spinnen lauern überall und fressen am liebsten ein Piratenbein – selbst wenn es aus Holz ist!

Baue mehr Pfade und Hindernisse für ein schwierigeres Spiel mit mehr Spielern.

Nimm Piraten-minifiguren als Spielsteine.

Strand aus fünf 8×8-Platten

Der Einhand-Turm

> IRGENDWAS MACH' ICH FALSCH!

Verteile viele Elemente mit den Noppen nach oben.

Du darfst nur den obersten Stein berühren – mit einer Hand!

Kannst du einen Turm bauen und dabei nur einen Stein berühren? Nimm einen Stein und drücke ihn auf einen anderen, dann noch einen … Halte immer nur den obersten Stein deines ständig wachsenden Stapels – wie groß wird er in einer Minute?

> DER SPEZIALSTEIN

Sogar LEGO Spinnenelemente eignen sich zum Bauen! Sie passen auf Noppen und haben Klemmen für Kiefer!

Palmenstamm aus hohen Dachsteinen

> NÄCHSTES JAHR WÄHLE ICH UNSER FERIENZIEL!

Jede Spinne sitzt neben einer bedruckten Warnkachel.

Eckplatten halten die Strandteile zusammen.

LEGO Würfel mit sechs bedruckten Kacheln. Du kannst auch einen normalen Würfel nehmen!

Lege statt des LEGO Schatzes ein Bonbon in die Truhe als Preis für den Sieger!

366 Nun bist du dran!

Haben dich die LEGO Aktivitäten in diesem Buch inspiriert? Hast du selbst eine neue und einzigartige Idee? Das könnte ein Spiel sein, ein Bauwettbewerb, etwas für zu Hause, ein Streich, den du einem Freund spielst, eine LEGO Knobelei, ein Geschenk für jemanden, ein Kunstwerk … irgendwas!

BAUMEISTER TIPP

Aus einer lustigen Idee muss kein riesiges Modell werden. Überlege, ob deine Freunde sie mit ihren eigenen LEGO Steinen nachbauen könnten.

Schnapp dir deine Steine und werde kreativ!

Denke dir eigene coole LEGO Ideen aus!

EIN SPIEL?

EIN TRICK?

ETWAS FÜR ZU HAUSE?

WAS WIRST DU DIR AUSDENKEN?

EIN WETTBEWERB?

EIN PUZZLE?

Lösungen

60 LÖSE EIN LEGO® SUDOKU SEITE 54

94 LÖSE DAS BAUERNPROBLEM SEITE 78–79

• Der Bauer bringt die Hühner über den Fluss (Fuchs und Getreide sind sicher). Er lässt die Hühner auf der anderen Seite und fährt zu Fuchs und Getreide zurück.

• Der Bauer bringt den Fuchs über den Fluss, aber da er die Hühner nicht beim Fuchs lassen kann, nimmt er sie wieder mit ans andere Ufer.

• Da die Hühner nicht beim Getreide bleiben können, lässt er sie zurück und bringt das Getreide hinüber und lässt es beim Fuchs.

• Dann fährt er zurück, holt die Hühner und fährt zum letzten Mal über den Fluss.

109 ZEHN UNTERSCHIEDE SEITE 88

1. Andersfarbige Wände
2. Bratpfanne fehlt an der Wand
3. Anderer Topf auf dem Herd
4. Andersfarbige Schranktür
5. Andersfarbiges Bodenmuster
6. Pokal statt nur Becher
7. Andersfarbige Büchse in der Ecke
8. Andersfarbiger Wasserhahn
9. Anderes Utensil in Minifigurenhand
10. Anderer Behälter unten im Kühlschrank

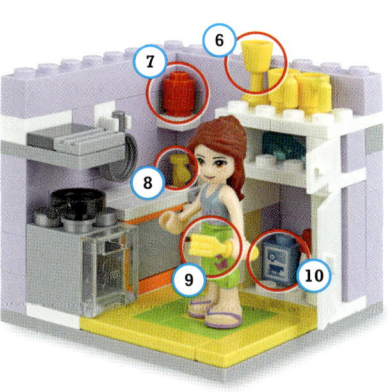

1. Anderer Vogel im Baum
2. Fehlendes Steindetail neben dem Baum
3. Andersartige Fensterscheibe
4. Pirat in andersfarbiger Hose
5. Andersfarbige Truhe

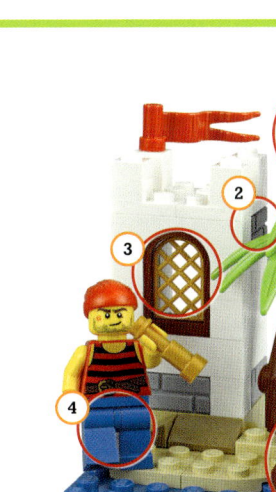

6. Andersfarbige Flagge
7. Weniger Blätter am Baum
8. Anderer Gegenstand in der Piratenhand
9. Weiteres Fass hinter dem Baum
10. Anderer Schatz in der Truhe

Die Baumeister

Barney Main

BERUF
Maschinenbaustudent

LEGO® SPEZIALITÄT
Tiere mit seltsamem Ausdruck, historische Landschaften

LIEBLINGSSTEIN
LEGO® MIXEL™ Augen – damit lassen sich tolle Figuren bauen.

GRÖSSE MEINER SAMMLUNG
30 000 Steine ... vielleicht?

EINE MEINER LIEBSTEN AKTIVITÄTEN IM BUCH
134 Baue ein Buddelschiff (S. 104). War echt knifflig zu bauen, aber total klasse, als ich fertig war. Wichtig ist eine gute Flasche.

IRGENDWANN WÜRDE ICH GERN BAUEN ...
Einen Roboter, der Treppen steigt – würde mir Spaß machen.

Rod Gillies

BERUF
Marketing für eine große Bierfirma

LEGO SPEZIALITÄT
Steampunk (Science-Fiction mit altmodischen Maschinen), Mikromaßstab

LIEBLINGSSTEIN
Schwer zu sagen. Wohl ein Lampenstein oder eine modifizierte 1×1-Platte mit Klemmlampe – echt nützlich.

GRÖSSE MEINER SAMMLUNG
Wahrscheinlich mehr, als ich brauche, aber bitte nicht weitersagen!

EINE MEINER LIEBSTEN AKTIVITÄTEN IM BUCH
145 Baue ein Set in Mikrogröße (S. 112) – mein absoluter Favorit. Ich liebe diese Feuerwehrwache!

IRGENDWANN WÜRDE ICH GERN BAUEN ...
Ein Modell im Minifigurenmaßstab des U-Boots *Nautilus* aus *20 000 Meilen unter dem Meer*.

Alice Finch

BERUF
Erzieherin, Mutter, Chefsteinstaplerin bei Bippity Bricks (LEGO Onlineladen)

LEGO SPEZIALITÄT
Architektur, Landschaften

LIEBLINGSSTEIN
1×2-Platte mit Schiene – wirft interessante Schatten auf Modelle.

GRÖSSE MEINER SAMMLUNG
2,65 Millionen Steine (plus/minus ein paar)

EINE MEINER LIEBSTEN AKTIVITÄTEN IM BUCH
191 Blick in eine Zelle (S. 139). Mir gefällt die Idee, dass Kinder für Schulprojekte Modelle aus Steinen bauen. Coole Art von Hausaufgaben.

IRGENDWANN WÜRDE ICH GERN BAUEN ...
Minas Tirith aus J.R.R. Tolkiens Universum

Joshua Berry

BERUF
Student

LEGO SPEZIALITÄT
Architektur

LIEBLINGSSTEIN
2×2-Kachel

GRÖSSE MEINER SAMMLUNG
Zu viele, um sie zählen zu können!

EINE MEINER LIEBSTEN AKTIVITÄTEN IM BUCH
215 Mache ein Musikvideo (S. 157), da ich die Band im Minifigurenmaßstab mag, besonders die Bassdrum.

IRGENDWANN WÜRDE ICH GERN BAUEN ...
Ich hoffe, einmal eine große Kathedrale zu bauen, wie Santa Maria del Fiore in Florenz in Italien.

BERUF
LEGO Künstler – ich entwerfe und baue LEGO Modelle und Skulpturen.

LEGO SPEZIALITÄT
Miniland-Maßstab (der Maßstab von LEGOLAND® Freizeitparks), Burgen

LIEBLINGSSTEIN
Der klassische 2×4-Stein

GRÖSSE MEINER SAMMLUNG
Rund eine Million Steine

EINE MEINER LIEBSTEN AKTIVITÄTEN IM BUCH
43 Lebendiger Bär (S. 44). Mir gefallen animierte Modelle, sie sind so lebendig.

IRGENDWANN WÜRDE ICH GERN BAUEN …
Ein echtes Zimmer mit Möbeln aus LEGO Steinen – dann fühle ich mich wie eine Minifigur!

Kevin Hall

BERUF
Elektroingenieur

LEGO SPEZIALITÄT
LEGO® Space, Science-Fiction

LIEBLINGSSTEIN
Ein ganz seltener, durchsichtig gelber Keil aus der LEGO Space Ära. Gab's nur in einem Set!

GRÖSSE MEINER SAMMLUNG
Um die 2 Millionen Steine.

EINE MEINER LIEBSTEN AKTIVITÄTEN IM BUCH
166 Baue ein Theater (S. 124). Dieses echt große Modell habe ich in ein paar Stunden gebaut. Ich kann mir vorstellen, dass jemand damit tolle Aufführungen gibt.

IRGENDWANN WÜRDE ICH GERN BAUEN …
Eine große Villa mit raffinierten Details und großartigen Räumen

Jason Briscoe

BERUF
Internetentwickler

LEGO SPEZIALITÄT
Minifiguren sammeln, kleine Modelle

LIEBLINGSSTEIN
1×1-„Käsedachstein"

GRÖSSE MEINER SAMMLUNG
Keine Ahnung!

EINE MEINER LIEBSTEN AKTIVITÄTEN IM BUCH
197 Gehe mit deinen Minifiguren auf Fototour (S. 143), da man damit Geschichten erzählen kann.

IRGENDWANN WÜRDE ICH GERN BAUEN …
Eine große Raumstation

Drew Maughan

BERUF
Freie LEGO Baumeisterin (Naomi); Systemingenieur (Stuart)

LEGO SPEZIALITÄT
Gebäude, mathematische Formen (Naomi); Space, Gebäude (Stuart)

LIEBLINGSSTEINE
Lampenstein (Naomi); 2×2-Eckplatte (Stuart)

GRÖSSE MEINER SAMMLUNG
Über eine halbe Million Steine

EINE MEINER LIEBSTEN AKTIVITÄTEN IM BUCH
277 Das Parkplatzspiel (S. 197) – die Fahrzeuge sind echt süß (Naomi); **102** Baue einen Greifer mit langem Arm (S. 83), da er funktioniert und so viel Spaß macht (Stuart).

IRGENDWANN WÜRDE ICH GERN BAUEN …
Mikrostadt mit fahrenden Zügen (Naomi); Minifigur fast so groß wie ein Mensch (Stuart).

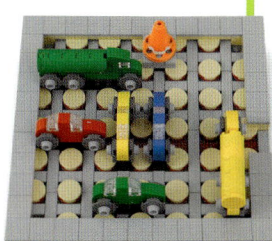

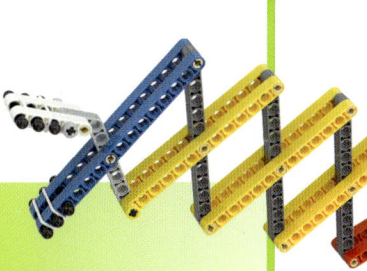

Naomi Farr und Stuart Crawshaw

Dorling Kindersley dankt Randi Sørensen, Paul Hansford, Martin Leighton Lindhardt,
Henk van der Does, Lisbeth Finnemann Skrumsager, Michael Madsen und Jens Rasmussen
von der LEGO Gruppe, Julia March von DK für redaktionelle Unterstützung und
Sam Bartlett für Unterstützung bei der Gestaltung.

Lektorat Helen Murray, Pamela Afram, Beth Davies,
David Fentiman, Laura Palosuo, Paula Regan, Julie Ferris,
Simon Beecroft
Gestaltung und Bildredaktion Jo Connor, Ellie Boultwood,
Rhys Thomas, Guy Harvey, Lisa Lanzarini
Herstellung Siu Chan, Lloyd Robertson
Modellbau Joshua Berry, Jason Briscoe, Stuart Crawshaw,
Naomi Farr, Alice Finch, Rod Gillies, Kevin Hall, Barney Main
und Drew Maughan
Fotos Gary Ombler
Umschlaggestaltung Lisa Lanzarini

Für die deutsche Ausgabe:
Programmleitung Monika Schlitzer
Projektbetreuung Christian Noß, Sebastian Twardokus
Herstellungsleitung Dorothee Whittaker
Herstellungskoordination Katharina Schäfer
Herstellung Stephanie Sarlos

Titel der englischen Originalausgabe:
365 Things to Do with LEGO® Bricks

Übersetzung Dr. Michael Schmidt
Lektorat Hans Kaiser
Satz Roman Bold & Black, Köln

ISBN 978-3-8310-3249-5

Druck und Bindung TBB, a.s., Slowakei

www.dk-verlag.de
www.LEGO.com

WOW!
DIESES MODELL
KRIEGT MEIN
GÜTESIEGEL!

ICH BIN EIN
COOLES
WALROSS!

142

293

106

173

114

35